ZHONGGUO RENKOU JIAOSHAO MINZU
KOUSHU WENXIAN SHOUJI YU BAOHU YANJIU

中国人口较少民族
口述文献收集与保护研究

冯云　著

中山大學出版社
SUN YAT-SEN UNIVERSITY PRESS
·广州·

图书在版编目（CIP）数据

中国人口较少民族口述文献收集与保护研究/冯云著．—广州：
中山大学出版社，2023. 11
ISBN 978 - 7 - 306 - 07841 - 4

Ⅰ. ①中… Ⅱ. ①冯… Ⅲ. ①少数民族—民族发展—研究—中国
Ⅳ. ①D633

中国国家版本馆 CIP 数据核字（2023）第 119325 号

出 版 人：王天琪
策划编辑：嵇春霞　罗雪梅
责任编辑：罗雪梅
封面设计：曾　斌
责任校对：梁锐萍
责任技编：靳晓虹
出版发行：中山大学出版社
电　　话：编辑部 020 - 84110283，84113349，84111997，84110779，84110776
　　　　　发行部 020 - 84111998，84111981，84111160
地　　址：广州市新港西路 135 号
邮　　编：510275　传　真：020 - 84036565
网　　址：http://www. zsup. com. cn　E-mail：zdcbs@ mail. sysu. edu. cn
印 刷 者：广州方迪数字印刷有限公司
规　　格：787mm×1092mm　1/16　17. 25 印张　250 千字
版次印次：2023 年 11 月第 1 版　2023 年 11 月第 1 次印刷
定　　价：62. 00 元

本书由西藏民族大学资助出版

前　　言

　　中国自古以来就是一个多民族国家。56 个民族在 960 万平方公里的广袤土地上繁衍生息，孕育了光辉灿烂的中华文明。我国人口较少民族是中华民族的重要组成部分。我国《扶持人口较少民族发展规划（2011—2015 年）》指出，人口较少民族是指全国总人口在 30万人以下的 28 个民族，分别是珞巴族、高山族、赫哲族、塔塔尔族、独龙族、鄂伦春族、门巴族、乌孜别克族、裕固族、俄罗斯族、保安族、德昂族、基诺族、京族、怒族、鄂温克族、普米族、阿昌族、塔吉克族、布朗族、撒拉族、毛南族、景颇族、达斡尔族、柯尔克孜族、锡伯族、仫佬族、土族。据 2020 年第七次全国人口普查统计，我国有 28 个人口较少民族，总人口为 206.95 万人，仅占全国总人口的 0.15%，占少数民族总人口的 1.65%。溯源历史，人口较少民族与汉族以及其他少数民族在民族文化上长期交往、交流、交融，逐渐形成了中华民族"多元一体"的文化发展格局。由于人口较少民族在历史发展过程中无本民族文字，其文化传承主要依赖世世代代的口耳相传，因此沉淀了极为丰富的口述文献，为后人全面了解人口较少民族文化历史发展提供了宝贵的参考资料。这些口述文献是长期以来我国人口较少民族生产生活实践与民族文化记忆的重要载体，是中华民族的重要精神符号和族群表征。然而，在现代化进程不断加快的现代社会，由于受到文化受众与传承者的影响，加之内外环境的影响和冲击，人口较少民族的口述历史和文化遗产延续面临着重重困境，特别是一些人口较少民族口传文化流失和失传的现象较为严重，这不利于维护中华文化的多样性。

习近平总书记讲道："中华民族多元一体是先人们留给我们的丰厚遗产，也是我国发展的巨大优势……我们辽阔的疆域是各民族共同开拓的……我们悠久的历史是各民族共同书写的……我们灿烂的文化是各民族共同创造的……我们伟大的精神是各民族共同培育的。"① 加强对人口较少民族口述文献的收集与保护，保护和促进人口较少民族优秀传统文化在当代的传承，对于促进文化认同和铸牢中华民族共同体意识具有重要意义。本书从我国人口较少民族口述文献收集、整理与数字化保护的紧迫性出发，通过对具有代表性的人口较少民族口述文献的实地采访与整理，对人口较少民族口述文献收集与保护的基本情况、存在的问题等进行综合分析与评价，以期为人口较少民族口述文献收集与保护提供理论借鉴与参考。

本书共分为七章，主要内容如下：第一章为绪论，主要包括研究背景、研究综述、研究意义、研究内容、研究方法，以及本研究的创新之处与推广应用方式。第二章至第七章是本书的主体部分。其中，第二章为人口较少民族口述文献的内涵与价值。该章从"文献""口述文献""人口较少民族口述文献"等概念界定入手，探讨了人口较少民族口述文献的内涵与价值，对我国人口较少民族口述传统文献进行了概述，对人口较少民族口述文献的价值进行了分析，认为人口较少民族口述文献具有历史、文化、经济、教育等多个维度的价值。第三章为人口较少民族口述文献收集与保护的现状、问题与策略。该章综述了我国对人口较少民族口述文献收集与保护的现状，分析了对人口较少民族口述文献进行收集与保护的三种模式：一是以政府为主导的统一收集与整理；二是以科研团队和学者为主导力量的收集与保护；三是民间力量的参与式保护。同时对目前人口较少民族口述文献收集与保护存在的问题做出了分析，并提出针对性的改进策略。第四章为人口较少民族口述文献的收集与整理。首先，从收集的角度探讨人口较少民族口述文献收集的具体方法，包括收集工作的意义、基本

---

① 习近平：《在全国民族团结进步表彰大会上的讲话》，载《人民日报》2019 年 9 月 28 日，第 2 版。

原则、基本途径以及流程与方法；其次，从分类的角度探讨人口较少民族口述文献的整理方法，包括国内外口述文献分类方法的比较研究、口述文献分类的基本原则、口述文献分类的基本依据和人口较少民族口述文献分类的具体方法；最后，从编目的角度探讨人口较少民族口述文献的整理方法，包括口述文献编目的内涵、特点、基本原则、基本依据，以及人口较少民族口述文献的具体编目等。第五章为人口较少民族口述文献的利用与服务。一是人口较少民族口述文献的基础服务，内容包括接管与保存服务、查阅服务、获取服务、复制与其他增值性服务等；二是人口较少民族口述文献的延伸服务，从服务空间的延伸、服务内容的延伸两方面进行探讨；三是人口较少民族口述文献的创新型服务，包括与新兴技术融合的创新服务、与教育理念融合的创新服务、与文旅融合的创新服务、与心理疗愈融合的创新服务、与"真人图书馆"融合的创新服务、重大社会历史事件的记录以及提供学术交流服务等。第六章为人口较少民族口述文献的数字化与永久保存机制。首先，从数字时代口述历史的机遇与挑战入手，从文化驱动、技术驱动、价值驱动三个方面提出人口较少民族口述历史数字化平台构建的必要性；其次，分析了口述文献数字化的原则与标准；最后，探讨了口述资源数字化与永久保存策略。第七章为人口较少民族口述文献收集与保护的法律与伦理，包括口述文献采集、整理、保存、开发利用等各个阶段所涉及的法律与伦理，尝试构建适合人口较少民族口述文献收集与保护的法律与伦理规避机制，切实保护参与口述历史的各方利益与权益。

本书以中国人口较少民族口述文献收集与保护为研究对象，通过对人口较少民族口述文献收集与保护现状的分析，结合现有口述文献收集与整理的理论与方法，提出完整系统的针对人口较少民族口述文献的采集、整理、开发利用以及数字化保护方案，以期为人口较少民族口述文献的收集、整理以及数字化提供理论参考，记录历史文化、保存文献记忆、传承民族精神，并为相关文献收藏部门提供参考，也为口述文献收集、整理与数字化提供方法论指导。

目　录

第一章 绪论

一、研究背景

18 世纪英国著名学者塞缪尔·约翰逊（Samuel Johnson）曾言："所有的历史最初都是以口述的形式存在。"[1] 诚然，口述曾在人类文明传播史上占据一席之地，特别是文字尚未发明以前。在人类社会文明的长河里，对于无文字民族来说，所有的历史几乎都是以口述的方式进行呈现。流传至今的神话传说、历史故事与民谣，大多是通过无数先辈的口述进行世代相传，它们诉说着先民如何进行生产与生活，成为现今我们窥探过去的一面镜子。随着文字的出现，人类文明记录的方式就以文字为主，这在一定程度上消减了口述对文化传承的影响。直到 20 世纪 40 年代，随着新史学的兴起，学者对传统历史研究的文字权威提出了挑战，重新将目光投向更接近历史真相的口述证词，口述历史（Oral History）再次登上学术研究与社会实践的舞台，回归大众的视野。1948 年，从新闻工作者转行研究历史的艾伦·内文斯（Allen Nevins）在美国哥伦比亚大学正式创办了口述历史研究室（Columbia Oral History Research Office），开始采用录音设备记录、保存对美国有意义的个人记忆，这一举动标志着现代意义上口述历史的兴起[2]。20 世纪 50 至 60 年代，美国各地先后建立了不少地方性的口述历史组织与研究机构。截至 1966 年，全美大约有 90 个口述史研

---

[1] ［美］唐纳德·里奇：《大家来做口述历史：实务指南》（第 2 版），王芝芝、姚力译，当代中国出版社 2006 年版，第 6 页。

[2] 王子舟、尹培丽：《口述资料采集与收藏的先行者——美国班克罗夫特图书馆》，载《中国图书馆学报》2013 年第 1 期，第 13～21 页。

究机构①。而后，口述历史开始在英国、澳大利亚、加拿大、法国、德国、日本、新加坡等国家得到快速传播，并逐渐成为一种重要的历史研究方法，被广泛应用于劳工史、家庭史、社区史、妇女史、少数族裔史等研究中②。不仅如此，许多口述历史项目犹如雨后春笋般出现，并使口述历史实践逐渐走向成熟，不断重塑口述历史的意义与价值。正如英国社会历史学家、现代口述史先驱保尔·汤普逊（Paul Thompson）在《过去的声音：口述史》中所认为的那样，口述史不仅在一定程度上使历史研究重心发生转移，而且开辟了一个很重要的、很新的探究领域，包括"自下而上"的研究视角以及更富有社会意识、更民主的社会关照③。

我国于20世纪50年代开始口述历史的相关实践。20世纪50至60年代，全国各地对太平天国运动、义和团运动、辛亥革命、五四运动等事件进行实地调查，搜集了大量口述资料用于历史研究；20世纪60年代，在全国兴起的编写家史、厂史、社史、村史的"新四史"活动中，相关研究人员搜集了大量来自基层的口述资料④。具有广泛影响力的革命回忆录《红旗飘飘》与《星火燎原》两套大型丛书的完成，在很大程度上依赖于所搜集的口述文献。直到20世纪80年代，我国口述历史开始进入一个新的发展阶段，最直接的表现便是与国际接轨。随着国外口述历史理论和方法的传入与介绍，"口述历史""口述史"等术语逐渐进入理论研究和大众的视野。1987年，由高放主编、华夏出版社出版的《新兴科学百科知识》将"口述史"作为一门新兴学科进行了介绍⑤。我国对口述历史的理念理解以及实践都取得了进一步发展，不仅涌现出多种多样的口述历史项目，而且

① 高放：《新兴科学百科知识》，华夏出版社1988年版，第596～597页。
② 冯云：《口述历史对图书馆史研究的意义探讨》，载《图书馆建设》2015年第10期，第99～102页。
③ ［英］保尔·汤普逊：《过去的声音：口述史》，覃方明等译，辽宁教育出版社2000年版，第7页。
④ 郭泽德、白洪谭：《质化研究理论与方法：中国质化研究论文精选集》，武汉大学出版社2015年版，第124页。
⑤ 高放：《新兴科学百科知识》，华夏出版社1988年版，第596页。

出版和演绎了琳琅满目的口述历史作品，口述历史实践不断走向规范化。1996 年北京大学历史学系杨立文开设了"口述史学研究"课程，1998 年刘一皋教授开设了"口述史学的理论和实践"课程，推动了口述历史教育在我国的发展①。随着网络社会的发展以及数字技术的广泛应用，口述历史的记录日益便捷。可以说，口述历史已经成为现今人们日常生活中的一部分。

在我国语境中，人口较少民族是指全国总人口数量在 30 万以下的少数民族。据 2020 年第七次全国人口普查统计，我国有 28 个人口较少民族，总人口为 206. 95 万人，仅占全国总人口的 0. 15% ，占少数民族总人口的 1. 65% 。② 我国人口较少民族虽然分布在西南、西北等边疆和边境地区，地理位置较为偏远，经济发展较为落后，但是为我们创造了光辉灿烂的民族文化，同时也是中华民族不可分割的重要组成部分。党和国家高度重视少数民族文化的保护、传承与发展，从法律法规、政策措施上给予了极大的支持。例如，《中华人民共和国民族区域自治法》明确规定："民族自治地方的自治机关组织、支持有关单位和部门收集、整理、翻译和出版民族历史文化书籍，保护民族的名胜古迹、珍贵文物和其他重要历史文化遗产，继承和发展优秀的民族传统文化。"③《国务院实施〈中华人民共和国民族区域自治法〉若干规定》提出："上级人民政府支持对少数民族非物质文化遗产和名胜古迹、文物等物质文化遗产的保护和抢救，支持对少数民族古籍的搜集、整理、出版。"④ 2009 年，国务院召开了全国少数民族文化工作会议，对全国少数民族文化工作进行了部署，会后印发了

---

① 杨祥银：《当代中国口述史学透视》，载《当代中国史研究》2000 年第 3 期，第47～58 页。

② 国务院第七次全国人口普查领导小组办公室：《2020 中国人口普查年鉴》（上册），中国统计出版社 2022 年版，第 26～46 页。

③ 《中华人民共和国民族区域自治法》，访问日期：2023 年 11 月 3 日，见中国政府网（https://www. gov. cn/test/2005 –07/29/content_18338. htm）。

④ 《国务院实施〈中华人民共和国民族区域自治法〉若干规定》，访问日期：2022 年 8 月8 日，见全国人大网（http://www. npc. gov. cn/npc/c34491/202009/f65133a2be864c56845aff849c2eebf6. shtml）。

《国务院关于进一步繁荣发展少数民族文化事业的若干意见》，明确提出繁荣发展少数民族文化事业的政策措施。2011 年，国务院颁布了《扶持人口较少民族发展规划（2011—2015 年）》，该规划明确指出："保障人口较少民族群众的基本文化权益，保护和发展少数民族优秀传统文化，促进人口较少民族聚居区经济社会全面发展。"①2014 年召开的中央民族工作会议对做好少数民族文化工作进行了部署。《"十三五"促进民族地区和人口较少民族发展规划》设立了人口较少民族发展专章，提出了保护传承包括鄂温克族在内的人口较少民族传统文化的具体措施。经过多年的努力，我国各民族包括人口较少民族的文化事业得到了较快的发展。

我国人口较少民族在长期的历史发展进程中主要依靠口述的方式传承民族文化，由此形成了大量涉及民族生产、生活等方面的口述文献，从而为我们全面了解人口较少民族文化历史发展提供了宝贵的参考资料。可以说，人口较少民族文化历史的精髓都保留在其口述记忆之中。这是因为，对于经历了"无文字"时代的人口较少民族而言，口述成为其民族历史记忆传承的主要方式，由此所产生的口述文献成为其历史文化记忆的重要载体。这些珍贵的口述文献承载着无文字民族的历史文化的"基因"与"密码"，记录着远古时期人口较少民族的部落生活、族群迁徙、民族战争、生产生活以及与其他民族的交流与交融，从中可以探寻民族历史发展的流变，考证历史真相，发掘民族精神。在当代诞生的一部裕固族"史诗性"巨著《裕固民族尧熬尔千年史》，就是铁穆尔在民间口头文本的基础上对民族历史的"演绎"和民族精神的"表白"②。然而，随着现代化生活方式的介入以及外来文化的冲击，许多人口较少民族的语言已成为濒危语言，无数珍贵的口述文化将伴随着老艺人的逝去而销声匿迹，这将会导致民族文化传承断裂现象的产生。人口较少民族口述文献承载着人口较少民

---

① 《扶持人口较少民族发展规划（2011—2015 年）》，访问日期：2022 年 8 月 4 日，见中国政府网（http://www.gov.cn/gzdt/2011‐07/01/content_1897797.htm）。

② 李建宗：《多民族文学史观中人口较少民族的口头文本——以裕固族民间故事为研究个案》，载《民族文学研究》2009 年第 4 期，第 5～9 页。

族的社会历史记忆，展现了中华民族文化的多样性，是中华民族共有历史和价值观的重要体现，理应抢救、保护与共享。及时对人口较少民族口述文献进行收集与整理，事关新时代人口较少民族文化的传承和保护，不仅有利于抢救和保存珍贵的民族记忆，而且有利于维护中华民族文化的多样性和民族历史的完整性，有利于增强文化认同，在各民族中铸牢中华民族共同体意识。因此，对人口较少民族口述文献的收集与整理研究具有重大的现实意义及紧迫性。

二、研究综述

所谓口述历史，是指运用录音、录像或其他多媒体技术，将受访者对经历、感受、见闻、思想的表达和叙述进行记录，形成文献资料的方法。从某种意义上讲，口述历史既是文献生产的方法，也是对口述文献的研究与利用①。而从口述历史的价值来讲，其已经成为保存历史、传承文化的重要方式。

（一）国外研究现状

早期的人类社会，在没有文字出现之前，口述是最广泛、最经常使用的信息交流方式。语言的产生催生了口述历史，文明的传承从口述开始②。有学者指出："文字在罗马的出现无论如何是晚于它的历史的开始的（可能在公元前 6 世纪）。大祭司年代记的产生不早于公元前 5 世纪中叶。因此，在此之前存在的只有口传。"③ 而后，随着文字的出现以及印刷业的盛行，书面文化强势替代了人类一直以来熟悉的口头文化，口述历史逐渐被边缘化。在社会新史学和公共历史思潮的推动下，现代信息技术的应用使这种古老的传统再度被推上世纪的殿堂。

---

① 田苗、韩尉等：《口述史学科发展背景下的中国图书馆界口述文献建设概述》，载《图书情报知识》2020 年第 5 期，第 34～41 页。

② 蓝东兴：《西南少数民族口述传播史研究》，重庆大学出版社 2013 年版，第 2 页。

③ ［俄］科瓦略夫：《古代罗马史》（上），王以铸译，上海书店出版社 2011 年版，第 25 页。

20 世纪 40 年代，现代口述历史在美国兴起。1948 年，艾伦·内文斯借用录音磁带开展口述访谈，并在美国哥伦比亚大学成立了专门用于采访和保存口述访谈的口述历史研究室，这被学界公认为是现代意义上口述历史诞生的标志。随后，"口述历史"这一名词逐渐受到学术界的广泛认可。美国著名报纸《纽约时报》（*New York Times*）1950 年刊登的一篇社论极力赞成和肯定哥伦比亚大学收集口述历史的做法。这篇社论预测：得益于哥伦比亚大学的口述历史项目，"2050 年的历史专业学生了解到的当代历史要比我们对 1850 年的历史了解得更全面"①。口述历史逐渐发展成为一种席卷世界的潮流，开始蔓延到东欧、非洲、亚洲和拉丁美洲等地，口述历史在世界范围内得到全面复兴。现代口述历史的兴起在很大程度上得益于现代信息技术的推动，尤其是录音设备与技术的发展。声音记录载体在经历了蜡筒、沉重的钢丝录音机之后，逐渐被 20 世纪 40 年代出现的磁带录音机所代替。尤其是 20 世纪 60 年代便携式录音设备的出现，极大地扩充了口述历史从事者的数量，降低了现场采访的难度，口述历史项目得以广泛开展。1967 年，美国正式成立口述历史协会（Oral History Association）。1973 年，英国口述历史协会（Oral History Society）成立。1996 年，国际口述历史协会（International Oral History Association，IOHA）② 在瑞典哥德堡（Goteborg）举办的第九届国际口述历史大会上宣告正式成立，此后每两年举办一次国际口述历史大会。

少数族裔和少数民族口述史也一度成为口述历史领域关注的对象。美国于 20 世纪 70 年代开展少数族裔口述历史计划，如南达科他州印第安人口述历史项目以及南方黑人区的非裔美国人口述历史项目等，产生了诸如《身为印第安人：口述历史》《祖尼人：自我形象》等口述历史作品。加拿大开展了多个民族档案数字化项目，用于保存各个民族的口述记忆和文化记忆。为了保存与传承本土民族语言文

① ［美］唐纳德·里奇：《牛津口述史手册》，宋平明、左玉河译，人民出版社 2016 年版，第 3 页。

② ［美］唐纳德·里奇：《牛津口述史手册》，宋平明、左玉河译，人民出版社 2016 年版，第 7 页。

化，加拿大基于各民族语言调查，策划了一个名为"首要声音"（First Voices）的项目，并借助网络数字化工具与服务，对本土民族语言资源进行保存，以促进语言教育与文化复兴①。

理论研究方面，国外学者积极探讨口述文献收藏与利用的理论方法，并取得了一定的研究成果，研究主题主要涉及口述文献的采集与保存、整理与编目、检索与利用，以及数字环境下的图书馆口述信息资源的开发与利用等方面。

1. 口述文献的采集与保存

口述文献的采集除了直接接收口述历史研究者和个人捐赠的口述访谈以及抄本，还有很大一部分是图书馆、档案馆等口述历史收藏机构通过主动开展口述访谈而采集的，这对口述文献采集者的访谈技巧等提出了新的要求。学者对口述访谈的流程及应注意的问题进行了探讨。例如，美国图书馆馆员约翰·佩蒂尼（John Pedini）在《保留原貌：录制口述历史》②一文中说明了图书馆开展口述历史项目的前期预备，强调了访谈中的注意事项，认为录制口述历史时应力图保持口述访谈内容的原真性。朱丽叶·路德布鲁克（Juliet Ludbrook）则强调图书馆在开展口述文献收藏前必须制订可行的前期计划及完善的保管措施，并对口述文献如何正确归档及保存问题进行了详细论述③。美国图书馆学兼口述历史学学者南希·麦凯（Nancy Mackay）2007年出版的著作《口述历史规划：从访谈到归档》④，较为完整地阐述了口述历史理论、口述历史项目的规划、口述访谈的实施以及抄本的转录等问题。该著作在系统论述口述文献的管理与利用方面具有里程碑的意义。

7

---

① 胡立耘：《加拿大〈本土民族档案指南〉简介及其启示》，载《档案学研究》2017年第4期，第11～119页。

② John Pedini. In Their Own Words：Videotaping Oral History ［J］. Trends in Law Library Management and Technology，1998，9（3）：1－5.

③ Juliet Ludbrook. Planning and Managing an Oral History Collection ［C］. The 2nd National Alia Local Studies Conference，Guildford WA，1999－11－12.

④ Nancy Mackay. Curating Oral Histories：From Interview to Archive ［M］. Walnut Creek，California：Left Coast Press，2007.

2. 口述文献的整理与编目

相较于对开展口述历史项目的高涨热情，学界在很长一段时间内对产生的大量口述文献的编目持较为冷漠或是无力的态度，口述历史的编目规则与标准一直以来都较为缺乏，大部分口述历史文献的使用效率降低是因为欠缺统一的编目规则。直到20世纪90年代，口述文献编目问题才引起相关收藏单位的重视。日益增加的口述文献给档案部门造成了一定的压力，引起档案学界对口述文献编目问题的关注。1991年，布鲁斯·布吕默（Bruce Bruemmer）发表《口述历史的获取：国家议程》①一文，声称口述历史保管者在对口述文献收藏的访问与利用方面缺乏统一的标准。布吕默的观点提高了人们对口述文献的开发利用意识。其后，在迈克尔·福克斯（Michael Fox）等人的推动下，美国档案学会（Society of American Archivists，SAA）成功向国家历史出版物和记录委员会（National Historical Publications and Records Commission，NHPRC）申请到支持口述历史文献编目项目所急需的基金。1995年，马里恩·迈特斯（Marion Matters）成为该项目的主要编撰者，编辑并出版了《口述历史编目手册》（*Oral History Cataloging Manual*，OHCM）②。该手册为口述文献的编目提供了标准的著录规则，使得图书馆和档案馆的口述文献整理与开发有了较为统一的编目规则并逐渐走向标准化。

随着图书馆目录实现互联网的共享，口述历史在现实中的意义变得更加重大。口述历史信息在网络上的传播更加广泛，口述历史的打印手稿与数字化的音频、视频也开始出现在网络空间。图书馆学界研究领域对口述文献的获取与利用问题保持着极为热切的关注，特别对网络及数字环境下口述文献数字化及访问获取进行了相关的研究。2005年，元数据图书馆馆员杨恩·尼古拉斯（Yann Nicolas）在《民

---

① Bruce H. Bruemmer. Access to Oral History：A National Agenda［J］. The American Archivist，1991，54（4）：494–501.

② Marion Matters. Oral History Cataloging Manual［M］. Chicago：Society of America Archivists，1995.

俗书目记录要求：口头传统与 FRBR》①一文中认为，图书馆馆员应该打破只注重印刷书写资料编目的传统偏见，加强对口述文献的编目的关注，并介绍了能够更好地处理口头传统作品、版本与款目的书目记录功能需求（Functional Requirements for Bibliographic Records，FRBR）模型。

信息技术的变革使口述历史信息资源的流通效率大为提高，但是同样带来了一些新的问题，例如怎么样将机读目录（Machine Readable Catalogue，MARC）记录与超文本标记语言（Hyper Text Markup Language，HTML）或是可扩展标记语言（EXtensible Markup Language，XML）形式的打印文稿进行整合？怎么样在互联网上进行展示？学者就这些问题进行了相关的探讨。2009 年，苏珊·韦恩（Susan Wynne）在《编目与分类季刊》上发表了《口述历史编目：个人口述历史访谈 MARC 记录的创建》一文，以美国哥伦布州立大学图书馆对个人口述访谈利用 MARC 进行口述文献编目为例，尝试为尚未加工的口述文献以及口述知识的获取提供较为可行的编目方法；2010 年，苏珊·韦恩又在佐治亚州的梅肯召开的 OCLC 大会上做了题为"个人口述历史访谈编目"②的报告，对编目标准和程序、编目流程进行了简要说明；路易斯维尔大学口述历史中心的卡罗琳·丹尼尔斯（Caroline Daniels）根据路易斯维尔大学图书馆口述文献的网上访问的案例，介绍了网络口述文献资源的内容选择、数字化及在线传播的流程，并审视了模拟音频网络环境下口述历史访谈的法律、伦理和技术决策等问题，为图书馆口述文献资源的在线访问提供了参考③。

3. 口述文献的检索与利用

近年来，随着大量口述文献的不断涌现，对口述文献的开发与利

---

① Yann Nicolas. Folklore Requirements for Bibliographic Records：Oral Traditions and FRBR [J]. Cataloging & Classification Quarterly，2005，39（3/4）：179 – 195.

② Susan C. Wynne. Cataloging Individual Oral History Interviews [C]. OCLC Conference，Macon，Georgia，2010 – 10 – 16.

③ Caroline Daniels. Providing Online Access to Oral Histories：A Case Study [J]. OCLC Systems & Services：International digital library perspectives，2009，25（3）：175 – 185.

用成为当前紧迫的问题。早在 20 世纪 60 年代，查谢特在《口述历史对图书馆馆员的启示》① 一文中谈及图书馆馆员在面对口述历史时代的机遇与挑战时，指明图书馆馆员开展口述文献书目编制以便于检索与利用的重要性。随后，口述文献检索与利用问题逐渐成为学者探讨的议题。学者们纷纷对图书馆口述文献馆藏书目编制以及相关索引的制定提出要求，有关口述文献收藏的目录与指南相继出现。1975 年，鲍克公司（R. R. Bowker LLC）出版了《口述历史收藏》一书②。该书对重要口述文献收藏机构，如哥伦比亚大学和加州大学伯克利分校口述文献给出了较为详细的描述性条目，然而其在主题检索方面存在缺陷。1982 年，美国微缩摄影公司与口述历史协会合作，由帕齐·库克（Patsy Cook）负责编辑出版了《美国口述历史项目指南》③。1986 年，美国图书馆协会（American Library Association，ALA）编制出版了《美国与加拿大图书馆馆员口述历史磁带目录》（*Directory of Oral History Tapes of Librarians in the United States and Canada*）④。目录的编制始于 1981 年美国图书馆协会的图书馆历史圆桌会议，旨在对现存的关于图书馆事业发展史的口述访谈进行调查、目录编制及出版。在著名图书馆学家、历史学家多丽丝·克鲁格·戴尔（Doris Cruger Dale）的精心策划下，该目录历时两年编制完成。目录的编写体例是按存储机构的名称进行排列，每一个机构下的口述访谈再按照口述者的姓名字母顺序进行排列，同时提供人名索引和主题索引。尽管还存在一些不足，但它意味着图书馆职业保存自我记忆意识觉醒时代的到来⑤。1988 年，波士顿西蒙斯大学图书馆学副教授艾伦·史密

---

① Martha Jane K. Zachert. The Implications of Oral History for Librarians [J]. College and Research Libraries, 1968, 29 (2): 101-103.

② Alan M. Meckler, Ruth McMullin. Oral History Collections [M]. New Providence: R. R. Bowker LLC, 1975.

③ Patsy A. Cook. Directory of Oral History Programs in the United States [M]. Sanford: Microfilming Corporation of America, 1982.

④ Doris Cruger Dale. A Directory of Oral History Tapes of Librarians in the United States and Canada [M]. Chicago: American Library Association, 1986.

⑤ Sarah K. Vann. Directory of Oral History Tapes of Librarians in the United States and Canada [J]. Journal of Library History, 1987, 22 (3): 361-362.

斯（Allen Smith）编制的《口述历史收藏目录》①问世。书中收录了美国 476 家口述历史收藏机构的口述文献，收集范围从政治要客和工会领袖拓展到喜剧演员以及普通公民，目录编制以收藏机构为基本条目，提供了地点、联系方式、机构人员、收藏规模、检索路径等描述性信息，并提供了有关地名、机构、口述历史项目名称等相关的主题索引。值得一提的是，书中还列出了口述者索引，为人们进一步深入查找与主题相关的信息提供了便利。

在口述文献索引编制方面，1990 年，艾伦·沃瑟曼（Ellen Wasserman）编制了《口述历史索引：国际口述历史访谈指南》（*Oral History Index：An International Directory of Oral History Interviews*）②，这是一部包括美国、加拿大、英国、以色列等国家的 400 多家口述文献收藏机构所持有的 3 万多个口述抄本的字母索引，且是全球范围对口述文献利用的首次尝试。索引编制内容主要分为两个部分：第一部分按照字母顺序排列的口述者（或是口述文献主题）列单，包括采访主题、采访时间以及识别口述文献收藏机构的字母数字代码；第二部分是口述文献收藏中心，通常会列出口述历史中心的名称、地址、电话号码等。虽然该指南雄心勃勃，试图实现对全球范围内口述文献方便而快捷的获取与利用，但是，不能忽视的一个缺陷是，该指南只针对主要以英语为母语的国家，适用范围存在一定局限性。此外，相关检索工具书另有英国国家图书馆编制的《英国声音资源记录索引》③，该书综合收录了英国 480 多个口述历史收藏，为了解英国口述历史的开展情况提供了参考。

4. 数字环境下口述资源的开发与利用

20 世纪 90 年代以来，互联网技术以及移动传媒技术的发展引发

---

① Allen Smith. Directory of Oral History Collections ［M］. Phoenix, New York：Oryx Press，1988.

② Ellen S. Wasserman. Oral History Index：An International Directory of Oral History Interviews ［M］. Westport, CT：Meckler Corporation，1990.

③ Lali Weerasinghe, Jeremy Silver. Directory of Recorded Sound Resources in the United Kingdom ［M］. London：The British Library，1989.

了新一轮的数字革命，革新了口述历史采集、保存、编目、索引、检索、传播与共享的方式，这既给图书馆口述文献的收藏与利用带来了机遇，也给以抄本为基础的口述文献的开发与利用提出了新的挑战。以文字记录的口述抄本正经历着二进制编码的进化，"口述文献"逐渐转变为"口述信息资源"。甚至在学术语言体系内，"口述历史"也逐渐被"数字化讲故事"代替。面对数字时代的到来，学者们就口述资源的数字化记录、数字化管理以及数字化传播与共享等方面进行了探讨。

一是口述资源的数字化记录。对口述历史的数字化记录不仅为个人历史的记录提供了无限可能性，也为后期口述资源的开发与有效利用奠定了良好的基础。记录口述历史所使用的设备已经发生了显著的变化，从而改变了口述记录的生成方式。从最开始的手持麦克风，到今日的网络摄像机以及网络视频系统，从"面对面访谈"到今日的"跨空间访谈"，口述访谈开展的地理障碍被进一步打破。在当前背景下，相关学者对口述文献数字化进行了探讨。澳大利亚国家图书馆韦布·柯林（Webb Colin）等在《口述历史记录保存》[1] 一文中，介绍了澳大利亚国家图书馆"声音保护与技术服务部"（Sound Preservation and Technical Services unit，SPATS）运用现代信息技术对口述历史进行保存的状况，对口述资源数字化的原因、目标、原则、成本收益及影响等问题进行了探讨，总结了信息技术变革中保存口述文献的相关经验。特里沃·邦德（Trevor James Bond）在《非洲裔美国人口述历史收藏的音频流》[2] 一文中，概述了华盛顿州立大学图书馆非洲裔美国人口述历史记录从磁带向数字流媒体转换的过程。LaGuardia 介绍了美国哥伦比亚大学口述文献数字化[3]。图书馆学专家

① Webb Colin, Bradley Kevin. Preserving Oral History Recordings ［EB/OL］. Ariadne, 1997, 8 （3）. http://www. ariadne. ac. uk/issue8/oral – history/.

② Trevor James Bond. Streaming audio from African-American oral history collections ［J］. OCLC Systems and Services, 2004, 20 （1）: 15 – 23.

③ LaGuardia, Cheryl. Oral History Online ［J］. Library Journal, 2004 （10）: 39 – 40.

约翰·克拉克（John Clark）发表了《网络口述历史资源》①一文，他认为信息技术与网络的发展，使得口述历史的记录、组织与保管变得更加容易和持久，降低了信息资源的使用成本，通过口述历史资源的公开获得了更大数量的潜在受益者，对口述历史网站资源做了综述性的介绍。弗朗西斯（Francis）介绍了密歇根口述历史数据库②，该数据库是由沃尔特·鲁瑟图书馆和密歇根口述历史协会支持的非营利性数据库。Weig 和 Terry 等人发表《大规模数字化口述历史：一个案例研究》③，介绍了肯塔基大学图书馆口述历史数字模拟重新格式化口述历史试点项目，包括创建主文件、搜索自定义界面和检索 Web 安装音频片段，对项目成本、目标和资助等问题进行了分析。Kimberly Weatherford Stevens 和 Bethany Latham 在《让过去发声：口述历史数字化》④一文中描述了杰克逊维尔州立大学休斯顿科尔图书馆口述文献数字化的过程及步骤，包括图书馆采集、数字化、创建元数据口述资源，以及通过图书馆目录、网络展示以及全国性数字存储计划的开展，为口述文献数字化提供了实践层面的指导。为了在线捕捉美国劳动者的记忆，2013 年，美国国会图书馆发起了美国民俗生活中心（American Folklife Center，AFC）的职业民俗项目⑤。2015 年 3 月，美国民间口述历史推动机构故事团（StoryCorps）发布了免费移动应用程序"StoryCorps"，旨在保存和分享个人故事，构建人与人之间的联系，创造一个更加公正和富有同情心的世界⑥。此外，相关案

①　John R. Clark. Oral History Resources on the Web［J］. Behavioral and Social Sciences Librarian. 2005，24（1）：109 – 112.

②　Francis R. Michigan Oral History Database［J］. MAC Newsletter，2007，35（2）：27 – 36.

③　Eric Weig，Kopana Terry，Kathryn Lybarger. Large Scale Digitization of Oral History：A Case Study［J］. D-Lib Magazine，2007（13）：5 – 6.

④　Kimberly Weatherford Stevens，Bethany Latham. Giving Voice to the Past：Digitizing Oral History［J］. OCLC Systems & Services：International Digital Library Perspectives，2009，25（3）：212 – 220.

⑤　Nancy Groce，Bertram Lyons. Designing a National Online Oral History Collecting Initiative：The Occupational Folklore Project at the American Folklife Center［J］. The Oral History Review，2013，40（1）：54 – 66.

⑥　About StoryCorps.［EB/OL］.［2020 – 06 – 30］. https：//storycorps. org/about/.

例另有由哥伦比亚图书馆数字项目和数字知识资金合资共同创建的卡内基口述历史项目网站对卡内基员工开展的在线口述访谈①、美国鲍尔州立大学（曼西）图书馆米德尔顿数字口述历史收藏②，以及美国太平洋大学图书馆布鲁贝克音乐在线收集视频口述历史项目③。

二是图书馆口述资源的数字化管理。数字化技术为口述资源管理带来了极大的便利，并改善了口述历史的管理模式，提高了口述信息资源的访问率和使用率。但不得不注意的是，图书馆、档案馆等文献收藏机构要面对以文本、音频、视频、图像资料以及元数据等不同类型资源的一体化编目、索引与访问等挑战，从而激发了实践者对口述历史资源数字化管理系统不断进行开发和改进的动力。美国肯塔基大学图书馆的路易·B.纳恩口述历史中心（Louie B. Nunn Center for Oral History）于2008年开发了口述历史元数据同步器系统（Oral History Metadata Synchronizer，OHMS），用以提升口述历史资源检索与利用的效率。该口述历史中心主任道格·博伊德（Doug Boyd）详细描述了口述历史元数据同步器的工作原理，认为其能够有效地实现数字环境下对文本、音频、视频与元数据等不同类型口述资源的同步检索与访问，成为数字环境下口述历史资源管理创新的典型代表④。2014年，Lisa发表《跟我说话：使用口述历史元数据同步索引口述历史项目》⑤一文，通过自己的实际工作经历介绍了肯塔基大学图书馆OHMS的具体使用流程。

三是图书馆口述信息资源的数字化共享与传播。数字化传播极大提升了口述历史的影响力。口述文献收藏与利用的数字化转型最具革

---

① Orphan, Stephanie. Columbia launches Carnegie Corporation Oral History Web Site ［J］. College & Research Libraries News，2007，68（2）：72 – 73.

② Amanda A. Hurford，Maren L. Read. Bring the Voices of Communities Together：The Middle Town Digital Oral History Project ［J］. Indiana Libraries，2008，27（2）：26 – 29.

③ Pillsbury G. Behind the Brubeck Oral History Project ［J］. Society for American Music Bulletin，2008，34（1）：12 – 13.

④ Doug Boyd. Hoops and Horses：Innovative Approaches Oral History in a Digital Environment ［J］. Against the Grain，2009，21（4）：22，24，26 – 22，24，26.

⑤ Lisa K. Miller. Talk to me：Using the Oral History Metadata Synchronizer to Index an Oral History Project ［J］. Kentucky Libraries，2014，78（4）：17 – 20.

命性的影响，是以创新的方式为口述信息资源的访问、共享与传播提供了多种可能性。2009 年，卡洛琳·丹尼尔斯（Caroline Daniels）在《提供口述历史在线访问：一个案例研究》① 一文中，根据在线进行口述历史访谈的案例，介绍了在线口述历史的内容选择、数字化及在线传播的流程，并审视了模拟音频网络环境下口述历史访谈的法律、伦理和技术等问题，以及对口述访谈的审查与决策评估，并讨论了网络版权、隐私和诽谤等问题。2013 年，道格·博伊德（Doug Boyd）在《口述历史评论》上发表《OHMS：加强口述历史的免费访问》② 一文，介绍了肯塔基大学图书馆开发的 OHMS 为用户提供词级搜索并实现抄本、索引的实时同步，以及文本搜索可以链接到在线口述历史访谈记录功能，同时介绍 OHMS 的创建过程以及其尝试解决的两个问题：无法处理未转录抄本的访谈以及除肯塔基数字图书馆之外的口述文献。此外，道格·博伊德还负责密歇根州立大学的 IMLS 基金项目"数字时代的口述历史"，制定关于口述信息资源收集、组织、传播的最佳实践标准。

（二）国内研究现状

相较于国外，我国开展口述历史实践与研究的时间较晚，大致始于 20 世纪 80 年代，主要以 1980 年中国科学院自然科技史研究所发起的"口述科技史"项目为标志。20 世纪 90 年代以来，随着网络信息技术的发展，以及国外口述历史项目开展的辐射与影响，口述历史在我国呈现出方兴未艾的发展趋势。21 世纪以来，口述历史项目如雨后春笋般在我国开展。随着人们口述历史意识的逐步增强，图书馆、档案馆、大众传媒以及社会团体等纷纷投入口述历史项目的实践中，开始对抗战老兵史、家族史、科技史、社区史、族群史、非遗文化等开展广泛的口述记录。2004 年 12 月，扬州大学召开了首届中华

① Caroline Daniels. Providing Online Access to Oral Histories: A Case Study [J]. OCLC Systems & Services: International Digital Library Perspectives, 2009, 25 (3): 175–185.

② Doug Boyd. OHMS: Enhancing Access to Oral History for Free [J]. The Oral History Review, 2013 (1).

口述史高级论坛暨学科建设会，并在会议上成立了"中华口述历史研究会"①。2012 年，首个口述历史研究中心及口述历史博物馆在中国传媒大学成立，该博物馆致力于对口述历史进行专门的采访、抢救、整理与研究②。与此同时，一大批学者开始对口述历史理论进行思考与探讨，并逐渐形成了具有中国特色的口述历史理论研究成果。

通过文献调研可以发现，我国对口述历史的理论研究开始于 20 世纪 80 年代。1981 年，《国外社会科学》第一期刊登了《面向过去之窗：口述历史入门》③ 和《哲学诠释学和经历的交流——口述历史的范型》④ 等文章，这是对国外口述历史理论的最早引介。口述历史项目在我国的蓬勃开展，催生了一大批口述文献，成为我国图书馆、档案馆等文献收藏机构研究的新对象。总体来讲，我国学者对口述文献收藏的探讨主要集中于以下几个方面。

1. 口述文献的概念

口述文献在我国学术语境中的相关表述有"口述资料""口述档案""口述记忆""口述史料""活资料"等。由于学科背景的不同，"口述文献""口述资料"被经常用于图书馆学、文献学等学术话语体系中，"口述档案""口述记忆"则较多地出现于档案学的话语体系，"口述史料""活资料"等较多地显见于历史学的话语体系。追根问底，其本质是"口述历史"在不同学科体系中的解释不同。其中，我国档案学界对口述历史研究介入的时间较早。1998 年，李财富、张顺涛在《档案》上发表《口述档案与历史研究》⑤ 一文，对口述档案的定义进行了初步探讨，列举了国内外学者对"口述档案"

① 熊卫民：《中华口述历史研究会成立》，载《中国科技史杂志》2005 年第 1 期，第 93 页。

② 刘雪芹：《高校图书馆口述历史文献的创建》，载《大学图书情报学刊》2018 年第 3 期，第 93～96 页。

③ J. 福克斯、黄育馥：《面向过去之窗：口述历史入门》，载《国外社会科学》1981 年第 1 期，第 41～42 页。

④ M. 海德、朱小红：《哲学诠释学和经历的交流——口述历史的范型》，载《国外社会科学》1981 年第 1 期，第 42～43 页。

⑤ 李财富、张顺涛：《口述档案与历史研究》，载《档案》1998 年第 2 期，第 17～20 页。

的不同定义，加深了国内学界对"口述档案"的认识。1999 年，宛志亮在《档案》上发表《"口述档案"若干问题辨析》一文，追溯了"口述档案"概念的来源，并对"口述档案"是否具有档案属性进行了辨析，对"口述档案"术语的规范性欠缺进行了批评，提出应通过学术争鸣和讨论对这一概念达成统一认识，建议将"口述档案"作为资料看待，以便于档案部门收集与保存工作的开展①。其后，张仕君等人发表《"口述档案"概念质疑》一文②，刘扬等人发表《再论口述档案》等文，对"口述档案"概念进行了进一步的探讨。青海大学图书馆的韩卫红认为，"口述文献（Oral Documentation Collection）就是并不以文字而是以口语来表现的过去的记录，是对人们特殊记忆、回忆和生活经历的一种记录，是将储存在当事人记忆中各个时期历史事件、自己或他人的各种表达方式，通过笔录、录音、录影等现代技术手段的采访，记述下来的人们口述所得的具有保存价值的原始资料"③。丁海英通过对"文献"的溯源，认为"口述文献是对人们特殊记忆回忆和生活经历的一种记录，就是将储存在当事人记忆中的各个时期、各个历史事件、自己或他人的各种表达方式，通过笔录、录音、录影等现代技术手段的采访，记述人们口述所得的具有保存价值的原始资料"④。从本质上讲，口述文献属于文献，是文献的一种特殊类型。

2. 口述文献收藏与整理的国外经验引介

国外对口述文献收藏与整理开展的实践较早，并且在口述文献的保存、整理与利用方面积累了较为丰富的经验。国内学者以案例分析的形式对国外口述文献收藏与整理经验进行了较多的探讨，以期为我国口述文献资源建设提供经验借鉴。其中，探讨较多的是美国、澳大

① 宛志亮：《"口述档案"若干问题辨析》，载《档案》1999 年第 5 期，第 23～24 页。

② 张仕君、昌晶、邓继均：《"口述档案"概念质疑》，载《档案学研究》2009 年第 1 期，第 10～12 页。

③ 韩卫红：《藏族口述文献资源的开发与永久保存研究》，载《图书馆理论与实践》2012 年第 7 期，第 96 页。

④ 丁海英：《口述文献及其价值》，载《群文天地》2012 年第 10 期，第 123 页。

利亚等国。美国是口述文献收藏与整理的先驱，学者们对美国口述历史项目进行调查并进行了广泛的探讨。王玉龙以美国哥伦比亚大学口述历史研究室、加州大学伯克利分校口述历史中心、美国总统图书馆为研究对象，对美国口述历史档案资源网络开发与利用进行了分析①。季双琪对美国图书馆具有典型代表性的口述历史机构进行了网络调研，分析了美国图书馆口述历史资源库建设的特色以及对我国的启示②。张义、张渝珩对美国民俗生活中心职业民俗口述文献在线采集平台进行了介绍与分析，这对当前数字时代我国口述文献采集的创新具有重要的启示③。吴汉华等介绍了美国纽约公共图书馆口述历史资源建设经验，重点介绍了社区口述历史资源建设的现状与类型，为我国公共图书馆口述历史资源开发与建设提供了借鉴④。此外，澳大利亚也实施了大量的口述历史项目，成为国际上重要的口述历史文献收藏国家。张义通过对澳大利亚国家图书馆口述历史项目的调研，对口述历史资源的采集与开发利用工作进行了较为详细的介绍，并对口述历史工作的特色与经验进行了总结⑤。高冕对澳大利亚国家图书馆具有广泛影响力的"澳大利亚这一代"口述历史项目进行了调研，介绍了该项目利用数字技术对口述历史资源进行管理与利用的方式与做法，对我国口述文献数字化管理与应用起到一定借鉴作用⑥。此外，李竟彤还对中美高校图书馆口述历史资源采集的模式、研究项目与资源内容、人员构成与管理、经费来源等进行了比较研究，提出了

---

① 王玉龙：《基于案例分析的美国口述历史档案资源网络开发与利用》，载《档案与建设》2017 年第 2 期，第 21～24 页。

② 季双琪：《美国图书馆口述历史资源库建设特色及启示》，载《图书馆工作与研究》2018 年第 11 期，第 40～45 页。

③ 张义、张渝珩：《基于在线平台的美国民俗中心职业民俗口述文献采集研究》，载《图书馆杂志》2020 年第 2 期，第 98～104 页。

④ 吴汉华、倪弘：《纽约公共图书馆口述史资源建设经验与启示》，载《图书情报工作》2019 年第 6 期，第 116～123 页。

⑤ 张义：《澳大利亚国家图书馆口述历史资源采集和开发利用研究》，载《图书馆学研究》2020 年第 7 期，第 79～85 页。

⑥ 高冕：《"澳大利亚这一代"口述历史资源的数字管理与利用》，载《图书馆建设》2020 年第 5 期，第 131～138 页。

加强我国高校图书馆口述资源收藏与整理的具体策略①。

3. 口述文献收藏与整理实务研究

随着口述历史项目在我国图书馆、档案馆等文献收藏机构的开展，一些研究者不断总结口述文献收藏与整理的经验，并形成了相关的理论成果。例如，国家图书馆的全根先结合其工作经验，发表了《口述史采访需要注意的几个问题》②、《口述历史后期成果的评价问题》③、《口述史采访中的文献收集工作》④、《口述史学与图书馆文献开发》⑤ 等文章，对口述文献收集与整理的相关操作理论与方法做了较为系统的介绍。

4. 数字时代口述文献收藏与整理研究

近年来，国内学者对数字时代口述文献的收藏与整理进行了探讨。温州大学的杨祥银认为美国口述史学的兴起与发展直接得益于现代技术的发明、创新与应用，其影响不仅在于使国际交流与合作得到更为广泛而深入的开展，更在于改变了口述历史记录、保存、编目、索引、检索、分享与呈现的方式与内容，对以书写抄本为基础的口述历史传统模式发起了挑战⑥。张诗阳以技术载体为切入点，将口述历史的发展变迁划分为录音时代、录像时代、网络时代，阐述了不同时代口述历史工作的演进历史、技术特征与时代特征，认为未来的口述历史将与新技术深度融合，技术载体将日趋多元化⑦。高建辉首次从

---

① 李竞彤：《中美高校图书馆口述资源建设比较分析》，载《图书馆学研究》2019 年第 23 期，第 9～16 页。

② 全根先：《口述史采访需要注意的几个问题》，载《图书馆理论与实践》2019 年第 1 期，第 10～15 页。

③ 全根先：《口述历史后期成果的评价问题》，载《图书馆理论与实践》2019 年第 1 期，第 5～9 页。

④ 全根先：《口述史采访中的文献收集工作》，载《高校图书馆工作》2019 年第 6 期，第 27～32 页。

⑤ 全根先：《口述史学与图书馆文献开发》，载《图书馆理论与实践》2021 年第 1 期，第 109～116 页。

⑥ 杨祥银：《数字化革命与美国口述史学》，载《社会科学战线》2016 年第 3 期，第 106～120 页。

⑦ 张诗阳：《从录音机到万维网：口述历史技术载体的变迁及其影响》，载《高校图书馆工作》2018 年第 3 期，第 52～56 页。

数字人文的视角审视少数民族口述历史资料保护的现状与问题，提出数字人文视域下少数民族口述历史资料保护的宏观策略和现实路径①。

5. 口述文献收藏与整理的相关伦理与法律研究

伦理与法律问题一直贯穿于口述文献收藏与整理工作的始终。随着口述历史实践的广泛开展，针对发生的版权纠纷以及潜在的伦理问题，学者们进行了诸多探讨。郑松辉、陈俊华探讨了口述历史伦理的内涵，以及在口述资源建设中的伦理冲突表现，并提出伦理建设的对策建议②。尹培丽对口述资料的著作权属性与归属，以及口述资料整理与利用过程中所涉及的著作权问题进行了探讨③。周晓燕分析了口述文献的著作权归属与图书馆口述文献采集、整理与开发中所涉及的著作权问题，并对图书馆口述文献的著作权保护问题提出了具体建议④。笔者对美国口述历史伦理审查机制进行了探讨，在总结美国成功经验的基础上，提出了通过政府主导、行业自律、不同机构合作等路径构建我国口述伦理的基本路径⑤。

6. 少数民族口述文献收藏与整理研究

早在 1997 年，王治能就提出应加强对无文字少数民族口述文献的收集，认为口述是无文字少数民族的族源历史、生产生活方式、风俗习惯以及宗教文化的世代流传的主要方式，收集无文字少数民族的口述文献有利于抢救少数民族文化，促进少数民族的历史研究⑥。黄

---

① 高建辉：《数字人文视域下少数民族口述历史资料的保护研究》，载《图书馆学研究》2019 年第 6 期，第 34～39 页。

② 郑松辉、陈俊华：《图书馆口述历史工作的伦理问题初探》，载《四川图书馆学报》2009 年第 4 期，第 67～72 页。

③ 尹培丽：《口述资料及其著作权问题探究》，载《图书与情报》2011 年第 3 期，第 53～56 页。

④ 周晓燕：《基于著作权法视角的图书馆口述文献工作探析》，载《图书馆建设》2013 年第 4 期，第 4～8 页。

⑤ 冯云：《美国口述历史伦理审查机制研究》，载《图书馆建设》2015 年第 2 期，第 88～91 页。

⑥ 王治能：《论收集无文字少数民族口述档案》，载《档案学研究》1997 年第 2 期，第 56～57 页。

琴、华林等人从加强少数民族口述历史档案的研究工作、提高保护意识、开展征集录制工作、加强人文保护和传承以及重视口述文献的发掘利用与保护抢救等方面阐述了抢救保护少数民族口述文献的对策和措施①。随着口述历史方法在民族学研究中的广泛应用，以及图书馆、档案馆对口述文献收集整理实践的开展，我国对少数民族口述文献的研究主要集中在民族学、图书情报和档案学领域。在理论研究方面，目前学界对口述文献的探讨主要集中于口述文献的价值、图书馆开展口述文献收藏工作的意义、口述文献的收集方法和流程以及所涉及的知识产权与伦理等方面。在少数民族口述文献收藏研究方面，代表性著作为《少数民族口述历史档案研究》（2015），该著作对少数民族口述历史的理论、方法与途径以及资源建设等进行了较为系统的探讨。

（三）研究述评

综上所述，国内外学术界对口述文献收藏与整理相关问题进行了初步的研究。然而，就人口较少民族口述文献收集与整理研究而言，现有研究主要关注点在于对口述文献的探讨，而对于人口较少民族口述文献的收集与整理研究关注较少。我国人口较少民族主要通过口述的方式对民族文化遗产进行传承与延续，如始祖传说、氏族神话、历史故事、谚语、谜语、祭祀祷词等，这些不仅是宝贵的文化遗产，而且为人口较少民族研究提供了珍贵的研究资料。笔者通过文献调研发现，目前尚未有关于我国人口较少民族口述文献收藏与整理的专门性研究成果。因此，本书选取人口较少民族口述文献收集与整理为研究课题。

① 黄琴、华林等：《论亟待保护抢救的云南民间少数民族口述历史档案》，载《档案学通讯》2009年第1期，第91～93页。

三、研究意义

（一）应用价值

本书通过对人口较少民族口述文献的收集、整理与数字化研究，形成一套针对我国人口较少民族口述文献的采集、整理、开发利用及数字化方案，为人口较少民族口述资源的收集、整理以及数字化提供理论参考，记录历史文化、保存文献记忆、传承民族精神，并为相关文化部门制定文化发展政策提供参考与依据。

（二）学术价值

人口较少民族口述文献是当代社会认识和研究我国人口较少民族及其先民社会生产、生活的"活化石"。因此，本书通过对人口较少民族口述文献的收集、整理与数字化研究，以期弥补我国人口较少民族文献研究资料的不足，从而为人口较少民族研究以及新时代背景下人口较少民族传统文化的传承与保护提供理论参考与依据。

四、研究内容

本书以中国人口较少民族口述文献开发利用及数字化作为研究对象，通过对人口较少民族口述文献收藏、整理情况进行实地调研，以及通过实地采访与整理具有代表性的人口较少民族的口述文献，对人口较少民族口述文献抢救、开发利用的基本情况、取得的经验及存在的问题进行综合分析与评价；探讨人口较少民族口述文献的科学分类体系，从而提出人口较少民族口述文献收集整理及数字化的策略，并对所涉及的相关伦理与法律等问题进行探讨。

五、研究方法

（一）文献调研法

通过对国内外口述文献收藏、整理及数字化领域的研究状况进行文献调研，在归纳总结已有口述文献收藏研究成果的基础上，分析相关的研究方法及存在的主要问题，探索人口较少民族口述文献收藏、整理与研究的理论与方法。

（二）实地调研法

通过对人口较少民族口述文献收藏与保存现状进行调研，进一步确定口述文献收藏的范围及内容。

（三）经验总结法

通过归纳总结国内外已有的口述文献收集、整理、保存与数字化的成功经验，对其进行参考与借鉴，形成人口较少民族口述文献采集、整理的实践标准，并使之系统化、理论化。

六、本书的创新之处与推广应用方式

本书对人口较少民族口述文献的概念、种类、特点、价值与作用以及收集保存的意义做了系统的理论阐释，对其抢救保护历史做了全面系统的总结与回顾，在借鉴国内外口述历史研究先进理论和经验的基础上，结合我国人口较少民族口述文献收集与保护的实际情况，提出人口较少民族口述文献收集与整理、分类与编目的具体方法，并对其数字化的原则、标准进行探讨，对开展我国人口较少民族口述文献收集、整理及数字化提供了可供借鉴的解决方案。

第二章 人口较少民族口述文献的内涵与价值

一、人口较少民族概况

人口较少民族是中华民族大家庭的重要成员。"人口较少民族"是一个具有中国特色的概念，体现了党和国家对人口较少民族发展的重视。迄今为止，"人口较少民族"在理论界尚未形成统一的定义，而是一个相对的概念。从字面上理解，它指的是相对于汉族和其他民族，人口数量较少的民族。然而，这个"少"也是一个不断发展的动态概念。根据 1990 年全国第四次人口普查统计，在我国 55 个少数民族中，有 22 个少数民族的人口在 10 万人以下，这些民族统称为人口较少民族。根据国情的变化，2017 年 1 月，国务院发布的《"十三五"促进民族地区和人口较少民族发展规划》把这一标准扩大为 2010 年全国第六次人口普查数据人口数量在 30 万人以下少数民族。自此，我国人口较少民族指的是人口在 30 万人以下的民族，如塔塔尔族、珞巴族、高山族等 28 个民族。

我国人口较少民族在大陆主要分布于内蒙古、黑龙江、福建、广西、贵州、云南、西藏、甘肃、青海、新疆 10 个省（区）。其中，内蒙古有俄罗斯族、达斡尔族、鄂温克族和鄂伦春族，黑龙江有达斡尔族、鄂伦春族和赫哲族，福建有高山族，广西有毛南族、京族，贵州、广西有仫佬族，云南有布朗族、阿昌族、普米族、怒族、德昂族、独龙族、基诺族和景颇族，西藏有门巴族、珞巴族，甘肃有撒拉族、保安族、土族和裕固族，青海有撒拉族和土族，新疆有塔吉克族、乌孜别克族、俄罗斯族、塔塔尔族和柯尔克孜族和锡伯族①。除福建省外，其余9个省（区）的人口较少民族相对聚居在西部和边疆地区的86个县（旗、市）、238个乡（镇）、640个行政村。在这86个县（旗、市）中，属于西部大开发范围的县（旗、市）有69个，占80.2%；有少数民族的自治县20个，占23.3%；有国家扶贫开发工作重点县34个，占39.5%；有陆地边境县（旗、市）40个，占46.5%。在86个县（旗、市）的238个乡（镇）中，有民族乡66个，占27.7%②。

据全国第七次人口普查数据统计，2020年，我国28个人口较少民族的人口数量及主要分布情况如表2－1所示：

表2－1 2020年中国人口较少民族人口数量及主要分布情况

序号	民族	人口数量（人）	主要分布地区
1	阿昌族	43775	云南
2	普米族	45012	云南
3	布朗族	127345	云南
4	怒族	36575	云南
5	德昂族	22354	云南
6	基诺族	26025	云南
7	独龙族	7310	云南
8	景颇族	160471	云南
9	锡伯族	191911	辽宁、新疆
10	赫哲族	5373	黑龙江
11	鄂伦春族	9168	黑龙江、内蒙古
12	鄂温克族	34617	内蒙古

① 国家民族事务委员会、国务院扶贫开发领导小组办公室、新华通讯社中国图片社：《中国人口较少民族》（上），新华出版社2007年版，第1页。

② 国家民族事务委员会、国务院扶贫开发领导小组办公室、新华通讯社中国图片社：《中国人口较少民族》（上），新华出版社2007年版，第2页。

续表 2-1

序号	民族	人口数量（人）	主要分布地区
13	达斡尔族	132299	内蒙古、黑龙江
14	俄罗斯族	16136	内蒙古、新疆
15	毛南族	124092	广西
16	京族	33112	广西
17	仫佬族	277233	贵州、广西
18	保安族	24434	甘肃
19	裕固族	14706	甘肃
20	撒拉族	165159	青海、甘肃
21	土族	281928	青海、甘肃
22	乌孜别克族	12742	新疆
23	柯尔克孜族	204402	新疆
24	塔塔尔族	3544	新疆
25	塔吉克族	50896	新疆
26	门巴族	11143	西藏
27	珞巴族	4237	西藏
28	高山族	3479	台湾、福建

（数据来源：全国第七次人口普查数据。）

根据全国第七次人口普查数据，全国共有人口 141178 万人，其中，汉族人口为 128631 万人，占 91.11%；各少数民族人口为 12547 万人，占 8.89%；人口较少民族人口为 207 万人，仅占全国总人口的 0.15%，占少数民族总人口的 1.65%。[1] 其中，人口较少民族人口最多的是土族，为 281928 人，人口最少的是高山族，仅为 3479 人[2]。

我国人口较少民族主要有以下特点。首先，大多以散居或杂居为

---

[1] 《第七次全国人口普查主要数据情况》，访问日期：2023 年 7 月 28 日，见中国政府网（https://www.gov.cn/xinwen/2021-05/11/content_5605760.htm）。

[2] 《第七次全国人口普查汇总数据》，访问日期：2023 年 2 月 15 日，见国家统计局网（http://www.stats.gov.cn/tjsj/pcsj/rkpc/6rp/indexch.htm）。

主。从行政区域来看，在所有人口较少民族中，高山族、门巴族、珞巴族、京族、基诺族、阿昌族、德昂族、赫哲族、塔塔尔族、俄罗斯族、乌孜别克族 11 个人口较少民族没有建立民族自治地方，高山族、京族甚至没有建立民族乡。无论是城镇还是乡村，大多数人口较少民族散居或杂居，主要以小型聚居社区形式存在。其次，人口较少民族社会经济总体发展水平较为落后，大多居住于西部地区，自身发展能力较弱。由于人口较少民族大多地处边境地区和偏远地区，自然条件较为恶劣，生态环境较为脆弱，生产力发展较为落后，导致经济和社会发展水平相对滞后。最后，文化传承较为脆弱。基于自然环境、传统观念和历史发展等原因，人口较少民族通常具有较为独特的文化背景、价值观念、生产方式、居住环境等，形成了特殊的民族文化。由于特殊文化受众与传承者有限，在现代化对传统文化生存环境的影响与冲击下，人口较少民族传统文化的传承存在困难，相当一部分文化成果面临失传的风险。以独龙族传统医药为例，其传承和应用依靠口传心授，没有文字记录，如果不对其进行系统的记录整理，有可能会造成本民族传统文化"失语"现象。

党和国家高度重视人口较少民族的发展问题。新中国成立之初，我国人口较少民族之间的发展差距较大，甚至许多民族处于不同的社会形态中，如珞巴族、赫哲族、鄂伦春族等民族处于原始社会末期阶段，门巴族处于农奴制的生产关系状态，高山族、毛南族处于封建地主经济阶段，而塔塔尔族、乌孜别克族等民族则初步显现资本主义经济萌芽[1]。由于我国少数民族地区整体发展水平较低，人口较少民族发展水平参差不齐，新中国成立初期的民族政策较多聚焦于少数民族的整体发展问题，国家话语和民族理论界也尚未形成明确的人口较少民族概念，因此对人口较少民族的关注较少，但此时在全国开展的民族识别工作为后期重视人口较少民族的发展打下了良好的基础。改革开放之后，党和政府逐步开始针对人口较少民族实施差别化政策，推

---

[1] 代宏丽、吴钧等：《中国共产党"扶持人口较少民族发展"重大举措研究》，载《贵州民族研究》2022 年第 4 期，第 178～185 页。

动地区经济社会有序发展。特别是 1999 年以后，国务院和国家民族事务委员会（简称"国家民委"）在云南基诺族、布朗族乡试点开展人口较少民族扶持发展工作，体现了党中央对人口较少民族发展的重视。进入 21 世纪以来，国家将人口较少民族发展列入国家专项规划当中，制定实施了扶持人口较少民族发展的政策，我国人口较少民族迎来了重要的发展机遇。① 2001 年，国家民委制定《关于建议把 22 个人口较少民族发展问题纳入国家"十五"计划的意见》，并报送国务院，得到了国务院有关部门和领导的支持。同年 7 月，国务院下发《关于扶持人口较少民族发展问题的复函》，明确要在实际的民族工作中对人口较少民族进行支持和帮扶。这是国务院首次在公文中明确使用"人口较少民族"的提法，标志着扶持人口较少民族发展政策正式上升为国家意志。2005 年 8 月，国家民委、国家发展改革委、财政部、中国人民银行、国务院扶贫办联合印发了《扶持人口较少民族发展规划（2005—2010 年）》②，明确采取特殊的政策措施，集中力量加快人口较少民族社会经济发展。2011 年 6 月，为深入贯彻落实党中央、国务院关于扶持人口较少民族加快发展的重大决策部署，《扶持人口较少民族发展规划（2011—2015 年）》正式发布。党的十八大以来，我国不断加大对人口较少民族经济社会发展的扶持力度，尤其对人口较少民族文化发展给予高度重视。国务院于 2017 年1 月专门印发了《"十三五"促进民族地区和人口较少民族发展规划》，该规划"根据《中华人民共和国民族区域自治法》、《中共中央国务院关于加强和改进新形势下民族工作的意见》、《中华人民共和国国民经济和社会发展第十三个五年规划纲要》编制，主要阐明国家支持少数民族和民族地区发展、加强民族工作的总体目标、主要任务和重大举措，是'十三五'时期促进少数民族和民族地区全面建

---

① 代宏丽、吴钧等：《中国共产党"扶持人口较少民族发展"重大举措研究》，载《贵州民族研究》2022 年第 4 期，第 178～185 页。

② 《关于印发〈扶持人口较少民族发展规划（2005—2010 年）〉的通知》，访问日期：2022 年 5 月 28 日，见中华人民共和国国家民族事务委员会网（https://www.neac.gov.cn/seac/xxgk/200804/1066240.shtml）。

成小康社会的行动纲领"。①

　　总之，经过多年探索，我国扶持人口较少民族发展的重大举措已经成为民族工作领域的一项创新，成为我国特色解决民族问题正确道路的成功实践。

二、人口较少民族口述文献的内涵

（一）文献

　　"文献"一词由来已久，且使用相当广泛。关于文献的释意，最早见于《论语·八佾》："子曰：夏礼吾能言之，杞不足征也；殷礼吾能言之，宋不足征也。文献不足故也。足，则吾能征之矣。"其中，"文"是指文字材料，"献"是指贤才，即指口述的"活材料"②。从"文献"的词源可看出，其本身就包含了文字材料和口述材料两部分。

（二）口述文献

　　口述文献是文献的一种特殊类型，有学者将口述文献定义为："是对人们特殊记忆回忆和生活经历的一种记录，就是储存在当事人记忆中的各个时期、各个历史事件、自己或他人的各种表达方式，通过笔录、录音、录像等现代技术手段的采访，记述人们口述所得的具有保存价值的原始资料。"③该定义指出了口述文献的两方面特征，一是通过现代化技术手段采访而得，二是通过人们口述而得。而从历史维度理解，"口述"包括两方面的含义，一是基于"过去"的口述传统，二是基于"现时"的口述历史。其中，口述传统（Oral Tradi-

---

① 《国务院关于印发〈"十三五"促进民族地区和人口较少民族发展规划〉的通知》，访问日期：2022 年 5 月 28 日，见中国政府网（http://www.gov.cn/zhengce/content/2017 - 01/24/content_5162950.htm）。

② 林申清：《文献概念的发展与演变》，载《图书情报工作》1989 年第 5 期，第 22～25 页。

③ 彭燕：《关于图书馆加强民族口述历史文献开发利用的几点思考——以武陵山经济协作区为例》，载《情报杂志》2010 年第 9 期，第 191、192～194 页。

tion）原本就是一个客观的社会存在，是指人类世代相承的口述性表达，如神话、传说、歌谣、说唱、谚语等都属于传统社会流传下来的一种语言艺术。经研究发现，口述传统较为广泛地存在于文字诞生之前的人类社会，以及当下无文字的社会（如非洲原始部落），乃至有文字社会中那些文字传统势弱的社群（如普通平民）之中[1]。口述历史则是一个在现代兴起的学术概念，具体是指"以录音访谈（interview）的方式搜集口传记忆以及具有历史的个人观点"[2]，其基本特征是需要借助访谈录音等现代化技术设备，通过开展访谈收集历史见证者的证词与回忆。如果说口述传统是传统的"口述"，那么新技术设备的应用使传统口述具备了"现代性"，并催生了现代意义上的口述历史[3]。从文化传承的角度考量，如果说口述传统是对文化的历时记录，那么现代口述历史则是对过去的一种追溯，更多地反映了个人的认同、行为、记忆与社会结构之间的关系。只有将口述传统与口述历史统一起来，才能确保民族文化保护与传承的完整性。因此，人口较少民族口述文献包含口述传统文献与口述历史文献两方面内容。

（三）人口较少民族口述文献

基于以上分析，人口较少民族口述文献是指以口述形式所生产的文献集合，既包含口述传统的原始记录，如神话传说、故事、歌谣、民间叙事诗等，也包含现代口述历史文献，即通过采访人口较少民族历史见证者而收集的其与社会历史发展有关的一切口述资料，既包括口述访谈，也包括视频、图片以及其他形式的口述资料。

---

① 张锦：《口述档案，口述传统与口述历史：概念区分及其档案意义》，载《山西档案》2019 年第 3 期，第 5～17 页。

② ［美］唐纳德·里奇：《大家来做口述历史：实务指南》，王芝芝、姚力译，当代中国出版社 2006 年版，第 2 页。

③ 冯云：《藏族口述文献述略》，载《图书馆研究与工作》2018 年第 1 期，第 19～25 页。

三、人口较少民族口述文献的价值

特殊的自然环境以及独特的原始崇拜与信仰，使人口较少民族口述文化具有鲜明的独特性。人口较少民族口述文献不仅在复原民族历史的时候具有其他档案、文献资料无法替代的价值，同时，其在文化、经济等领域的价值也日益凸显。

（一）历史价值

从古至今，口述文献都是历史研究的重要凭证。古希腊历史学家修昔底德在创作历史巨著《伯罗奔尼撒战争史》时，声称其著述主要有赖于对历史事件目击者进行口述采访而获得的口述资料，因而这部名著的史料可信度一直被公认为史学研究史上的典范[①]。我国著名史学家梁启超在谈到历史研究方法时，强调既要重视文字记录，也要重视口碑史料，即"躬亲其役或目亲其事之人有存者，探访而得其口说"[②]。在我国西藏自治区，门巴族、珞巴族属于人口较少民族。由于缺乏可靠的文字记载，对门巴族、珞巴族历史文化的考察只能从各种口述证词中获得线索。在对珞巴族族源问题的解释上，现在只能从各部落流传下来的神话、传说中去探究。例如，义都部落的传说《都都和洞翁》说到，汉族人的祖先和义都人的祖先是兄弟，后来因烧蛇蛋发生了争执，彼此分手；博嘎尔部落的传说认为，珞巴族祖先和藏族人的祖先属于同一生父；达麦部落的传说讲到，藏族、达麦人和阿萨姆人的祖先本来也是兄弟[③]。所有这些视不同部落和民族的祖先为兄弟的传说，实际上是某种特定民族心理在一定条件下的反映，对于研究民族关系历史具有重要的参考价值。另有一些口述文献还对生活中的发明创造进行了解释，如传说中记录了斯金金巴巴娜达明发明农业的过程，并认为金尼麦包发明了木质的生产工具，阿巴达尼则

---

① ［古希腊］修昔底德：《伯罗奔尼撒战争史》（上），徐松岩译注，上海人民出版社2017年版，第32页。

② 梁启超：《中国历史研究法》，上海科学技术文献出版社2015年版，第70页。

③ 李坚尚、刘芳贤：《珞巴族门巴族民间故事选》，上海文艺出版社1993年版，第9页。

发明了制陶术和筑桥法①。再如，裕固族的语言不仅是裕固人相互交流的主要工具，也是裕固族文字失传后，民族传统文化传承的主要载体。裕固族语言中的东部裕固语保留了13、14世纪古蒙古语的特点，西部语因为较多保留了古代突厥语的特点而被称为回鹘文献语言的"嫡语"，对研究古代回鹘历史具有重要价值。随着现代文明的不断发展，传统的生产生活方式、文化艺术被现代生活方式和现代文化所取代，许多懂得民族语言的人如今年岁已高，有些已故，裕固语的词汇量在逐代下降，特别是年轻人受到现代化生活方式以及民族间交往交流的影响，大多已经不会使用本民族语言，也就无法从口述传承中去了解本民族的历史②。可见，人口较少民族口述文献是民族历史记录的重要组成部分，它客观真实地记录和再现了人口较少民族的历史发展轨迹，具有其他档案、文献资料无法替代的价值，有助于人们更加全面和深入地了解人口较少民族的发展历史，对于填补人口较少民族历史研究的空白具有重大意义。此外，口述历史相对于绝大多数的原始资料而言，可以在更大程度上再造原有的各种立场，同时也是记忆建构的一种重要方式③。"充满瑰丽奇想的神话，先民开疆拓土的壮烈故事，体现民族睿智的典籍，历经岁月沧桑存留下来的格言，脍炙人口、世代流传至今的诗歌、小说、戏曲、演义和轶闻。这种集体性记忆的内涵、风格和强韧性，构成了一个民族的精神素质，即民族性。"④ 因此，对我国人口较少民族口述历史文献进行整理与挖掘，有利于留存我国人口较少民族的集体记忆，增强民族认同感和集体意识，同时对构建中华民族立体记忆库具有重要意义。

---

① 于乃昌：《珞巴族民间文学资料》（内部资料），西藏民族学院1980年版，第15页。
② 赵瑜：《"请留住我们的根"——全国政协少数民族界委员热议人口较少民族文化传承与保护》，载《中国政协》2018年第10期，第29～31页。
③ ［英］保尔·汤普逊：《过去的声音：口述史》，覃方明等译，辽宁教育出版社2000年版，第6页。
④ 徐友渔：《记忆即生命》，载《中国民营科技与经济》2012年第2期，第136～137页。

（二） 文化价值

人口较少民族以口述形式创作了大量丰富多彩的口头文化遗产，如各种富有传奇色彩的神话传说、民间故事和具有鲜明地域特色的酒歌、情歌、谚语故事等。这些口头艺术创作体现了人口较少民族的共同心理，同时也是极其重要的文化资源。这些极其珍贵的人口较少民族文化遗产正是依靠口述记忆的方式得以传承，从而成为凝聚共同民族心理的群体文化，而这种文化又成为中华民族文化共同体的重要组成部分。例如，珞巴族始祖传说是珞巴族人民生活的重要部分，也是珞巴族社会生活的真实写照，是研究珞巴族文化的重要史料。其中，珞巴族视人物形象阿巴达尼为其祖先。传说中，大地母斯金生了金冬（即太阳）九兄妹，金冬又生下了冬日（即老虎），而冬日生了两个儿子，一个叫日尼，即阿巴达尼，一个叫日洛，即阿巴达洛。"阿巴"在珞巴语中是"祖先"的意思。阿巴达尼是珞巴族的祖先，而阿巴达洛则是藏族的祖先①。在珞巴族民间还流传着大量关于始祖阿巴达尼的故事，如《阿巴达尼和阿巴达洛》《阿巴达尼试妻》《阿巴达尼的四个儿子》《阿巴达尼和猴子比箭》等②。在珞巴人心目中，阿巴达尼是机智、果敢和英勇的化身，这些故事集中反映了珞巴族的民族精神、生活智慧以及不屈不挠的奋斗精神。

珞巴族民间歌谣也是民族文化的重要形式。在珞巴族各部落流传一种叫"甲京甲"（相当于衬词，没有实际意义）的民歌，珞巴人一般在农人丰收、节庆日、婚礼以及举行重要仪式时唱甲京甲，其歌词内容反映的是珞巴族族源、部族、家族的历史，人与周边自然环境、植物、动物之间的关系，花鸟虫草、飞禽走兽、山水树木等与季节、生产生活、祖先族人之间的关系等，成为珞巴族社会历史的重要写

---

① 豆晓荣：《珞巴族》，新疆美术摄影出版社、新疆电子音像出版社 2010 年版，第 105 页。

② 于乃昌：《西藏民间故事》第五集（珞巴族·门巴族专辑），西藏人民出版社 1989 年版，第 26～48 页。

照，折射出人类在早期社会时会歌唱的基本特征①。

　　珞巴族大量的口述文献也以神话的形式存在，例如，《猴子变人》是珞巴族广为流传的创世神话："起初有两种猴子，一种是白毛长尾巴的，一种是红毛短尾巴的。有一天，红毛短尾巴的猴子们跑到一座天山上，都把自己身上的毛拔了下来，放到一块大岩石上，然后各自拿着一块石头狠劲地敲。结果敲出了火。有了火，这些短尾巴的猴子就把弄来的东西烤熟了吃，从此它们再也不吃生东西了，身上也不再长毛了，便变成了人。"② 该故事诠释了珞巴族的来源。

　　《三兄弟河》则是门巴族的古老传说，该传说将门巴族境内的娘江曲、达旺曲和普龙曲比作三兄弟，阐释了三条河流的走向。③

　　总之，人口较少民族口述文献是极其宝贵的文化遗产，特别是其口头文学，是文学艺术创作智慧的体现，生动地再现了无文字民族独特的文化魅力，也展现了人口较少民族的民族精神和集体智慧。人口较少民族口述文献在记载和传承民族优秀传统文化方面发挥着至关重要的作用，较为完整地反映了人口较少民族历史文化原貌，是构成中华民族多样性文化的重要组成部分。现代化社会的发展，对人口较少民族原生态的文化生存环境造成了影响，一些优秀的口述文化濒临消失。例如，会说珞巴语的人越来越少，熟知本民族历史来源的老者也越来越少。因此，应对这些珍贵的无文字民族口述文献遗产进行及时的抢救与保护，以保存人口较少民族的文化和历史记忆。

（三）经济价值

　　人口较少民族口述文化根植于长期的生产实践，凝聚了人口较少民族人民生活创造的集体智慧，独特的民族文化因其广泛的吸引力在现代社会呈现出较大的经济潜力。首先，人口较少民族口述文献本身

---

① 张伯瑜：《环喜马拉雅山音乐文化研究》，中央音乐学院出版社 2015 年版，第 177 页。

② 豆晓荣：《珞巴族》，新疆美术摄影出版社、新疆电子音像出版社 2010 年版，第 105 页。

③ 西藏民族学院门巴族民间文学调查组搜集、于乃昌整理：《门巴族民间文学资料》，西藏民族学院科研处 1979 年版，第 3 页。

就具有一定的经济价值。如阿昌族的医药口述文献、户撒刀制作工艺的口述文献等，本身就是阿昌族日常生产生活的反映。再以珞巴族为例，受地理气候等因素的影响，珞巴族传统服饰文化有着本民族生产生活方式、崇拜自然的烙印，被誉为研究珞巴族历史文化与传统习俗的"活化石"。珞巴族传统服饰在图案设计、制作方式、图腾崇拜等方面体现出独特性。然而，随着现代化生活方式的介入，珞巴族服饰文化面临着消亡的危机。在生产性保护措施的有力实施下，珞巴族传统服饰经过现代工艺的改良，开始进入市场，这使即将消失的珞巴族服饰得以"重生"，并成为珞巴族新的经济增长点[1]。其次，人口较少民族口述文献对旅游发展具有重要的推动作用。例如，南伊乡珞巴民族乡依托珞巴织布、传统竹编等传统文化资源，积极引入社会资本，打通工艺制作与市场销售的渠道，还将传统文化资源与发展旅游结合起来，充分挖掘珞巴族传统技艺的经济潜力，不仅促进了当地村民的增收，而且带动了当地民族特色旅游业的发展，同时还促进了珞巴族传统文化的保护与传承。最后，在当前社会发展新语境下，人口较少民族口述文献蕴含着极大的经济潜力。尤其是在当前全面建成小康社会和推进乡村振兴的大背景下，努力挖掘人口较少民族优秀传统文化，对当地经济的发展具有极其重要的意义。人口较少民族口述历史资源具有独特性和深厚的文化底蕴，开展人口较少民族口述历史文献的收集整理和开发工作，不仅可以充分发掘民族历史文化资源为人口较少民族经济社会发展服务，还可开发民俗文化、传统工艺等，结合人口较少民族居住的山水风光和丰富多彩的民族文化资源，以多种形式展现人口较少民族文化，以人口较少民族特有的风俗文化、饮食文化等，助力当地经济的发展。

（四）教育价值

口述文献是我国人口较少民族在长期生产生活中总结的生活经验

---

① 龙梆企、陈立明：《珞巴族服饰：一个国家级"非遗"项目的当代重生》，载《今日民族》2019年第3期，第39～43页。

和智慧结晶，是人口较少民族认识人类世界和相互交往的精神世界的真实反映，其中蕴含着启发心智和重塑道德的观念和认知，对后代具有重要的教育价值。在不少人口较少民族的传统观念中，世界上的任何事物都有生命力，万物有灵是共同的信仰。例如，门巴族、珞巴族、基诺族、鄂伦春族等，都普遍认为要对大自然有敬畏之心，这对当前的自然保护具有重要启示。此外，许多人口较少民族神话传说和民间故事传达了英勇果敢、勤劳善良的民族精神和族群心态，这些优秀传统文化经过挖掘可以作为教育宣传素材，对促进民族团结教育和铸牢中华民族共同体意识具有重要作用。

综上所述，中国人口较少民族口述文献兼具重要的史料价值、文化价值、经济价值和教育价值，不仅承载着人口较少民族的历史文化记忆，是研究中国人口较少民族历史文化的资料基础，而且是人口较少民族生产生活的智慧结晶，蕴含着大量的先进技术和经验。因此，在当前抢救和保护少数民族传统文化、促进中华民族文化大繁荣大发展的时代语境下，亟待加强对中国人口较少民族口述文献的收集、整理与保护，将人口较少民族珍贵的历史记忆进行永续保存与传承。

四、我国人口较少民族口述传统文献概述

我国人口较少民族由于大多数缺乏本民族文字，在漫长的历史岁月中，主要依赖口述的方式传承文化和历史记忆，由此产生了大量具有民族特色的口述传统文献，这些口述传统文献成为民族历史文化传承与发展的重要载体。我国人口较少民族口述传统文献按民族简述如下。

（一）阿昌族

阿昌族是云南省跨境而居的少数民族之一，主要分布于云南省德宏傣族景颇族自治州陇川县户撒阿昌族乡、梁河县曩宋阿昌族乡、九保阿昌族乡，其余分布于潞西（今芒市）、盈江、腾冲、龙陵、云龙等县。此外，在邻国缅甸也有部分阿昌族分布。阿昌族的民族语言为阿昌语，属汉藏语系藏缅语族，语支尚未确定，有梁河方言和户撒方

言两种方言，兼通汉语、傣语等其他民族语言或方言，无本民族文字，使用汉字。由于缺乏本民族文字，阿昌族的历史文化主要依靠口述的方式传承，积淀了大量的口头文化传统，如神话传说、民间故事、戏剧、叙事诗、民间歌谣等。阿昌族所流传的神话传说题材广泛，包罗万象，讲述了天地万物的起源、人类及各种生灵的由来，以神话传说的方式表达对日常生产生活中各种现象的认识，寄托美好的愿望。如反映宇宙和万物起源的神话史诗《遮帕麻和遮米麻》，以口传的形式在阿昌族民间世世代代流传至今。《遮帕麻和遮米麻》包括天公遮帕麻与地母遮米麻创造天地、人类诞生、补天治水、降魔斗法、重整天地五个部分①。遮帕麻和遮米麻是阿昌族人民心目中的英雄，反映了阿昌族不屈不挠和勇于开拓的民族精神。神话史诗中包含了重要的民族迁徙历史和反映阿昌族狩猎时代和农业时代的历史记忆和文化记忆。2006 年 5 月，经国务院批准，《遮帕麻和遮米麻》被列入第一批国家级非物质文化遗产保护项目。"石神神话"反映了阿昌族辗转迁移的历史，"盐婆神话"以隐喻的手法反映了阿昌族在迁徙发展过程中对故土的眷恋。② 此外，阿昌族还流传着大量的习俗故事、伦理故事、幻想故事、英雄故事和动植物故事等。如习俗故事《绡迈的故事》反映了阿昌族忠贞的爱情信念以及对幸福姻缘的期盼，并为绡迈成为阿昌族姑娘的定情信物送予恋人这一行为提供了社会文化依据。《陪郎撑伞》讲述了阿昌族婚礼上陪郎撑伞这一习俗的由来。故事《谷稷》解释了阿昌族祭祀谷神的习俗。伦理故事如《三姊妹》劝诫人们做人要真诚和讲诚信。幻想故事主要有《螺蛳妹》《人为什么会死》等。《螺蛳妹》是一则深受阿昌族人喜爱的幻想故事，表现了阿昌族人民渴望和追求幸福的心理。《人为什么会死》体现了阿昌族人对生与死的认识与看法，以及对生命意义的深层思考，表达了希望善良的人能够死而复生的美好愿望。动物故事主

37

---

　　① 霍志刚：《阿昌族史诗〈遮帕麻和遮米麻〉的历史记忆》，载《中央民族大学学报（哲学社会科学版）》2015 年第 S1 期，第 169～176 页。

　　② 攸延春：《阿昌族文学简史》，云南民族出版社 2014 年版，第 3～4 页。

要分为解释动物习性的故事和动物隐喻类故事。阿昌族中流传较广的解释动物习性的故事有《张四方为什么光轱辘》《水牛为什么没有上牙》《知了为什么没有嘴巴和肠子》《穿山甲见人会把身子缩成一团的由来》《大象走路为什么轻轻的》等。动物隐喻类故事主要有《谷工鸟和塔拉雀》《蚂蚱和猴子打架》《兔子和豹子》等，这类故事所蕴含的哲理是阿昌族人民社会意识、伦理观念、爱憎情愫、审美意向的集中反映①。

阿昌族有着悠久的歌舞传统，民间歌谣种类繁多，形式多样。从语言形式看，有阿昌语歌和汉语歌；从体裁形式看，有叙事歌和抒情歌；从演唱形式看，有活袍调和即兴歌；从题材上看，有祭祀歌、叙事歌、习俗歌、山歌敢（又分情歌和自娱消遣歌）等②。

阿昌族习惯将本民族的歌舞传统统称为"窝罗"。"窝罗"一词意为"围拢来"。每当阿昌族起歌起舞时，人们齐声高唱"窝……罗"，故以此名之③。"窝罗"有其独特的表现形式，有领唱，有随唱。随唱是重复领唱的歌词。"窝罗"格调欢快，节奏感强，较多地保留了阿昌族口头文学短小精悍、形象鲜明、语言通俗、声韵铿锵的特点。1993 年 5 月 20 日，德宏州第九届人大常委会第三十次会议通过了《关于统一阿昌族节日名称和时间的决定》，正式将陇川县阿昌族的"阿露节"和梁河县阿昌族的"窝罗节"统一为"阿露窝罗节"，于每年 3 月 19 日至 20 日举行，青龙、白象和弩弓射日成为统一的民族标志④。

（二）普米族

普米族自称"培米"，主要分布在云南省西北部高原的兰坪白族普米族自治县和宁蒗彝族自治县，少数分布于丽江市的玉龙纳西族自

---

① 攸延春：《阿昌族文学简史》，云南民族出版社 2014 年版，第 85～87 页。
② 刘江：《阿昌族文化史》，云南民族出版社 2001 年版，第 306 页。
③ 攸延春：《阿昌族文学简史》，云南民族出版社 2014 年版，第 96 页。
④ 何雅云：《阿昌族"蹬窝罗"舞蹈文化及其现代演变研究》，载《北京舞蹈学院学报》2014 年第 2 期，第 58～63 页。

治县、永胜县，迪庆藏族自治州的维西傈僳族自治县、香格里拉市，临沧市的云县以及四川凉山彝族自治州的盐源县、木里藏族自治县，甘孜藏族自治州的九龙县等地，与当地其他民族杂居。其中，云南普米族人口占全国普米族总人口的 97.99%①。普米语属汉藏语系的藏缅语族羌语支。普米族与其他民族杂居，大多兼通彝族、白族、纳西族、汉族等几个民族的语言。普米族没有本民族的文字，口述传统成为其民族文化历史传承的主要方式。从来源上看，普米族口述传统一方面来源于本民族文化历史，另一方面来源于与邻近民族的文化交往、交流与交融。从类型上看，普米族口述传统有神话传说、民间故事、民间歌谣等。神话故事是普米族先民探索自然的重要记忆载体，其中，起源神话以《杀鹿人》（吉赛米）为典型代表，这则神话以鹿体阐释万物起源，来源于远古狩猎时代古代先民对生命起源的认识，后来又加入了游牧时代和农耕时代的文化意识②。《统格萨·甲布》《凤凰治龙王》等是普米族家喻户晓的英雄故事。其中，统格萨的故事借鉴了藏族传说故事《格萨尔王》，有些情节甚至直接取自格萨尔王的故事，普米族人民在其基础上结合本民族历史文化进行改编和再创作③，反映了中华各民族文化的起源和融通。民俗故事《女人戴耳环手镯的由来》介绍了普米族妇女的服饰，《狗救主人的故事》解释了普米族崇拜狗的原因。幻想故事如《太阳、月亮和星星》反映了狩猎和采集时代的远古先民对自然现象的认识。人物传说中的《黑占本起事》《吴主起事的传说》《杨玉科的故事》，反映了普米族的大无畏精神。此外，动植物故事如《给羊子的来历》《白鸽和金树的主人们》《黑猫姑娘》《紫花地丁》等揭示了远古先民对动植物起源的认识以及对美好和幸福生活的向往。

普米族有着丰富的口述诗歌传统，如早在东汉时期就已经流行的《白狼歌》、讲述普米族起源的神话《直呆喃木》等都可称为普米族

---

① 《普米族》，访问日期：2022 年 6 月 1 日，见中国政府网（http://www.gov.cn/guoqing/2015－07/29/content_2904897.htm）。

② 杨照辉：《普米族文学简史》，云南大学出版社 2016 年版，第 6 页。

③ 王震亚：《普米族民间故事》，云南人民出版社 1990 年版，第 5 页。

诗歌中的经典之作。普米族有一些关于宗教或历史方面的诗歌还被用丁巴文或藏文记录下来，人们可以对照歌词进行唱诵。例如，《古利歌》是记载普米族传统习惯和法规的诗歌，叙述了普米族古代的历史和生活，以及一些古代的传说法规等。普米族民间诗歌分为时政歌、风俗歌（仪式歌）、生活歌和情歌四大类。《出嫁歌》《接亲调》《宴席歌》《开门调》《梳妆调》等风俗歌反映了普米族的婚姻习俗。《送羊经歌》《指路经歌》等丧歌反映了普米族对死者的哀悼和对祖先的怀念。《祭山神》《祭龙神》《祭锅庄》等仪式歌表现了普米族的多神崇拜和祖先崇拜。此外，还有一些民歌歌颂了普米族人民勤劳勇敢的品质，表达了他们对旧社会剥削阶级的不满和反抗。描写青年男女忠贞、纯洁爱情的民歌，如《为啥哥不来》等在普米族口述作品中也占有重要地位①。

（三）布朗族

布朗族是活跃在我国西南地区的一个古老民族，属于"百濮"族群，相传是古代濮人的后裔。在漫长艰难的迁徙过程中，布朗族逐渐在我国云南境内形成大分散、小聚居的分布格局。布朗族生活在云南的澜沧江和怒江流域，主要分布在保山、怒江、德宏、临沧、普洱、西双版纳等州市。据记载，早在公元前 17 世纪的商朝初年，中原王朝就与南"百濮"有了交流与交往②。布朗族属于南亚语系孟 - 高棉语族的布朗语支，分为布朗和"阿尔佤"（或"乌"）两大方言区③。根据《中国统计年鉴 2021》统计，中国境内布朗族的人口数为127345 人。布朗族是茶的民族，茶是大自然对勤劳善良的布朗族的馈赠，布朗族的日常生活和文化习俗有着较为浓郁的茶文化。

由于地处边陲，交通不便，信息闭塞，布朗族只有语言，没有文字，许多文化艺术瑰宝和古老民俗主要依赖世世代代的口耳相传，由

---

① 李德洙：《中国少数民族文化史》，辽宁人民出版社 1994 年版，第 6 页。
② 陶玉明：《布朗族》，辽宁民族出版社 2014 年版，第 3 页。
③ 杨竹芬：《布朗族文化研究》，武汉大学出版社 2014 年版，第 85 页。

此形成了类型多样、多姿多彩的口述文化资源。布朗族的口述传统主要有神话、故事、诗歌、谚语、谜语等。其中，神话是布朗人最原始的口头创作方式。布朗族的神话内容主要有创世神话、人类起源和人类与大自然搏斗的神话传说等。布朗族普遍流传着"人祖起源"的神话故事，保存比较完整的是《顾米亚》，该神话讲述了天神顾米亚创造天地的过程。红河地区的布朗族神话传说讲到，神人顾米亚为了寻找造天造地的材料，到处奔波，最后发现一头犀牛，于是他剥下犀牛的皮做成天，割下犀牛的肉做成地，挖出犀牛的眼做成星星，把犀牛的骨变成石头，把犀牛的血变成江河，把犀牛数不清的毛变成各种花草树木，又把犀牛的骨髓变成鸟、兽、虫、鱼。他用犀牛的腿撑着天，让鳌鱼托着地，每当鳌鱼身体一动，便会发生地震①。《顾米亚》传说既蕴含了布朗族先民对于天地的起源、自然物质的来源、人类起源的认识，又折射出布朗族先民所处的社会历史环境。有关人祖的神话在著名的《岩布林戛·伊梯林戛》传说中也有所讲述，该神话认为人类是由远古的两个动物造设的。今双江拉祜族佤族布朗族傣族自治县流传着一则布朗族的神话传说："人是天上漏下来的，当时是五兄弟，后来天神在鼓登上显现文字说：佤族是老大，布朗和拉祜是老二（双生子），汉族是老三，傣族是老四。因为佤、布朗、拉祜族是哥哥，应该让弟弟过得好一些，便让傣族、汉族弟弟到坝区去住。所以布朗、佤、拉祜族就住在山里。"② 还有一些神话是以图腾崇拜为题材，如著名的《岩洛卜我》。

布朗族历史悠久，在生产力较为低下的时期，生活资料多依赖自然界，因此自然界的许多物质和现象成为布朗族歌颂和描绘的对象。许多山川风物、河流巨石、某些动物和植物的特征被赋予艺术的生命和注入新的寓意，变成脍炙人口的口述作品，代代流传于民间。布朗族有许多关于茶的传说，其中一则传说讲到：布朗族百姓患上一种病，仙人指示在遥远的高山上有一只鹰，它的嗉袋里有一种宝物可以

---

① 钟进文：《中国人口较少民族书面文学研究》，民族出版社 2012 年版，第 29～30 页。

② 杨竹芬：《布朗族文化研究》，武汉大学出版社 2014 年版，第 90 页。

治愈众人的病。一位勇敢的布朗族青年不辞劳苦，攀山追鹰，战胜在那守卫的妖魔，从鹰的嗉袋里取得一些种子，撒在地里，长成了茶树。他用茶叶熬水给百姓喝，治愈了众人的病①。布朗族有着十分丰富的民间故事，主题包括同情孤儿和弱者、机智人物和动植物故事等。例如：《寡妇儿子和鱼姑娘》体现了同情弱者的传统美德；《岩章莱》则是一组十分有趣的机智人物的故事，体现了布朗人的聪明有趣；《知了的肚子为什么是空的》描绘了动植物的生态，解释了自然界动植物相互依存、相互制约的关系。

诗歌是布朗族口述文化的另一种形式，其可分为劳动歌、迁徙歌、祈求歌、爱情歌、反抗歌等。此外，布朗族口述文化还包括形象生动和富于哲理的谚语和谜语，它们体现了布朗族人民的智慧和信仰。例如一些谚语说："嫁汉人要铸锌，嫁傣家要撒秧，嫁山区民族要刀耕火种。""布朗族靠火生活，傣族靠水生活。"谜语多为物谜，一般都比较形象生动。例如，"有口井，不在天上，不在地下，四面用石头围着它——嘴""一间房子，够睡五个人——鞋"等。此外，布朗族也是一个喜爱唱歌的民族，有着大量的民歌口述文献，从类型上划分，主要有情歌、仪式歌、颂歌、叙事歌、儿歌等②。

（四）怒族

怒族，源于古代氐羌，其先民在唐宋时属于"蛮夷"一支，元明以来被称为"怒人""怒子"。怒族人自称为"阿怒""怒苏"和"阿龙"。史书记载，"蛮名怒江"，"潞江俗称怒江，出潞蛮"。"蛮"，是古人对西南民族的统称。而"潞""怒"在云南古今同音。所以，"潞蛮"即"怒蛮"。可见，怒族因怒江而得名。怒族主要分布于云南省怒江傈僳族自治州福贡县、贡山独龙族怒族自治县、兰坪白族普米族自治县兔峨乡和迪庆藏族自治州维西傈僳族自治县境

---

① 杨竹芬：《布朗族文化研究》，武汉大学出版社 2014 年版，第 96 页。
② 杨竹芬：《布朗族文化研究》，武汉大学出版社 2014 年版，第 115 页。

内①。怒族有自己的民族语言，但无本民族文字，怒族文化传承主要依赖世世代代的口传心授，由此产生了大量的口述传统文献。怒族的口述传统文献包括神话传说、民间故事、歌谣等。神话传说主要有《开天辟地》《天地是怎样分开的》《从天上来的人》《射太阳月亮》《腊普、亚尼造人烟》《祖先阿铁》等。与怒族社会发展相适应，民间还流传着不少带有母系社会和图腾遗迹的传说，如《女始祖茂英冲》，传说远古时蜂与蛇结合，生下茂英冲，茂英冲又与虎结合，所生子女繁衍为虎、蜂、蛇等氏族，茂英冲成为各氏族的女始祖。《蛇变人》是关于蛇氏族的传说，反映了怒族从母系氏族过渡到父系氏族的社会生活②。怒族民间口述传统故事可分为英雄故事、伦理故事、爱情故事、孤儿故事、地名故事、动物故事等。英雄故事《大力士阿烘》在怒族口述传统文化和口述传统文献发展历程中占有极其特殊的地位，反映了怒族由狩猎社会向农耕社会的过渡与转型。怒族人民塑造了阿烘这一英雄形象，以此寄托对以往狩猎时代生产和生活方式的怀念与追忆，表现个体家庭农耕劳作的艰辛以及在灾祸来临时无助的境况，由此表达怒族民众希望依靠群体的力量战胜灾祸与苦难，以及对幸福美好生活的向往之情③。伦理故事有《甜甜的鹿乳》《还是穷女婿好》《负心的后娘》等。有的故事反映了纯真和深挚的爱情故事，如《谷玛楚与吴第朴》《龙女故事》《七星姑娘》等。此外，孤儿故事《梦中的仙姑》《孤儿宰相》在怒族民间流传广泛，体现了怒族人对不幸遭遇者的怜悯与同情之心④。怒族自称怒江最早的居民，在漫长的历史岁月里，怒族先民一直生活在峡谷山林里，与山林动物相互依存，由此产生了大量的动物故事，如《獐子智斗老虎》《猴子和蚂蚁打仗》《小兔整治老熊》《猴子为什么不敢下山》等⑤。此外，怒族民歌口述文献较为丰富，被称为"雪山峡谷的韵律"。在

---

① 攸延春：《怒族文学简史》，云南民族出版社2003年版，第4页。
② 钟进文：《中国人口较少民族书面文学研究》，民族出版社2012年版，第14页。
③ 攸延春：《怒族文学简史》，云南民族出版社2003年版，第122页。
④ 攸延春：《怒族文学简史》，云南民族出版社2003年版，第145～153页。
⑤ 攸延春：《怒族文学简史》，云南民族出版社2003年版，第187～190页。

怒族流传至今的口述传统中，早期以神话叙事歌谣《瘟神歌》为代表，后期则以长篇爱情叙事歌谣《乍付赛与乍付玛》为典型代表①。此外，怒族还留存了大量情歌、儿歌、谚语等口述传统。

（五）德昂族

德昂族原名"崩龙族"，是生活在我国西南边疆最古老的民族之一，并且是一个典型的跨境民族，为中国和缅甸交界地区的山地少数民族。"昂"意为"岩洞"，"德"为尊称的附加语，"德昂"意为生活在山洞里的人。德昂族有本民族语言，属于南亚语系孟-高棉语族佤德昂语支，分为布雷、汝买、若进三种方言，因长期与傣族、汉族、景颇族等民族相处，许多人通傣语、汉语和景颇语。德昂族主要居住在中国与缅甸交界地区，是一个典型的大分散、小聚居的民族。该民族的分布范围非常广，中国一侧主要分布在云南省德宏、保山、临沧 3 个地州 9 个县市，缅甸一侧分布在掸邦、克钦邦等地。根据《中国统计年鉴 2021》，中国境内德昂族的人口数为 22354 人。德昂族无本民族文字，其民族历史文化大部分靠口头流传下来，形成了大量的口述传统文献。其中，关于德昂族起源的典型代表是民间的古歌《达古达楞格来标》。"达古达楞格来标"是德昂语，意为最早的祖先传说。相传地球上最初是有人类的，后来洪水滔天，毁灭了所有生命。洪水退后，天界有一株枝叶茂盛的仙茶树，为了拯救大地，自愿飘落到地上繁衍生息。这时，万能的智慧之神为了考验茶树是否真的有毅力和本事，就让狂风吹落了茶树的 102 片叶子，并将其枝干撕裂。然而，茶树的意志和生命力并没有被狂风动摇，瞬间，被吹落的叶子中，单数变成了 51 个精明强悍的小伙子，双数变成了 51 个聪慧美丽的姑娘，他们结成 51 对夫妻，历经 10001 次磨难后，有 50 对返回了天界，仅剩最年轻的那对，坚持在荒古的地球上生活，繁衍人类后代，此后便成为德昂人的始祖，故德昂人有茶树图腾崇拜②。这种

---

① 攸延春：《怒族文学简史》，云南民族出版社 2003 年版，第 200 页。

② 赵纯善、杨毓骧：《德昂族概览》，云南大学出版社 2006 年版，第 3 页。

认为茶是大地的创造者，是人类祖先的说法，在其他民族非常少见，反映了德昂先民奇特的神话观和宇宙观。

民间故事《宝葫芦》则认为德昂族的祖先诞生于一个葫芦之中。相传远古时期，世界上所有的民族共同居住在一个巨大的葫芦里，并且和睦相处。后来雷神劈开了葫芦，人们走出来，成为各个民族，然后划地而居，其中德昂族住在了半山腰，以耕地为生[①]。此外，在德昂族民间还广泛流传着"神仙开天，腊人辟地"的格言，结合德昂人创世纪的神话传说，表明德昂族是我国较为古老的民族之一。《神女浴》《达惹木卡》《不献坟的传说》《藤篾腰箍》等民间传说，分别叙述了德昂族的泼水节、小乘佛教的某些教规以及日常生活中一些民俗产生的由来，具有鲜明的德昂族文化特点和较深的文化内涵。《兔子治土司》《智斗头人》《七姑娘》《笋叶伙子》等则深刻揭露了封建统治者的凶残、卑劣和贪婪，展现了德昂族劳动人民要求改变受剥削压迫现状的英勇无畏的斗争精神[②]。此外，关于德昂族的口述传统还有叙事诗、抒情诗及民歌、谚语等。

（六）基诺族

"基诺"一词源于基诺族先民在杰卓山居住的时代，当时出现了"基诺洛克"的名称，"基"意为舅舅，"诺"意为跟在后面的，直译是"跟在舅舅后面的人"或"尊重舅舅的民族"。根据脍炙人口的口述传说，基诺族的发祥地是"司杰卓米"，其为基诺山东部边缘的一座海拔近1900米的高山，过去汉语译为"攸乐山"，现在称为"孔明山"[③]。基诺族主要聚居于云南省西双版纳傣族自治州景洪市基诺山基诺族民族乡及四邻的勐旺、勐养、勐罕，勐腊县的勐仑、象明也有少量基诺族散居。根据《中国统计年鉴2021》，中国境内基诺族

[①] 《德昂族简史》编写组、《德昂族简史》修订本编写组：《德昂族简史》，民族出版社2008年版，第165页。

[②] 《德昂族简史》编写组、《德昂族简史》修订本编写组：《德昂族简史》，北京民族出版社2008年版，第166页。

[③] 于希谦：《基诺族文化史》，云南民族出版社2014年版，第15页。

的人口数为 26025 人。基诺族语言为基诺语，属汉藏语藏缅语族彝语支，没有文字，过去多以刻木、刻竹记数和记事，通用汉语。基诺族除具有一定的祖先崇拜和尊奉诸葛孔明外，最具特色、占主要地位的宗教观是万物有灵思想。基诺族口述文化传统可分为神话传说、幻想故事、动植物故事、爱情故事、风俗传说、生活故事、传奇故事、机智人物故事、谜语、谚语十部分。其中，流传较为广泛的神话传说有《阿嫫晓白造天地》《敬献祖先的来历》《人鬼分家》等族源神话①。此外，另有英雄传说《巴亚——掌权寨》、有关"神刀"的传说《火烧寨的来历》《宝刀和竹笛》等，展现了基诺族刀耕火种的生活方式和历史场景。"特缺"是基诺族民间故事的典型元素，讲述的是吃人的故事。"特缺"是对传说中曾与基诺人生活在一起、会吃人的人种的称呼。有研究者认为"特缺"是古代南亚的一个人种，随着历史的发展而逐渐与基诺人融合。《老猎手智斗特缺》《特缺的压木》等故事反映了狩猎人与"特缺"斗争的传说，说明基诺族祖先曾经历过与食人者斗争与融合的历史。此外，另有关于日常生活中发现"特缺"、消灭"特缺"的传说，如《十六岁的姑娘》《你为什么不打着火把来》《孕妇不吃芭蕉花的来历》等。还有讲述"特缺"消亡的生动传说，如《舅舅阿德》。从这些故事中我们可以看到，这种与基诺族先民定居在一地的"特缺"，拥有强大的魔法能力，经常与基诺族先民在一起劳动、生活，而且还深知原始宗教活动，说明基诺族民间故事带有较为强烈的民族宗教色彩。动物故事《玉波壳和野猪》《小鼠战胜大象》《青蛙和猴子》《青蛙断案》《豹子下仔》等，将动物拟人化，表达了基诺族人民长期以来对美好幸福生活的向往及扶助弱小的心理。机智人物故事如《主人喝马尿》《山官吃猫屎》《阿推波浩》《山官捉竹鼠》《棍打山官婆》《砸烂铁锅》《财主背盐巴》等，以灵活的艺术语言和独特的表现手法，塑造了有勇有谋的英雄形

---

① 于希谦：《基诺族文化史》，云南民族出版社 2014 年版，第 255 页。

象阿推①。爱情故事有《两个小伙子》《鱼姑娘》《堂兄妹》《鸡蛋姑娘》等，反映了基诺族的爱情观以及对美好爱情的向往。基诺族诗歌分叙事诗和抒情诗两种，反映的内容广泛，格调含蓄而真切，生活气息浓郁。基诺族人民常说："我们的歌比树叶还多。"唱歌是基诺族人民讲历史、传知识、交流感情、进行文艺创作的独特方式。"习俗诗"是反映社会生活及风俗习惯的长诗，内容涉及婚丧嫁娶、渔猎稼穑、祭祀占卜等各个方面。基诺族重要的习俗诗歌有《时节歌》《结婚歌》《送魂歌》《生产歌》《猎歌》等，这些习俗诗歌成为研究基诺族生产生活历史的珍贵资料。

（七）独龙族

独龙族，自称"独龙"，他称"俅帕""曲洛"等，新中国成立后，根据该民族历来的自称"独龙"正式定名该民族为独龙族。独龙族主要分布在云南省西北部怒江傈僳族自治州的贡山独龙族怒族自治县西部的独龙江峡谷两岸、北部的怒江两岸，以及相邻的维西傈僳族自治县齐乐乡和西藏自治区察隅县察瓦龙乡等地。缅甸境内也有不少独龙族居住。独龙族没有自己的文字及历史文献，靠口耳相传的神话、传说和民间故事，通过手把手、长传幼、言传身教的方式延续与传承自己的文化传统。独龙族民间口头文学十分丰富，可分为神话、史诗、传说、故事、谚语等，其中尤以神话、史诗最为丰富。独龙族的神话传说以《创世纪》为典型代表。《创世纪》为长篇神话史诗，内容包括"开天辟地""人与鬼的争斗""洪水滔天""兄妹婚配""九对夫妻分散九条江"等多个篇章②。《创世纪》主要由巫师及歌手以大脑记忆、口头诵唱的方式保存及传播，多在丧葬、婚礼、年节、祭祀等场合进行演唱。《创世纪》因含有大量反映独龙族历史发展、社会生活和各种自然现象的小故事而被称为独龙族的"百科全

---

① 《基诺族民间故事》编辑组：《基诺族民间故事》，云南人民出版社 1990 年版，第 1 页。

② 杨将领：《中华民族全书·中国独龙族》，宁夏人民出版社 2012 年版，第 104 页。

书"和"根谱"。独龙族民间故事另有创世神话《卡窝卡蒲分万物》《念坚与念勒姆》《木克木当》、谷物起源神话《巨人朋得共》、射日神话《猎人射太阳》、人与精灵争斗的神话《人与"布兰"的斗争》、洪水起源神话《洪水滔天》，还有包括天婚、谷种、家畜及药的起源等内容在内的神话《美嘎朋》，以及有关火、谷种、家畜、药、文字等由来的神话。独龙族的这些神话，反映了独龙族独特的精灵崇拜和自然崇拜的原始宗教观念，生动地描绘了人类在古代与大自然作斗争的图景①。

（八）景颇族

景颇族的来源与青藏高原上古代氐羌人有关，有景颇、载瓦、勒赤、浪峨、波拉 5 个支系，主要聚居在云南省德宏傣族景颇族自治州山区，少数居住在怒江傈僳族自治州与缅甸克钦邦接壤地区。根据《中国统计年鉴 2021》，中国境内的景颇族人口数为 160471 人。景颇族有自己的语言和文字，语言属汉藏语系藏缅语族，5 个支系语言分属景颇语支和缅语支，文字有景颇文和载瓦文两种，均是以拉丁字母为基础的拼音文字。文字在景颇族出现得较晚，在有文字记载的历史之前，其民族文化的传承主要依赖口传，产生了极为珍贵的口述传统，如神话、传说、诗歌、寓言、谚语、谜语等。这些口述传统从各个侧面反映了景颇族的社会全貌、历史变迁以及景颇族先民对客观世界的认知②。

民间传说故事是景颇族口述传统的重要构成，其内容十分丰富，主要有以下三类。

一是族源神话传说。历史上的景颇族一度没有自己的文字，因而也就没有用本民族文字记载的历史，仅有民间的口头传说。关于景颇族的民族来源，可以从流传已久的神话传说中进行追溯。景颇族的

---

① 钟进文：《中国人口较少民族书面文学研究》，民族出版社 2012 年版，第 21～22 页。
② 袁飞：《论景颇族传说故事的丰富性和再生性》，载《云南民族大学学报（哲学社会科学版）》2006 年第 2 期，第 145～147 页。

《目瑙斋瓦》是一部长篇创世史诗，集神话、传说、诗歌于一体，是一部鲜活的景颇族口述历史，由一代又一代的景颇人口口相传、承袭至今，堪称宝贵的精神财富。《目瑙斋瓦》记述了从开天辟地起景颇族先人发展演变的过程。史诗围绕着神的创造活动来书写天地起源、诸神的诞生与创造、万物的起源与创造、人类的诞生与繁衍、江河疏浚与山地的平整、始祖英雄宁贯瓦的治天理地活动、洪荒时代人类社会文化生活以及目瑙的起源等一系列传说，包含着丰富的神话表达与文本。史诗凝聚了景颇族先民对天地、万物以及人类起源的思考，在特定仪式场合吟诵至今，对于重塑集体记忆、构建民族认同以及维系社会秩序、调节人际关系起到了积极的作用。在景颇族的传说中，表现最集中、最突出的代表是宁贯瓦形象。宁贯瓦是景颇族的始祖形象，是景颇族人民心目中的古代英雄，民间流传着许多关于宁贯瓦的传说，如《宁贯瓦的传说》《宁贯瓦娶龙女的传说》《宁贯瓦出生的传说》《宁贯瓦平整天地的传说》等。

二是自然风物传说。自然风物传说是指那些讲述具有地方特色和民族特色的山川古迹、花鸟虫鱼、土特产品特征及其解释这些事物由来的故事。景颇族所居住的地方，土地肥沃，山川风光宜人，长期生活在这里的景颇人编创了许多优美动人的山川风物传说。《景颇族发祥地的传说》中说："景颇族源于'木石匕省腊崩'，'木石匕崩'是女山，较低，'省腊崩'是男山，较高。这两座山在一起，不仅是景颇族的发源地，也是各民族的发源地。"景颇族自古以来认为祖先发源于"木石匕省腊崩"，意为"天然平顶山"，或释为"男山和女山"。传说此山在迈立开江、恩梅开江、怒江、澜沧江、金沙江之源以北遥远的地方，那里毗邻藏族地区，终年积雪，非常寒冷。这则传说对于景颇族民族族源发展具有一定的可考证性，可以称为口述历史。又如《恩梅开江和迈立开江的传说》，相传始祖宁贯瓦在打天造地时，在两江的源头分别倒进了许多金银，所以直到今天这两条江中还有金有银。在《怒江和瑞丽江》中则说，从前怒江和瑞丽江是一对好兄弟，他们相约要到很远的地方去，有一次怒江打到一头豪猪，分了一半给弟弟瑞丽江，但瑞丽江看到豪猪的刺那么粗，肉却只有一点点，以为是哥哥贪心，便赌气朝依洛瓦底江流去了①。

三是习俗传说。习俗传说是对一个民族生活习俗的形象反映，记录着一个民族在不同历史时期的生活习惯，形成一个民族共同体大多数成员所共同遵守的行为规范。如《人生病为什么要杀牲祭鬼》中的传说：据说从前景颇族栽种有各种药，人如果生病了，吃这些药就好，不用祭鬼。后来家畜、野兽、鱼虫把这些药偷吃光了，人生病之后没有药吃，便去找它们，它们也赔不出来，于是人就把它们杀了祭鬼，祈求鬼保佑，使病人能恢复健康。因此，后来景颇人一生病，就要杀牲祭鬼。另有关于节日、集会的传说，如《目瑙的传说》《采花节的传说》等②。

景颇族有着丰富的民间故事，按照现有资料可分为动物故事、魔法故事、寓言故事、生活故事、机智人物故事和笑话等。动物故事有《水牛的项圈》《孤儿和鹦鹉》《兔子断案》等。魔法故事有《青蛙给的明珠》《金钥匙》《隐身鸟》《宝灯》等。景颇族的寓言故事多以动物为题材，通过动物的行为或动物之间、动物与自然之间的关系，揭示人类社会生活中的某些道理。如《猫教育老鼠》中讲到，一只老鼠偷谷子吃被猫抓住，老鼠求饶说以后再也不敢了。猫放了老鼠后，发现老鼠仍常偷东西吃。最后猫明白了一个道理："老鼠就是老鼠，本性难移。"于是一口把老鼠吃掉了。另外还有来自日常生活并揭示世俗观念的生活故事，如生活斗争故事有《聪明勇敢的孤儿》《山官发火》《孤儿与山官》等，劳动故事有《一元钱》《金草帽和糯米粑粑》等，家庭、伦理故事有《不懂事的哥哥》《寡妇和她的儿子》等。在景颇族社会中，广泛流传着各类机智、风趣、幽默的故事和笑话，如《南八的故事》《哄山官下马》《吹牛》等。

景颇族是一个能歌善舞的民族，民歌是景颇族产生较早的口述传统文献，是景颇族文学艺术的典型代表。景颇族民歌形式多样，内容丰富，大致可分为劳动歌、习俗歌、情歌、生活歌等。劳动歌有

---

① 尚正宏：《景颇族文学概论》，云南大学出版社 2003 年版，第 61 页。
② 尚正宏：《景颇族文学概论》，云南大学出版社 2003 年版，第 62 页。

《种谷调》《进新房》《狩猎歌》等。情歌有《我爱斑色花》《看见你越想越难过》等。生活歌有《舂米歌》《泥土像金子一样发光》《小月亮快快下来吧》等。这些民歌全面展现了景颇族人民的生活场景以及他们对美好生活的追求，体现了景颇族独特的民族艺术特色。

（九）锡伯族

锡伯族是我国少数民族中历史悠久的古老民族，"锡伯"为本民族自称，口语称 siwe，书面语称 sibe。历代汉文史籍中，锡伯族在不同历史时期有不同的说法。西汉末年称"须卜"，东汉以后开始称"鲜卑""西伸""犀纸""私比""师比"等，北魏、隋、唐、宋时期称"室韦""失韦""失围"，元、明时期称"失必""失必尔"，明清以后称"实伯""斜婆""洗白""史伯""西伯""西北""席北""席伯""锡北""锡卜""锡窝""锡伯"等，皆为 siwe 之同音异写①。锡伯族原居住在东北地区，乾隆年间，清政府征调部分锡伯族西迁至新疆以充实当地。如今，锡伯族大多居住在辽宁省和新疆察布查尔锡伯自治县和霍城、巩留等县，在东北的沈阳、东港、开原、义县、北镇、新民、凤城、扶余，内蒙古东部以及黑龙江省的嫩江流域也有散居。根据《中国统计年鉴 2021》，中国境内锡伯族的人口数为 191911 人。锡伯族有自己的语言——锡伯语，属于阿尔泰语系满－通古斯语族满语支，主要分布在新疆察布查尔锡伯自治县、霍城、塔城、巩留、伊宁、乌鲁木齐等地。锡伯语是在满语基础上发展形成的一种语言，跟满语很接近。相传锡伯族曾有自己本民族的文字——锡伯文，但早已失传。清代以后，通晓满文、汉文的锡伯族人日渐增多，汉文在锡伯族人生活中使用得更加广泛。新疆的锡伯族有不少人兼通维吾尔语、哈萨克语。1947 年，锡伯族的知识分子改革了原来使用的满文，废去一些音节，增加了锡伯族语的新字母，创制了

---

① 贺灵：《中华民族全书·中国锡伯族》，宁夏人民出版社 2012 年版，第 6 页。

经由满文发展而来的锡伯文字①。

由于缺乏本民族的文字记载，锡伯族传统的文化历史主要依赖口传，并且素有"世事远近，人相传授"的传统，产生了大量富有本民族特色的口述传统文献，如民歌、民间故事、谚语、谜语、格言等。民歌是锡伯族最具特色的口述传统，锡伯语叫"伊尔根舞春"，内容可分为叙事歌、苦歌、萨满歌、颂歌、劝导歌、习俗歌、田野歌、打猎歌、情歌、宴歌、格言歌、新民歌等②。其中，叙事歌有《西迁之歌》《喀什噶尔之歌》《拉西汗图之歌》《叶琪娜》《海兰格格》和《三国之歌》等③，这些叙事歌大多包含戍边内容，反映了锡伯族人民所担负的特殊历史使命。

锡伯族民间故事内容丰富，题材广泛，有神话传说、童话故事、动物故事、寓言故事、谚语故事、谜语故事等。具有代表性的神话传说有《希林妈妈》《抹黑节的来历》和《鲜卑兽的传说》等。谚语内容多为教人谦虚谨慎、诚实守信、团结友爱、褒贬好恶、勤劳节俭。谜语主要表现为提高儿童智力、启迪其心智的内容。此外，锡伯族还有较为丰富的生活故事、童话故事、动物故事和寓言故事等。较具代表性的生活故事有《秃孩子》《秃鹰》《章京和他的女婿》《穷姑娘和富姑娘》《双目失明的妈妈和巴儿狗》《三个女儿》《华连顺与墨尔根芝》《试女婿》《燕子》《傻女婿》《帮姐哄弟弟》《吃南瓜包子》④《三兄弟》《健忘的人》《一棵沙枣树》《猎人与妹妹》《妖婆》《图安班的故事》《拉西罕图的故事》《淑花的故事》《莲花的故事》《三十四英雄》等。⑤ 比较有影响力的童话故事有《锅刷、扫帚和花猫》《瘸腿狼》《山羊和灰狼》和《铃铛刺御麻雀》等。锡伯族的动物故事数量不多，内容短小，现存的有《老虎和老猫》《狗和兔

---

① 《锡伯族》，访问日期：2022 年 8 月 6 日，见中国政府网（http://www.gov.cn/test/2006－04/14/content_254418.htm）。

② 佟克力：《锡伯族》，新疆美术摄影出版社 1996 年版，第 63 页。

③ 贺灵：《中华民族全书·中国锡伯族》，宁夏人民出版社 2012 年版，第 53 页。

④ 贺灵：《中华民族全书·中国锡伯族》，宁夏人民出版社 2012 年版，第 60 页。

⑤ 贺灵：《中华民族全书·中国锡伯族》，宁夏人民出版社 2012 年版，第 61～63 页。

子》《雄凤凰和雌凤凰》《孔雀》《鹦鹉》等。寓言故事有《逞能的蛇》《鱼鸟》和《灯蛾》等。

（十）赫哲族

赫哲族是中国东北地区一个历史悠久的少数民族，"赫哲"是从"赫真"变音而来，是"黑斤""黑津""黑金""黑哲""赫斤""赫金"等名称的同音异写。"赫哲"作为族称最早出现于康熙二年（1663）三月。《清圣祖实录》（卷八第22页）载："康熙二年癸卯三月壬辰（1663年5月1日），命四姓库里哈等，进贡貂皮，照赫哲等国例，在宁古塔收纳。"清朝类似民族志的《皇清职贡图》中亦有赫哲族的绘画和文字记载。"赫哲"这一族称则是在民国二十三年（1934）凌纯声所著的《松花江下游的赫哲族》一书问世后广为流传[1]。赫哲族民族语言为赫哲语，属阿尔泰语系满－通古斯语族满语支（也有观点认为应归入那乃次语支）。赫哲族是跨境民族，出于历史的原因，大部分赫哲人（现称"那乃人"）生活在俄罗斯远东地区的那乃自治区，还有一些原先生活在库页岛的那乃人和阿伊努人通婚，有一部分迁徙到了日本北海道。中国境内的赫哲族主要分布于黑龙江、松花江、乌苏里江交汇构成的三江平原和完达山余脉，集中居住于"三乡两村"，即同江市街津口赫哲族乡、八岔赫哲族乡、双鸭山市饶河县四排赫哲族乡和佳木斯市敖其镇敖其赫哲族村、抚远市抓吉镇抓吉赫哲族村[2]。根据《中国统计年鉴2021》，中国境内赫哲族的人口数为5373人。

赫哲族没有本民族文字，所用语言是阿尔泰语系满－通古斯语族满语支，但因长期与汉族交错杂居，多数通用汉语，仅有少数老人还使用本民族语言。赫哲族历史上主要从事原始渔猎生产，世代相传的鱼皮艺术、鱼骨艺术和桦树皮艺术，成了这个民族的"艺术三绝"[3]。

---

① 刘忠波：《赫哲族》，民族出版社1996年版，第2页。

② 《赫哲族》，访问日期：2022年7月9日，见中国政府网（http://www.gov.cn/guoqing/2015－09/24/content_2938147.htm）。

③ 黄任远：《赫哲族》，辽宁民族出版社2014年版，第12页。

赫哲族有着丰富多彩的口述传统文化，如神话传说、民间故事、歌谣等，这些口述文化多以描述和展现赫哲族传统的捕捞生活场景为主。其中，"伊玛堪"是赫哲族人民世代因袭、口耳相传的民间艺术形式，是赫哲族最具有代表性的口述传统文学之一。这种说唱艺术由演唱者徒口叙述，没有乐器伴奏，被誉为"北部亚洲原始语言艺术的活化石"。"伊玛堪"的内容大都是讲英雄复仇、降魔伏妖和人民狩猎捕鱼，表达了赫哲族人民向往光明幸福、追求自由和爱情的愿望。作品中所出现的莫日根（英雄），是赫哲族氏族、部落的象征，反映了古代赫哲人骁勇无畏的品格，以及他们对自然现象的质朴理解和粗犷豪放的英雄气概。《西尔达鲁莫日根》《马尔托莫日根》《牟出空莫日根出世》等民间故事描述了赫哲族捕鱼英雄的形象；《天河》《神叉苏布格》从不同角度反映了赫哲族超群拔萃的劳动技艺，体现了赫哲族先民在征服大自然和集体劳动中的英勇智慧①。此外，赫哲族民俗故事有《比武招婿》《三月三、九月九节日的来历》《考媳妇》《挑女婿的习俗》等。动物故事有《黑瞎子和狐狸的故事》《蛤蟆吞鱼籽》《耗子的下场》《白兔和灰兔》《刺猬和黑熊》等②，侧面反映了赫哲族所居住地方的环境，以拟人的手法表达了赫哲族人民的勤劳勇敢以及对美好生活的向往。赫哲族在长期的生产生活中形成了大量的民歌，内容涉及生活的各个方面，有喜歌、悲歌、古歌、渔歌、猎歌、礼俗歌、情歌、摇篮歌、叙事歌、新民歌等。赫哲族称其民歌为"嫁令阔"，意即小调、小曲。这种民歌曲调固定，轻快明朗，轻柔抒情，非常动人，多用于歌颂美丽的大自然，抒发赫哲族对山河风光、家乡田园的热爱之情。赫哲民歌中有相当一部分是对这种渔猎生活的描述和歌咏，如流传广泛的《乌苏里江水》《我们家乡多美好》《渔歌》《四季》等。

---

① 王士媛等：《赫哲族民间故事选》，上海文艺出版社 1986 年版，第 6 页。
② 王士媛等：《赫哲族民间故事选》，上海文艺出版社 1986 年版，第 13 页。

（十一）鄂伦春族

鄂伦春族是古老的北方森林狩猎民族，主要分布在内蒙古自治区呼伦贝尔市鄂伦春自治旗、布特哈旗（今扎兰屯市）、莫力达瓦达斡尔族自治旗和黑龙江省北部的呼玛、逊克、爱辉、嘉荫等县。鄂伦春这一族称，在崇德五年三月己丑日（1640年4月28日）以"俄尔吞"出现。康熙二十二年（1683）以后，文献中多次出现"俄罗春""鄂罗春""鄂伦春"等不同写法。自康熙二十九年（1690）十月始，"鄂伦春"才作为统一的族称固定下来。"鄂伦春"是民族自称，即"使用驯鹿的人们"。另外，"鄂伦"的发音与驯鹿的发音"oron"相同，"cho"表示人的附加成分，两者合起来为"oroncho"，即"鄂伦春"，汉语就是"打鹿人"的意思。根据《中国统计年鉴2021》，鄂伦春族总人口为9168人。鄂伦春族文化源起于狩猎生活生产方式，其口述文化带有较为强烈的狩猎文化色彩。鄂伦春族使用鄂伦春语，属阿尔泰语系满－通古斯语族通古斯语支。

鄂伦春族无本民族文字，有自己的语言，一般通用汉语，也有部分鄂伦春族使用蒙古文。鄂伦春族人民在长期的生产生活中形成了大量的口述传统，创造了丰富多彩的精神文化，包括传说、故事、神话、谚语、谜语、歌谣、笑话、歇后语等，口述传统文献占据相当重要的位置。民间故事记录了有关民族源流、社会历史、生产知识、语言文化和风俗习惯等，并由世世代代的口述者讲述和传承下来。鄂伦春族的神话传说想象丰富，充满了神奇色彩，内容多与鄂伦春族的起源和历史有关。关于鄂伦春族起源的神话，流传比较广泛的有《扎老桦树皮》《刻石成人》《扎鸟毛鸟肉成人》《捏泥成人》等。如有一则神话传说讲到：在远古时期，世界上没有人类，只有一种像人一样有两条腿但没有膝盖骨，全身毛茸茸的、奔走如飞的动物，这种动物吃生的食物。经过相当长的一段时期，这种动物发现了盐，吃了盐以后才慢慢地生长出膝盖骨，有了膝盖骨，跑得就慢了，并褪去了全身的绒毛，变成了今天的人类。这就是最早的鄂伦春人。此外，还有一些关于善良战胜邪恶、美好战胜丑恶的神话传说，如《阿依吉伦与伦吉善》《英雄格帕欠》《白衣仙姑》等。传说中流传较为广泛的是《嘎仙洞和窟窿山的传说》，讲述的是鄂伦春人的祖先毛考代汗以智慧和箭艺战胜山中恶魔满盖的故事①。《英雄格帕欠》是现存鄂伦春族史诗中篇幅最长的作品，其中，第1—9章讲述了格帕欠的出生及其父母遭难，他迅速地长大成人并获得宝马、弓箭和刀剑；第10—13章叙述格帕欠复仇过程的艰险及得到神圣武器的帮助；第14—30章陈述格帕欠在宝物及莫日根们的帮助下战胜犸猊王；第31章描绘了鄂伦春人回归山林的幸福生活。该史诗不仅传诵鄂伦春族的历史、狩猎文化、信仰文化、英雄崇拜、民族精神和生态理念，而且是狩猎先民的生存之歌、生产之歌、生活之歌与生态之歌，弘扬了狩猎民族世代传承的以共生为根、以创生为茎、以重生为枝、以整生为果的生态价值观②。此外，鄂伦春族还有不少地方风物传说，如《嘎仙洞和奇奇岭的传说》《多布库尔河的传说》《白嘎拉山的故事》《小猎手和龙头山的传说》《彩虹桥和断桥的传说》《白桦岭的传说》等③。

（十二）鄂温克族

"鄂温克"意为"住在大森林怀抱中的人们"。鄂温克族是一个跨界民族，在中国、俄罗斯均有分布。我国鄂温克族主要聚居在内蒙古自治区呼伦贝尔市的鄂温克族自治旗，其他散居在陈巴尔虎旗、额尔古纳左旗（今根河市）、莫力达瓦旗、阿荣旗、扎兰屯市和黑龙江省讷河市等地，多与蒙古族、达斡尔族、汉族、鄂伦春族等民族交错杂居④。鄂温克族在东北黑龙江省以饲养驯鹿为特点，同时从事狩猎生产，创造了具有民族特色的狩猎文化和驯鹿文化。鄂温克族传统的

① 钟进文:《中国人口较少民族书面文学研究》，民族出版社2012年版，第28～29页。
② 王丙珍:《从鄂伦春族史诗〈英雄格帕欠〉看狩猎民族的生态审美意识》，载《黑龙江民族丛刊》2021年第1期，第155～161页。
③ 隋书金:《鄂伦春族民间故事选》，上海文艺出版社1988年版，第10页。
④ 《鄂温克族情况简介》，访问日期：2022年7月8日，见 https://www.hlj.gov.cn/n200/2015/0807/c54–10734637.html。

交通工具，有驯鹿、滑雪板、桦皮船、爬犁、马和大轮车等。鄂温克人饲养驯鹿具有悠久的历史，他们把驯鹿称作"鄂伦"。鄂温克族在历史上没有本民族文字，但勤劳勇敢和聪慧的鄂温克族人民创造了极为丰富的口述传统文化，如神话、传说、故事、歌谣、谚语、谜语等。神话是鄂温克族最为古老的口述传统，其中，神话传说《创世萨满》在鄂温克族口述传统中占有着极其重要的地位。《创世萨满》认为，在还没有萨满的远古时代，大地只有一座小山那么大，人与其他动物一样，几乎都穴居野外，靠食草为生，只是因为出现了一位神通广大的萨满，大地才变得辽阔起来，人和动物也区别开来。此外，《用泥土造人和造万物》《伊达堪》《尼桑萨满》等表现萨满伟力的神话，是鄂温克族神话中的著名作品。鄂温克族关于民族起源的口述文献也较为丰富，如《来莫日根》《鄂温克族的根子在撮罗子里》等，在一定程度上反映了鄂温克族先民的文化发展与民族历史的迁徙[①]。鄂温克族的民间故事具有鲜明的民族特色，其突出特点是与原始公社末期社会发展阶段和以狩猎为主的劳动生活息息相关，反映了鄂温克族人民的狩猎劳动生活和勇敢善良的民族精神。例如，《猎人的胜利》《仔鹿之歌》《猎人和猛虎》《黑熊报恩》等民间故事均展现了鄂温克族早期狩猎的生活场景。此外，还有反映爱情题材的民间故事，如《阿尔丹格勒尔和雅西林》，以及表现民族伦理观念的《羊尾巴堵嘴》等。鄂温克族的民歌俗称为"扎恩达勒"，类型丰富，可分为"猎歌""牧歌""情歌""酒歌"和"萨满神歌"等。此外，鄂温克族还创作了大量的谚语和谜语，这些谚语和谜语成为其民族口述文化的重要组成部分。

（十三）达斡尔族

"达斡尔"是达斡尔族固有的自称。我国汉文史志有"达呼尔""打虎儿""达瑚里""打虎力""达呼里""达古尔""达乌里""达

---

① 钟进文：《中国人口较少民族书面文学研究》，民族出版社 2012 年版，第 15 页。

乌尔"等不同音译①。达斡尔族主要分布于内蒙古自治区莫力达瓦达斡尔族自治旗、鄂温克族自治旗，黑龙江省齐齐哈尔市梅里斯达斡尔族区一带，少数居住在新疆塔城、辽宁省等地。根据《中国统计年鉴2021》统计，中国境内达斡尔族的人口数为132299人。达斡尔族有自己的语言，原文字已丢失，现使用以拉丁字母为基础的文字。现在达斡尔族基本上通晓汉语并会书写汉字，与蒙古族杂居的达斡尔族大部分通晓蒙古语。由于达斡尔族清代以前使用的文字失传，靠口述来传承历史，清朝以前的历史较难考究，因此口述传统文献为考据达斡尔族历史文化提供了重要的线索。例如，达斡尔族学者华凌阿在其所著的《达呼尔索伦源流考》中对本民族族源进行考证时，深感自己民族的来源"至今尚未发现比较详细记载的史书"，为了追寻族群历史，通过收集口述历史与历史书籍互证的方式，对达斡尔族族源进行了开拓性的研究②。

达斡尔族有着较为丰富的口述传统文献，如神话传说、民间故事、民歌、谚语、谜语等。达斡尔族神话是达斡尔族最古老的口头创作。达斡尔族在渔猎时代就产生了如《太阳和月亮》《仙鹤顶地球》《莫日根射太阳》《天神用泥土造人》等创世和人类起源神话，这些神话传说反映了达斡尔族先民对人类生命起源、大自然以及宇宙万物的幻想与认识。随后出现的腾格里神以及各哈拉或莫昆的始祖神话长期影响着达斡尔人的精神世界，并成为达斡尔族"万物有灵"观念的基础③。同其他民族一样，达斡尔族也有自己心目中的民族英雄，他们之间流传着不少英雄史诗，这些史诗的主人公大多是半人半神的形象，如《绰凯莫日根》和《阿勒坦嘎乐布日特》等就是比较典型

---

① 《达斡尔族简史》编写组、《达斡尔族简史》修订本编写组：《达斡尔族简史》，民族出版社2008年版，第1页。

② 阿尔泰：《达呼尔索伦源流考》，载《内蒙古社会科学（文史哲版）》1992年第1期，第56页。

③ 托娅、阿茹汉：《达斡尔族文学及其研究现状分析》，载《内蒙古社会科学（汉文版）》2009年第6期，第156～160页。

的英雄史诗①。

达斡尔族有着较为悠久的民歌传唱传统，以"扎恩达勒"（山歌）、"哈肯麦"（舞蹈歌）、"乌钦"（叙事歌曲）、"雅达干伊若"（萨满歌曲）等为主，包含着达斡尔族生产生活、乡土风俗等内容，具有独特的风格特点。其中，具有典型代表的民歌便是以口头形式世代传承的"乌钦"。"乌钦"是民间叙事诗，用达斡尔语演唱，一直被誉为达斡尔族的"活化石""民族记忆的背影"。"乌钦"将一个民族的历史以曲艺的形式传唱延承，有《王国乌钦》《莺莺之歌》《巡边歌》等代表曲目，这些曲目记载着达斡尔族的渔猎历史与其特有的地域文化②。

（十四）俄罗斯族

俄罗斯族是我国北方人口较少民族之一，语言属印欧语系斯拉夫语族东斯拉夫语支。"俄罗斯人"（Russian、Русские）一词源自欧洲古代斯拉夫人的部落名称——罗斯，其祖先最早居住在欧洲东部。公元1世纪时，罗马史学家称他们为"维乐底人"③。我国的俄罗斯族历史上主要是从俄罗斯迁徙而来。我国境内的俄罗斯族现散居在新疆、内蒙古、黑龙江、北京等地，主要聚居在新疆维吾尔自治区西北部、黑龙江北部和内蒙古自治区东北部的呼伦贝尔市下辖额尔古纳市等地。据《中国统计年鉴2021》统计，俄罗斯族总人口为16136人。我国俄罗斯族的母语是俄语，该语言属于印欧语系斯拉夫语族东斯拉夫语支。我国俄罗斯族主要使用俄文，他们一般兼通俄语、汉语、维吾尔语、哈萨克语等多种语言。在与我国其他民族的长期交往、交流、交融中，俄罗斯族语言逐渐受到其他民族语言特别是汉语的影响，现今我国俄罗斯族基本上都能熟练使用汉语。

---

① 陶克敦巴雅尔：《论述达斡尔族的两篇英雄史诗》，载《内蒙古社会科学（蒙文版）》1983年第3期。

② 朱天梅、焦以宣：《达斡尔族档案文化内蕴与时代旨趣》，载《兰台世界》2023年第1期，第47～51页。

③ 邓波：《俄罗斯族》，民族出版社1995年版，第5页。

口述文献在俄罗斯族文化传统中占有极其重要的地位，其主要源泉是俄罗斯人的祖先为后辈留下来的口头文化遗产，主要有神话、传说、故事、寓言、格言、谚语、谜语、童谣、说唱等①。俄罗斯族民间故事是俄罗斯人民的精神文化支柱之一，这些民间故事以口述的方式创造了各种艺术形象，展示了丰富多彩的俄罗斯族历史文化，表现了俄罗斯族崇高的精神境界和高雅的审美情趣。其中，最具代表性的是《老哥俩》，通过讲述民间生活琐事，歌颂劳动人民善良憨厚、互相关心、团结友爱的崇高品质。该故事在俄罗斯族以及其和我国其他民族长期的文化交往交流中广为流传，体现了中华民族守望相助的美好品质及各民族之间团结友爱、互助互让的精神，对铸牢中华民族共同体意识具有重要作用。在俄罗斯族中广泛流传的民间故事除生活故事之外，还有大量的动物故事、童话故事等。动物故事有《狐大姐和狼》《狼和小山羊》《狐大婶和擀面杖》《熊和小女孩》《猫和狐狸》等。俄罗斯族民间故事的显著特点是狐狸通常以"狐大姐""狐大婶"等形象出现，这些动物故事语言自然流畅、通俗易懂，内容贴近生活，对于培养儿童机智、勇敢、善良的品质具有重要作用②。俄罗斯族还有大量的口述形式的歌谣，有抒情歌、舞蹈歌、习俗歌等。其中，习俗歌又分为婚礼歌、丧礼歌等。在婚礼歌中，具有代表性的是《飞去的燕子》，歌曲以歌唱的形式表达了亲人对姑娘出阁离去时的惜别之情。出嫁的新娘不一定都是父母在堂的，如果是孤女，客人还要以孤女及其故去的母亲的口吻，唱出表达母女此刻互相思念的民歌，如《孤女的婚礼》③。此外，民间谚语、谜语、笑话、讽刺小品等更渗透着俄罗斯族人民的幽默和风趣。

---

① 《俄罗斯族简史》编写组：《俄罗斯族简史》（修订版），民族出版社 2008 年版，第 96 页。

② 《俄罗斯族简史》编写组：《俄罗斯族简史》（修订版），民族出版社 2008 年版，第 98 页。

③ 钟进文：《中国人口较少民族书面文学研究》，民族出版社 2012 年版，第 35 页。

（十五）毛南族

毛南族主要分布在广西西北部河池市的环江毛南族自治县和贵州省平塘县、独山县境内，广西河池市南丹、都安等县及贵州惠水县也有少量分布①。毛南族有自己的语言，但没有本民族文字。毛南语属于汉藏语系壮侗语族侗水语支，在语音、语调、语序及基本词汇方面与同一语系的壮语、侗语、仫佬族语、水语有许多共同点，尤其与水语接近②。由于缺乏本民族文字，毛南族历史文化传承主要依赖口述，口述传统文献主要有民歌、神话、传说、故事、童话等。

毛南族有着悠久的民歌传唱历史。清朝咸丰年间（1851—1861年），广西思恩县（今环江毛南族自治县）著名绅士、豪放派诗人方宪修（字滁山）曾翻译过不少当地的民间歌谣，其中有两首脍炙人口的民歌，分别是："送君至何处？送至河水头。思君如河水，千里共悠悠。送君至何处？送至杨柳桥。思君如杨柳，万缕复千条。""出门采念子，念子盈袖衣。出门望郎君，郎君何日归。六月念子苦，八月念子甘。寄将念子盒，滋味教郎尝。"③民歌按体裁划分，有"比""欢""排见""耍""朗"5种，曲调有28种，兼用毛南语、壮语歌唱。5种民歌体裁中，以"比""欢"为主，为同声二重唱的二声部山歌，且多为短歌。"比"是一般山歌，带有"罗海"衬音，也称"罗海歌"，有"比条"（七言比）、"比单"（五言比）、"比早"（急唱的比）、"比三纽"（三言、七言）4种，多为情歌、苦歌。"欢"是一种颂体民歌，常带有"罗喂"衬音，也称"罗喂歌"，主要分为"欢条""欢早"两种，多为礼俗歌。"排见"为毛南族的一种叙事民歌，但叙事长歌也有用"比""欢"体的。"耍"是一种轻松活泼的小调，五言或杂以七言，唱腔近于"比"的称"比耍"，近于"欢"的称"欢耍"，多为祝贺歌。"朗"也是一种小

---

① 李德洙：《中国民族百科全书·壮族、黎族、仫佬族、毛南族、京族卷》，世界图书出版西安有限公司 2015 年版，第 717 页。

② 莫家仁：《毛南族》，民族出版社 1988 年版，第 1 页。

③ 莫家仁：《毛南族》，民族出版社 1988 年版，第 35 页。

调，五言，唱时需戴假面具，多为主家举行婚礼、寿礼时请歌师演唱，内容因不合时宜，如今一般不再传唱①。

在漫长的历史长河中，勤劳、朴实、善良、智慧的毛南族人民创造了大量的民间故事和传说，这些故事和传说成为毛南族的文化瑰宝。其中，创世神话有《盘和古的故事》：相传盘和古本是远古时代洪水之后仅存的兄妹俩，他们婚配三年不育，便用泥捏成人形，让乌鸦衔到各地去丢，结果世间就有了各种各样的人。毛南族的传说主要有《覃三九》《黑衣人》《三娘与土地》《顶卡花》等。毛南族民间还流传着大量的动物故事，主要有《老虎为什么生仔少》《穿山甲》《机智的野猫》等，多将动物人格化，以生动的故事叙述传达人生哲理。此外，还有一些起源于毛南族与汉族文化交流的故事，如《孟姜女送衣》《龙女与汉鹏》（即《螺蛳姑娘》）、《董永》（即《天仙配》）等来源于汉族，在毛南族地区流传后带上了浓郁的民族色彩，是毛南族人民的再创作，是毛南族与汉族文化长期密切交往、交流、交融的反映。

（十六）京族

京族也称为"越族"，相传由古骆越人发展而来，现为我国典型的跨境而居的民族。京族是我国唯一一个以海洋捕捞为生的少数民族，素有"海洋民族"之称。京族主体在东南亚，我国境内的京族主要分布在广西壮族自治区防城港市，主要聚居在东兴市江平镇的万尾、山心、巫头三个海岛上，这三岛素有"京族三岛"之称。根据《中国统计年鉴 2021》，我国境内京族的人口数为 33112 人。京族有本民族语言，但由于语言因素复杂，语言学家难以确定其语言属系。由于京、汉两族人民长期友好相处，绝大部分京族通用汉语（粤方言）、汉文。京族口述传统主要有民间故事、神话传说、谚语等，内容丰富，情节生动，给人们以思想营养和美的享受。神话传说以《镇海大王》（又称《三岛传说》或《蜈蚣精的故事》）、《珠子降龙》

---

① 钟进文：《中国人口较少民族书面文学研究》，民族出版社 2012 年版，第 7～8 页。

为典型代表，展现了生活在海岛上的京族远古先民长期受到台风、海浪肆虐的生活场景，反映了京族人民斩妖除魔、征服大自然的强烈愿望与决心①。民间故事有《樵夫与公主》《宋珍和陈菊花》《田头公》《计叔的故事》《刘二打番鬼》等。由于京、汉两族长期友好往来，相互影响，汉族的民间故事《梁山伯和祝英台》《董永的故事》等也在京族地区广泛流传。② 京族民间还流传着大量的谚语，如"朝北晚南半夜西，渔民出海有辛凄""日西晚东，雷雨共鸣，海水慢流。三漏二漏，鱼虾蟹鲎""一日东风三日雨，三日东风有米煮"等。这些谚语内容大多与渔业生活有关，反映了京族人民善于总结自然规律、勤劳智慧的特点。京族的戏剧简称"嘲剧"，传统的剧目有《阮文龙英勇杀敌》《等新娘》等③。京族的民歌丰富多彩，具有鲜明的民族特色。常见的诗律有六言、八言，每两句为一个单元，上句六言，下句八言，押"六六腰韵"，即每一单元内，上句末字（第六字），与下句腰字（也是第六字）押韵。亦有押"八六脚韵"，即上一单元的下句末字（第八字），与下一单元的上句末字（第六字）押韵，如此一环扣一环连接下去。若换段意，则可另起环链④。

（十七）仫佬族

仫佬族主要分布在广西壮族自治区，贵州省也有分布。在广西壮族自治区，多数聚居在罗城仫佬族自治县的东门、四把、黄金、龙岸、天河、小长安等地，少数散居在忻城、宜州、柳城、都安、环江、河池、融水、融安等地。在贵州省，主要居住在麻江、凯里、黄平、都匀、福泉等地。根据《中国统计年鉴2021》，我国境内仫佬族的人口数为277233人。仫佬族有本民族语言仫佬语，属汉藏语系壮侗语族侗水语支，但没有本民族文字，通用汉字。

由于缺乏文字记录，仫佬族历史文化主要依赖世世代代口耳相

① 韩肇明：《京族》，民族出版社1993年版，第67～68页。
② 韩肇明：《京族》，民族出版社1993年版，第66页。
③ 韩肇明：《京族》，民族出版社1993年版，第72页。
④ 钟进文：《中国人口较少民族书面文学研究》，民族出版社2012年版，第18页。

传，在漫长的历史长河中形成了大量的口述传统，诸如神话、传说、故事、民歌等。仫佬族的神话形态丰富，包括创世神话与英雄神话。创世神话有讲述人的起源的神话《婆王神话》，讲述天地起源的神话《天是怎样升高起来的》，讲述洪水泛滥与人类再生的神话《伏羲兄妹的传说》等，讲述民族风俗形成的神话《依饭节》等。英雄神话有《稼》《恳王山》等。幻想故事有与自然作斗争的《依达搬山》，以及反映社会生活的《小黑炭》等①。民歌在仫佬族人的生活中占有重要的地位，过去仫佬族几乎家家有歌本，村村有老歌手，他们把教青年人唱歌当作自己的义务。唱歌活动多在走坡和喜庆节日举行。仫佬族民歌大体可分为三类："古条""随口答""口风"。所谓"古条"，"古"通"故"，是指歌唱历史人物的英雄事迹或民间传说故事等，包括神话歌、叙事歌、风俗歌等，有《唱盘古歌》《今古对唱》《刘三姐》《巴望世人把心修》等。"随口答"，字面意思即开口用唱歌来回答，通常是在赶圩、走坡、访亲寻友、生产劳动时，以及婚姻喜庆良辰吉日唱的歌，包括走坡歌、仪式歌、生活歌、农事歌、谜语歌等。走坡歌有《苦艾遇苦麻》《相思歌》，仪式歌有《开坛歌》《姜酒歌》等，生活歌有《十二花名歌》《三餐煮粥都是稀》，农事歌有《采茶歌》《蔬菜歌》等，谜语歌有《物谜歌》《字谜歌》等。"口风"包括"正口风"和"烂口风"。"正口风"通常是劝人为善，是比较温和、文雅的歌，如《个中就算妹聪明》《今古口风》；"烂口风"通常用来抨击社会歪风邪气，嘲讽恶人恶行，其歌词俚俗，语气尖刻，如《人讲你俩蠢过牛》《面皮不知哪样羞》等②。

（十八）保安族

保安族自称"保安"。据记载，保安族大约自明朝初年起居住在青海同仁县保安城、下庄、尕撒尔（当时俗称"保安三庄"）一带，

---

① 龙殿宝等：《仫佬族文学史》，广西教育出版社1993年版，第1页。

② 滕志朋、刘开娥等：《仫佬族民歌的类型、功能及其意义》，载《广西民族研究》2011年第2期，第72～77页。

自称"保安人"。在历史上，保安族曾被称为"保安回"，清同治元年（1862）迁徙到甘肃省积石山地区①。保安族聚居在大河家地方，散居在临夏回族自治州其他各县和兰州市以及青海、新疆等地。根据《中国统计年鉴 2021》，我国境内保安族的人口数为 24434 人。保安族有自己的语言，保安语属阿尔泰语系蒙古语族的一支，比较接近于东乡语、土族语，它们的很多常用词汇基本相同。由于和周围汉族、回族长时间的交往，保安语中借用汉语词较多，通用汉文，以汉文作为社会交往的工具。因历史上无本民族文字，保安族历史文化传承主要依赖口头传承，口述传统主要有民歌（如宴席曲、花儿）、神话、传说、故事、歌谣、说唱、俗话、谚语等。由于保安族信仰伊斯兰教，因此保安族神话具有较为鲜明的宗教色彩，大部分神话是保安族人民依据伊斯兰教典籍中的故事结合社会生活进行的再创作。神话传说《阿旦、哈娲的故事》认为人类同根同源，都是人祖阿旦的后代，以此来表达对兄弟民族团结和睦、共同追求幸福平等生活的向往；《大禹导河得延喜玉的故事》赞扬治水英雄大禹的崇高品质，这与《尚书·禹贡》中"导河自积石至龙门，入于沧海"的记载相映衬，使伊斯兰教各民族所共有的神话传说故事融进了较浓厚的保安族生活气息和较明显的地理、心理特征②。保安族的民间故事有保安族人民在自身发展中扬善抑恶的故事，例如传说《保安腰刀的传说》以鲜明的民族情感揭露了统治者的险恶，反映了保安族敢于与黑暗社会作斗争的民族精神。民间故事《三邻舍》以"风里耳""穿山眼""万能手"三个邻居暗喻三个民族，反映了保安族人民世世代代追求民族大团结与和谐生活的美好愿望。还有教导年轻人做事要缜密周到，不能主观臆断，富有哲理的故事，如《哈比卜的故事》《木匠和他的妻子》等。此外，还有《神马》《阿舅与外甥》《五眼泉》《王山池》

---

① 《保安族简史》编写组、《保安族简史》修订本编写组：《保安族简史》，民族出版社 2009 年版，第 1 页。

② 《保安族简史》编写组、《保安族简史》修订本编写组：《保安族简史》，民族出版社 2009 年版，第 68 页。

等脍炙人口的故事。①

保安族民歌较为丰富，按其演唱时所用语言可分两类：一类是用本民族语言演唱的习俗歌，但此类古老的民歌日渐减少，呈现失传的趋势；另一类则是用汉语演唱的民歌。按民歌形体则可分为四种类型，即花儿类、宴席曲小调类、劳动号子类及习俗歌类。其中，"花儿"是保安族民歌中最富特色的形式。保安族歌手演唱的及本地区传唱的花儿令调除常见的河州大令、二令、三令及其他令调外，属于本民族或本地区所经常流传的则主要有《保安令》（七种）、《水红花令》（两种）、《三起三落令》（七种）、《土族令》（六种）、《孖连手令》（两种）、《撒拉令》（五种）、《艾希干散令》（两种），另有卜锡文等在"文化大革命"期间搜集出版的保安族花儿未附曲令的多首②。

（十九）土族

土族主要聚居在青海互助土族自治县，青海的民和县、大通县和甘肃的天祝藏族自治县也聚居得比较集中，其余则散居在青海的乐都、门源、都兰、乌兰、贵德、共和、西宁和甘肃的卓尼、永登、肃南等地。根据《中国统计年鉴2021》，土族总人口数为281928人。历史上土族有"蒙古勒""察罕蒙古尔"自称，有"土人""土民""土鞑"等他称。土族有自己的语言——土语。土语属阿尔泰语系蒙古语族，其基本词汇和蒙古语相同或相近，和保安语更为接近。土族语分为互助、民和、同仁三大方言区。由于土族长期同汉、藏等民族杂居相处，交往交融，因而其语言深受汉语、藏语的影响，并吸收了汉语、藏语的词汇。③ 土族虽然有本民族语言，但没有自己的文字，故使用汉字、藏文。新中国成立后，经过调查研究，根据土族人民的意愿，国家在1979年为土族人民创制了以拉丁字母为基础、以汉语

---

① 钟进文：《中国人口较少民族书面文学研究》，民族出版社2012年版，第17页。
② 魏泉鸣：《论保安族花儿的格律》，载《西北民族大学学报（哲学社会科学版）》1990年第1期，第85～94页。
③ 郭璟：《土族》，民族出版社1990年版，第1页。

拼音字母为字母形式的土语文字。由于缺乏本民族文字记录，土族珍贵的历史文化只能以口头相传的形式一代一代流传至今，包括神话传说、民歌、传说故事、叙事诗、寓言、谚语等。这些作品大多反映土族人民的现实生活，热情地歌颂了劳动人民的勤劳、智慧以及与恶势力斗争的勇敢精神。

土族神话传说的主要作品有《阳世的形成》《混沌周末歌》《恰然》《仙人警告勒札》《日食和月食的传说》《唐德格玛——三岁娃娃种庄稼》《古然那斯布勒》《牛耕地的传说》等，这些神话体现了土族先民对天地形成和自然万物的幻想与认知。民间传说有人物传说《二世土观活佛的传说》《五斗青稞奖歌手》《双阳公主》《丹阳公主》《伦布嘎丹说媒的故事》《格萨尔的传说遗迹》等，有风物传说《龙王山的传说》《五峰山的传说》《青龙山和黄龙山》等，有民俗起源传说《锦鸡鸟鸣叫的时候》《花袖衫的来历》《"纽达"的传说》等，有动植物来历的传说如《蝼蛄的传说》《拉则雀》等①。

土族民间故事较为丰富，可分为幻想故事、生活故事、动物故事、寓言故事等。幻想故事有《黑马张三哥》《智除"蟒古斯"》《莎兰姑和达拉》《莫日特巴蛙》《阿里姐》《宝珠》《赛孔与莫孔》《饥汉哥》《老花公牛和阿吾》《治风的故事》《放羊娃的奇遇》《青铜宝钱和翡翠麦穗》等。生活故事有三类：家庭生活故事《路不平旁人铲》《背金人》《王三姐》《三兄弟的故事》《什兰哥》《盼儿子》《喜鹊的启迪》《儿子的回报》《十个儿子和他们的父亲》《神奇的宝瓶》等；爱情故事《孔雀》《斯浪古》《山雀叫了的时候》《卓玛姐》；机智人物故事，如有关巴嘎尔桑的系列故事、《能姐儿智斗老和尚》《南吉》《张三斩阎罗》等。动物故事有《狗猫和青蛙分肉》《狐狸与狼比年轻》《新兽王》《兔子传圣者》《兔子分赃》等。寓言故事有《贪婪的鸟王》《想吃太阳的鸠》《爱听老婆谗言的鸟王》等②。

---

① 白晓霞：《土族民间传说与女性文化研究》，敦煌文艺出版社 2018 年版，第 6 页。
② 白晓霞：《土族民间传说与女性文化研究》，敦煌文艺出版社 2018 年版，第 7～8 页。

土族民歌类型丰富，最具典型代表的是"花儿"。"花儿"既称山歌，也称"少年"，土语称"哈达过道"，意为"外面唱的歌"（不能在家里唱）。"花儿"曲调高昂嘹亮、节奏自由奔放，是整个土族聚居地区民歌流传最为广泛和最受欢迎的文化瑰宝。土族的"花儿"有它自己的特点，与藏族的"拉依"有别。土族"花儿"的主要内容是描写青年男女间的爱情生活，所以"花儿"又有爱情的媒介和桥梁之称。"花儿"一般四句式较多，前两句比兴，后两句表达实意。也有三句式的"花儿"，主要在民和回族土族自治县官亭镇、中川乡一带流行。唱"花儿"是土族人民文化生活的主要形式之一，不论是在田野还是山冈、庙会，男女老少几乎人人爱唱，人人会唱。在各地定期举行的传统"花儿"会上，土族的民歌歌手常常对唱不绝，演唱者大都能触景生情、即兴编词、出口成章、对答如流。因此，土族之乡素称"花儿之乡"。①

叙事诗在土族民间文学中占有极其重要的地位，代表作品有《拉仁布与吉门索》《登登玛秀》《祁家延西》《太平哥儿》《格萨里》《洛桑王子》《布柔有》等。其中，《拉仁布与吉门索》流传最为广泛，是土族人民重要的叙事长诗，被称为"叙事长诗中的明珠"。全诗长达300多行，通过对爱情悲剧故事生动细腻的描述，向黑暗的封建社会发出有力的控诉，是一部现实主义和浪漫主义相结合的典型作品。它不仅展示了土族人民丰富的想象力，而且表达了他们对自由美好的新生活的无限向往②。

此外，土族的歌谣风趣别致、脍炙人口，流传较广的有《羊粪蛋般身材的蜜蜂哥》《蒋家阿姑》等。谚语是土族人民在长期的社会实践中积累起来的经验总结，成为人们力行的格言。

（二十）裕固族

裕固族自称"尧乎尔""西喇玉固尔"，历史上曾被称为"黄

---

① 《土族简史》编写组：《土族简史》，民族出版社2009年版，第122页。
② 田雪原：《中国民族人口》，中国人口出版社2003年版，第628页。

番""黄头回鹘""撒里畏吾""撒里畏兀儿"等。1953年，该族取与"尧乎尔"音相近的"裕固"（兼取汉语"富裕巩固"之意）作为族称。裕固族是以畜牧业为主的民族，主要聚居在甘肃省肃南裕固族自治县和酒泉黄泥堡地区，根据《中国统计年鉴2021》，中国境内裕固族的人口数为14706人。裕固族源自唐代游牧在鄂尔浑河流域的回鹘人，他们使用三种语言，分别为属阿尔泰语系突厥语族的裕固语（尧乎尔语）、属阿尔泰语系蒙古语族的裕固语（恩格尔语），以及汉语。裕固族虽然长期缺乏书面文字资料，大量的口头文本却一直在民间流传。裕固族人用自己的口头语言述说历史、认识自然和表达情感，民间口述传统在裕固族人的生活中具有极为重要的意义。裕固族民间口述传统包括神话传说、民间故事、民歌、叙事诗、格言、谚语等。裕固族的神话传说历史悠久，通常具有万物有灵的萨满教观念，尤其和自然崇拜关系密切。九尊卓玛就是裕固族先民口口相传的创世神。裕固族创世神话以《九尊卓玛》为典型代表。其内容为：相传在很久以前，天地混沌一片。既无江河湖海，也无飞禽走兽。天神九尊卓玛根据九尊扎恩大神的指点开始创造万物。他将头发撒向大地，地上便长出了花草树木；他将身上的虱子散在地上，大地便牛羊成群；他咬破指头，把血洒向空中，天上便有了雨雪；他的肠子变成了地上的河道，洪水顺道流向大海，流入湖泊。他死后，他的左眼变成了太阳，右眼变成了月亮，牙齿变成了无数的星星，接着耳朵也飞上了天，变成了朵朵云彩……①

神话《日父月母》则是对裕固族创世神话的一个补充。故事讲的是，天地刚分开时，世上只有月亮和太阳，他们是一对情人，也是我们的父母，他们有无数的牛羊，那就是我们能看见的星星。天上的天神创造了大地后，日母月父赶着牛羊来到草原上生活。不知什么时候忽然发了大洪水，日母月父又赶着牛羊重新回到天上。我们看到的天上的彩虹，正是日母月父的牧鞭。其中，对太阳、月亮、星星和彩

---

① 武文：《宇宙建构的奇妙幻想——裕固族创世神话漫议》，载《民族文学研究》1996年第1期，第15～19页。

虹的这种直观的幻想性解释，隐含着裕固族人对人神关系的认识。此外，裕固族先民视火神为珍宝，如神话《三头妖与勇敢的青年》讲述了裕固族对于火神的崇拜。另外，《东海神牛》《独角牛》等通过对水之造化——牛的歌颂来反映裕固族先民对水的崇拜。动物故事在裕固族民间故事中所占比例较大，如《珍珠鹿》《狐皮帽子》《猴媳妇的故事》《光脊梁的毛驴》《鹰孩子》《贡尔尖和央珂萨》等。另外还有动物寓言故事，如《牧人》《兔子和狐狸》《黄鸭子和白天鹅》《狼舅舅掉火坑》等。

　　裕固族是一个有着悠久历史的古老民族，钟情于借助民间歌谣来抒发情感、传承历史文化。裕固族俗话说："当我忘记故乡时，故乡的话我不会忘，当我忘记故乡的话时，故乡的歌我不会忘。"可见，裕固人与生俱来就与唱歌有着不解之缘。因此，传统民歌是裕固族民间口述文化的精华之一，富有较为鲜明的民族特色。裕固族的传统民歌有叙事民歌、生活歌、劳动歌、情歌等。其中，最为著名的传统叙事民歌为《说着唱着才知道了》（亦称《裕固人来自西至哈至》《西至哈至》或《路上的歌》等），歌词为："说着唱着才知道了，我们是西至哈至来的人，西至哈至迷失了方向来的，赶着牛羊走着来的，骑着黄色的骆驼来的……经过了千佛洞、万佛峡来的，八字墩草原上住下了，长红柳的地方住下了……"这首传统民歌描述了裕固族历史上的一次重要迁徙，对于研究裕固族历史具有非常重要的学术参考价值①。除此之外，还有关于裕固族历史上的民族英雄、部落战争以及社会生活等方面的叙事歌，如《萨娜玛珂》《黄黛琛》，是裕固族广泛流传的两首著名的民间叙事歌，有不同版本，根据裕固族民间的说法，有的时候他们甚至会连续唱上几天几夜也唱不完②。《萨娜玛珂》是一首具有幻想色彩的斗争叙事诗。萨娜玛珂是裕固族人民心目中的女英雄，据说这位英雄是裕固族历史上某个部落头目的妻子，她贤惠、善良、机智而勇敢，而且精通各种武艺，具有非凡的本领，

---

① 贺卫光、钟福祖：《裕固族民俗文化研究》，民族出版社 2000 年版，第 165 页。
② 贺卫光、钟福祖：《裕固族民俗文化研究》，民族出版社 2000 年版，第 167 页。

后来在战争中因为要拯救部落而毅然离开美满幸福的家庭，留下了心爱的子女，参与残酷的战争，凭借自己的足智多谋和英勇顽强最终战胜了敌人，为部落和平做出了巨大的牺牲，成为裕固族人民心目中敬仰的女英雄。《黄黛琛》是一首与《萨娜玛珂》相媲美的民间传统叙事诗，该叙事诗唱出了黄黛琛医生的苦难经历和悲惨遭遇，是一首反映裕固族妇女遭受不幸婚姻的悲情诗。在东部裕固族生活的地区流传着一首名为《沙特》的叙事诗，其内容反映了裕固族先民对万物起源、人类万物及部落来历的幻想和对人类婚礼习俗来历的解释。此外，习俗歌有《戴头面歌》，是裕固族姑娘14岁时，戴头面、行成年礼时所唱的歌；《婚礼曲》是婚礼仪式歌，内容固定不变。劳动歌有《割草歌》《牧羊调》等，曲调优美。裕固族的民歌吸收了汉族的小调、藏族的山歌、回族等的"花儿"和蒙古族的酒曲等各种形式，艺术表现力得到大大增强。此外，藏族史诗《格萨尔》也在裕固族生活的地区有所流传，说唱内容和形式与藏族的《格萨尔》有一定的区别。据学者调查，1958年前，在东部裕固族当中多有《格萨尔》手抄本流传，民间艺人在说唱《格萨尔》时，用裕固语说散文部分，用藏语唱韵文部分，然后用裕固语对韵文部分进行解释。1958年前，有一部用藏文编著的裕固族艺人说唱用的《霍岭大战》缩写本。这部缩写本对研究藏族《格萨尔》如何演变成裕固族艺人用双语说唱《格萨尔》的特殊传承方式，具有重要价值，说明了各民族民间文化相互影响与交融。[1]

（二十一）撒拉族

撒拉族主要聚居在青海省循化撒拉族自治县、化隆回族自治县甘都乡和甘肃省积石山保安族东乡族撒拉族自治县的大河家镇。因自称"撒拉尔"，系"散鲁尔"的变音，简称"撒拉"。据考证，"撒拉"这一名称最早可追溯至公元7世纪西突厥时期乌古斯部的撒鲁尔（salur）部落。撒鲁尔又译作"撒罗尔"或"撒卢尔"，为乌古斯汗

① 钟进文：《中国人口较少民族书面文学研究》，民族出版社2012年版，第36页。

6 个儿子中五子塔黑（tag）之长子，撒鲁尔意为"到处挥动剑和锤矛者"。汉文文献对"撒拉族"这一称谓的记载有十几种，大部分是"撒拉尔"或"撒拉"的不同译名，如"撒剌""撒剌儿""沙剌""沙剌簇""萨拉儿""撒拉尔""撒喇"等，而邻近的藏族、汉族、回族等民族称之为"撒拉"，土族称之为"撒勒昆"。撒拉族主要聚居在青海省循化撒拉族自治县、化隆回族自治县甘都乡和甘肃省积石山保安族东乡族撒拉族自治县的大河家。根据《中国统计年鉴2021》，中国撒拉族的人口数为 165159 人。撒拉族有自己的语言，即撒拉语，属于阿尔泰语系突厥语族西匈奴语支乌古斯语种，但没有本民族文字，历史文化主要依赖口传的方式世代传承。

撒拉族民间口述传统有神话传说、民间故事、歌谣、笑话、寓言等。在撒拉族民间流传着关于他们来源的口头传说。如《骆驼泉》以传奇的手法记叙了撒拉族祖先为寻求理想的安身之地，不畏艰难险阻，经过长途跋涉，终于选定居所的经过。撒拉族民间故事以反抗封建统治、封建礼教、追求自由与幸福为主题，或揭露统治阶级的残暴和专横，讴歌人民群众勇敢坚强和无私的精神；或赞扬青年妇女追求婚姻自由，抨击贵族财主凶残贪婪；或赞扬劳动人民勤劳淳朴的美德，鞭挞反动阶级丑恶的本质，体现了撒拉族对真善美和对幸福生活的追求①。《阿腾其根·麻斯睦》描述了年轻的猎人麻斯睦与仙女古尼阿娜因爱恋而结合，与九头魔怪莽斯罕尔进行殊死搏斗并取得胜利的故事，赞颂了撒拉族追求幸福与战胜邪恶的传统美德。另外，有些作品赞扬了劳动人民勤劳、朴实、忠厚的崇高品质，如《巴哈阿吾》《巴斯巴家》等。也有热情歌颂劳动以及人民群众的集体力量和智慧的，如《两兄弟》《牧童、兔子和狼》《阿哈保日》等。还有一些作品具有教育意义，振聋发聩，如《看镜》《聋子一家》等②。

撒拉族歌谣大致可分为劳动歌、仪式歌、情歌、民歌、生活歌、

---

① 循化撒拉族自治县地方志编纂委员会：《循化撒拉族自治县志（1991—2010）》，三秦出版社 2017 年版，第 539 页。

② 马成俊、马伟：《百年撒拉族研究文集》，青海人民出版社 2004 年版，第 679 页。

历史传说歌、叙事歌等。有的歌颂人民群众与大自然作斗争的不屈不挠的精神，有的倾诉青年男女对自由爱情的向往，有的反映人民群众对美好生活的憧憬与期盼。流传较广的口述作品有《拉木号子》（劳动歌）、《皇上阿吾尼》（情歌）、《撒伊赫稀》（哭嫁歌）、《马步芳抓壮丁》（生活歌）、《韩二哥》（历史传说歌）等。撒拉族民歌根据内容和音乐特点可分为玉尔（撒拉曲传统情歌）、花儿、宴席曲、哭婚调、劳动歌（号子）、小调、儿歌。撒拉曲即撒拉人的歌，撒拉语叫"玉尔"。据撒拉族歌手说，撒拉曲是用撒拉语演唱的一种古老情歌，其中大部分曲调是撒拉族的先民从撒马尔罕带来的。"花儿"又称撒拉"少年"。"少年"是撒拉族民间普遍流行的一种山歌。学界一般认为，撒拉花儿不仅具有河湟地区"花儿"的普遍规律，而且由于较多地吸收了本民族"玉尔"和当地藏族山歌"拉伊"的一些音调和特点，无论在音阶、调式、旋法、节奏还是曲式结构等方面，都形成了独特的艺术风格和个性特征，从曲调上可分为"大眼睛令""孟达令""撒拉大令""清水令""三花草令""水红花令"等①。"玉尔"是撒拉族人民用本民族语言演唱的一种传统情歌，因受封建礼教的束缚，只许人们在田间、野外、磨坊等背人处演唱，严禁在村宅内演唱。较有影响力的作品有《巴西古溜溜》《撒拉赛西巴杂》《皇上阿吾尼》《艳姑居固毛》等。其中，《巴西古溜溜》较为著名。撒拉语"巴西古溜溜"意为"头是圆圆的"，"巴西古溜溜"是撒拉族比较古老的一种口头文学与民间音乐相结合的说唱艺术，集中反映了撒拉族青年男女强烈追求自由婚姻的愿望。

撒拉族的说唱历史悠久，内容丰富。传统口述作品有《撒赫稀》《乌热亥苏》《科尔特》等。在旧社会，撒拉族少女受尽封建习俗的迫害，在她们满 9 岁以后，就由父母包办嫁给素不相识的男子。哭婚调，就是少女出嫁前控诉封建礼教对她们身心的残害和对娘家依恋难

73

---

① 王玫：《浅论青海撒拉族民歌的多元文化特征》，载《青海师范大学学报（哲学社会科学版）》2008 年第 5 期，第 108～110 页。

舍的歌①。此外，撒拉族民间还流传有宴席曲、哈依勒等。

（二十二）乌孜别克族

乌孜别克族是我国新疆的世居民族之一，主要散居在新疆维吾尔自治区境内，其中大部分居住在城镇，少数居住在农村或是牧区，主要分布在伊犁、喀什、乌鲁木齐、塔城等地，城市人口主要分布在南疆莎车县与北疆的伊宁市。乌孜别克族有自己的语言——乌孜别克语，属于阿尔泰语系突厥语族西南葛逻禄语支②。

勤劳聪慧的乌孜别克人，经过世世代代的创作和口述传承，保留了大量的口述传统文献，包括民间故事，其他还有叙事诗、歌谣、笑话、谚语等。民间故事有历史故事、生活故事、动物故事、爱情故事、趣闻逸事等，内容丰富，通常以歌颂劳动、爱情、友谊、和谐、宽容、美德、正义、幸福、自由为主题，渗透着乐观主义精神和为实现愿望不屈不挠的斗争意志。例如：《劳动光荣》《田野》鼓励劳动和创造，歌颂了劳动者高尚的品格和情操；《汗王和穷老汉》揭露了帝王的暴虐无道；《贪婪的国王》赞扬了人民的英勇、机智，嘲讽统治者的昏庸无能；《聪明的年轻人》《英雄拜戴勒》《"熊"力士》《拜合热睦和希尔扎特》塑造了无私无畏、战胜凶残邪恶势力的英雄形象；《孜亚巴图尔》《胡斯娜娃特公主》歌颂了劳动人民在坚持正义、反抗暴政中相互关怀的亲密友谊；《智慧与富有》揭露了封建制度与封建迷信的荒谬；动物故事《狐狸和大雁》揭示了谎言与欺骗绝对不能长久的道理，《狼吃肉》说明了同心协力能取得成功的哲理；机智人物系列故事《阿可尔达尔考沙》也在乌孜别克族人民中广为流传。叙事诗有《古尔欧格里》《阿勒帕米希》《亚迪卡尔》《茹斯塔穆》《坤图格米希》《阿依苏鲁》《阿尔孜古丽》等。英雄史诗以《阿勒帕米西》为典型代表，它通过描述英雄阿勒帕米西反对

---

① 中国少数民族民俗大辞典编写组：《中国少数民族民俗大辞典》，内蒙古人民出版社 1995 年版，第 451 页。

② 米娜瓦尔、杨宏峰：《中国乌孜别克族》，宁夏人民出版社 2012 年版，第 2 页。

侵略、保卫祖国的英勇斗争，反映了乌孜别克族人民热爱祖国、仇恨敌人的感情，歌颂了真诚的友谊和崇高的理想。叙事长诗《古尔欧格里》是一部故事曲折、卷帙浩繁、形象生动、语言流畅、音韵铿锵的诗歌，为广大乌孜别克族人民所喜闻乐见，诉说了乌孜别克族人民的历史记忆①。

乌孜别克族有着悠久的民间说唱传统，说唱音乐有"达斯坦""苛夏克"和"艾提希西"三种。其中，"达斯坦"意为"诉说"，是一种叙事性的说唱音乐，其内容一般有完整的故事情节和人物，通常以表现美好爱情和本民族英雄人物故事为主要内容，其传统经典的作品有《埃尔帕米希》《古鲁黑拉·苏里唐》等；"苛夏克"原意为"歌谣"，后经民间艺人发展成说唱曲种，其唱词格律接近民歌，取材广泛，表演风趣诙谐，深受广大群众喜爱，以《再甫汗》为主要代表；"艾提希西"是一种说唱为主并辅以歌舞表演的曲种，它的曲调来自民歌，唱词往往是即兴创作，较为口语化，代表作品有《叫吧！百灵》《小水渠》《亲爱的妈妈》等②。

（二十三）柯尔克孜族

柯尔克孜族是我国古老的民族。"柯尔克孜"是本民族的自称，也是其他民族对该民族的称呼，国外同源民族被汉译为"吉尔吉斯"。柯尔克孜族主要分布在吉尔吉斯斯坦以及中国新疆维吾尔自治区等地，在黑龙江省富裕县五家子村也有数百人聚居，是 18 世纪从新疆迁去的。根据《中国统计年鉴 2021》，中国境内的柯尔克孜族人口数为 204402 人。柯尔克孜族是吉尔吉斯斯坦的主体民族，占吉尔吉斯斯坦总人口的 69.2%。

柯尔克孜族有本民族语言——柯尔克孜语，属阿尔泰语系突厥语族东匈语支克普恰克语组。柯尔克孜族历史上有本民族文字，早在公元 5 世纪，古代柯尔克孜族就有本民族较完整的鲁尼文，到唐代产生

---

① 米娜瓦尔、杨宏峰：《中国乌孜别克族》，宁夏人民出版社 2012 年版，第 12 页。

② 盖克、陈飞：《音乐小史》，中原农民出版社 2017 年版，第 197 页。

了鲁尼文的韵文文学作品。考古学者曾在柯尔克孜族原来的故乡叶尼塞河上游一带，发现一些刻有突厥鲁尼文字的碑铭，这种文字也被称为古柯尔克孜铭文①。柯尔克孜族历史上经过三次大规模的迁徙，至今有文字记载的古代柯尔克孜族文化遗产已经不多了，多数文学遗产为民间口头文学②。

由于柯尔克孜族族源的多元性以及历史上的不断迁徙，承载其历史记忆的口述传统文献较为丰富，保存较为完整的神话传说、叙事诗、民间故事等成为后人追寻柯尔克孜族先民足迹的重要线索。柯尔克孜族的神话传说极富幻想色彩，主要内容涉及宇宙和人类的起源，部落和民族的来源、迁移，历史英雄人物的事迹，以及他们同外来侵略者、同自然界、同"鬼怪"作斗争的情况③。例如，创世神话《野鸭鲁弗尔》认为在天地万物产生之前，在茫茫宇宙中，是一只野鸭创造了天地万物。野鸭是柯尔克孜部落的图腾，人们认为它是有灵魂和思想的，这是万物有灵思想的体现。这种朴素的造物主的形象，从侧面印证了柯尔克孜族神话传说较多地保留了古老的成分。此外，神话传说还有《火神》《日月俩姐妹》《神鹿》《长鬃卡巴》等④，这些神话传说表达了柯尔克孜族在迁徙进程中强烈的寻根意识，揭示了柯尔克孜族繁衍生息的地理环境变迁。

叙事诗是柯尔克孜族口述传统的典型代表，其中流传最为广泛的是《玛纳斯》。《玛纳斯》是一部规模宏大的英雄史诗，它与藏族史诗《格萨尔》、蒙古族史诗《江格尔》并称为我国三大英雄史诗，是世界文学艺术宝库里的瑰宝。联合国教科文组织将1995年定为"国际玛纳斯年"。玛纳斯是柯尔克孜族传说中著名的英雄和领袖，他是力量、勇气和智慧的化身。史诗《玛纳斯》讲述的是玛纳斯非凡的一生，全诗由"神奇的诞生""少年时代的显赫战功""英雄的婚

---

① 杜荣坤、安瓦尔：《柯尔克孜族》，民族出版社1991年版，第4页。

② 吴占柱：《黑龙江省柯尔克孜族历史文化特征研究》，载《黑龙江民族丛刊》2011年第2期，第95～98页。

③ 杜荣坤、安瓦尔：《柯尔克孜族》，民族出版社1991年版，第72页。

④ 满都呼：《中国阿尔泰语系诸民族神话故事》，民族出版社1997年版，第79～82页。

姻""部落联盟的首领""伟大的远征""壮烈的牺牲"几个部分组成，描写了玛纳斯及其七代子孙前赴后继，率领柯尔克孜人民抗击外来侵略者和各种邪恶势力，为争取自由和幸福而进行斗争的英雄事迹。《玛纳斯》以口头形式流传，是《玛纳斯》及其各种异文的总称，是由民间艺人演唱的韵文史诗，具有民间文学和民间曲艺双重属性①。在千百年来的口耳相传过程中，柯尔克孜族人民世世代代将自己对周围事物的认识、理解以及自己的精神文化遗产融入《玛纳斯》中。《玛纳斯》篇幅浩大，规模宏伟，但新中国成立以前并无文字记载，只是靠"玛纳斯奇"（人们对演唱《玛纳斯》的民间歌手的称谓）口传心授，世代相传。我国著名歌手居素甫·玛玛依演唱的《玛纳斯》史诗内容最为丰富，是目前世界上结构最庞大、最长的《玛纳斯》唱本，共有 23.6 万行，包括玛纳斯及其后世七代的传奇叙事，分别由以下 8 部组成：《玛纳斯》《赛麦台依》《赛依铁克》《凯耐尼木》《赛依特》《阿斯勒巴恰—别克巴恰》《索木碧莱克》《奇格泰》②。

　　柯尔克孜族民间故事内容丰富，情感朴实，爱憎分明，反映了柯尔克孜族人民的生活和斗争，表达了他们的理想与愿望，是珍贵的口述传统文化遗产。其中，《英雄交奥达尔的故事》《田干阿塔尔智胜巨魔的故事》等，反映了柯尔克孜族人民与大自然作斗争的英雄行为，表达了他们战胜大自然、追求美好生活的强烈愿望。另外有描写战争的故事，如《巴依西和江尼西》《七汗的故事》等；爱情故事如《英雄的青年》，表现了柯尔克孜族人民对纯洁爱情的美好向往；生活故事如《杰依能且欠的聪明儿媳妇》《苏莱卡乌奇坎》《柯楚逊的故事》等，这些故事从不同侧面反映了柯尔克孜族人民敢于与剥削阶级作斗争的精神。③

---

　　①　《中国地理百科》丛书编委会：《中国地理百科·伊犁河畔》，世界图书广东出版公司 2015 年版，第 218 页。

　　②　孙大卫：《新疆百科图志·人文地理卷（2）》，新疆美术摄影出版社、新疆电子音像出版社 2014 年版，第 8 页。

　　③　新疆人民出版社：《柯尔克孜族民间故事》，新疆人民出版社 1980 年版，第 1～2 页。

（二十四）塔塔尔族

塔塔尔族，源于古代突厥，属于白色人种，与蒙古族也有渊源。实际上，"塔塔尔"与"达怛""达旦""达达""达靼"均为"鞑靼"一词的不同译音。"鞑靼"的名称，最早见于唐代，是突厥统治下的一个部落。15世纪以后，"塔塔尔"成为他们的自称①。塔塔尔族是一个跨境而居的民族，主要分布于中国新疆、俄罗斯、乌克兰、巴尔干、哈萨克斯坦等地，民族主体位于中国境外。中国境内的塔塔尔族主要散居在新疆维吾尔自治区境内天山北部地区，其中，以伊犁哈萨克自治州、昌吉回族自治州、乌鲁木齐市等地区人数较多，比较集中分布在乌鲁木齐、伊宁、塔城、奇台、吉木萨尔、阿勒泰、昌吉等地。新疆维吾尔自治区昌吉回族自治州奇台县大泉塔塔尔族乡是中国唯一的以塔塔尔族为主体的民族乡。根据《中国统计年鉴2021》，中国境内的塔塔尔族人口数为3544人。塔塔尔族的民间文学作品丰富，有神话传说、故事、谚语、歌谣、谜语等，在新疆各族人民中，尤其以诗歌、民歌享有盛名。塔塔尔族中流传着这样一句话："有诗歌的地方就有塔塔尔人，在塔塔尔人生活的地方一定有诗歌。"塔塔尔族民歌《巴拉米斯肯》（意为"可怜的小伙子"）等在新疆各民族中流传很广，已成为新疆地区的流行歌曲，婚礼、节日普遍采用。此外，《天鹅进行曲》《白河边》《那冈》等民歌也为新疆各族人民所喜爱。

（二十五）塔吉克族

塔吉克族可以追溯到公元前10世纪居住在帕米尔高原东部上的使用伊朗语的一些部落。塔吉克人主要聚居在"高原屋脊"帕米尔高原东部的塔什库尔干塔吉克自治县，其余分布在南疆的喀什地区莎车、泽普、叶城县，以及和田地区的皮山等县。塔吉克族人口虽少，

---

① 袁琳瑛：《塔塔尔族》，新疆美术摄影出版社、新疆电子音像出版社2010年版，第1页。

但历史文化悠久。塔吉克族虽没有本民族文字，但有自己的语言，属于印欧语系伊朗语族帕米尔语支①。由于缺乏本民族文字，塔吉克族主要依赖口述的形式传承本民族历史文化，因此形成了大量的口述传统文献，包括神话、传说、诗歌、故事、寓言、谚语，其中诗歌最丰富。塔吉克族的诗歌内涵十分丰富，范围非常广泛，类型多样。从体裁角度划分，可分为：格则勒诗歌，即抒情诗；柔巴依，即四行诗；卡斯德诗歌，即宗教歌或颂歌；玛斯纳维诗歌，即两行诗或自由诗歌；台勒肯诗歌，即哀歌等。根据诗歌的思想内容及所使用的场合，可分为劳动歌谣、风俗歌谣、爱情歌谣、哀歌、颂歌、宗教仪式歌等②。

　　塔吉克族民间神话和民间传说口述文献极其丰富，在缺乏文字记载的历史长河中，这些口述文献书写了塔吉克族社会文化发展历史，成为研究古代帕米尔高原地区社会生活的重要凭证。塔吉克族民间神话具有鲜明的鹰文化特色。在塔吉克人有关鹰的诸多传说中，鹰总是在塔吉克人危难时帮助他们，因此，塔吉克族人民视"鹰"为心目中的英雄。流传甚广的长诗《白鹰》，是对 19 世纪抵御外来侵略、捍卫祖国尊严的塔吉克族英雄的颂歌。塔吉克族之间流传着大量的民间传说，从内容上可分为古代英雄传说、地名传说、起源传说和民族交往传说。其中，英雄传说有《鲁斯塔姆传说》《库尔察克的传说》等，地名传说有《葱岭的传说》《石头城的传说》等，起源传说有《人是怎样产生的》《水的传说》《风的传说》《山的传说》等，民族交往传说有《公主堡的传说》等③。此外，塔吉克族还流传着大量的叙事诗、民歌、寓言、民间谚语等。叙事长诗有《勇敢的秦公主》《尼格尔与麦吉侬》《杜赫塔尔·扎琳》《五兄弟》等，反映了塔吉

---

　　① 郭迪迪、杜秀丽：《新疆塔吉克族语言使用现状分析》，载《淮北职业技术学院学报》2019 年第 3 期，第 83～85 页。

　　② 西仁·库尔班、阿布都许库尔·肉孜、高雪等：《中华民族全书·中国塔吉克族》，宁夏人民出版社 2012 年版，第 100 页。

　　③ 西仁·库尔班、阿布都许库尔·肉孜、高雪等：《中华民族全书·中国塔吉克族》，宁夏人民出版社 2012 年版，第 101 页。

克族人民对生活伦理的认识以及丰富而奇特的想象力。

（二十六）门巴族

门巴族是中国具有悠久历史文化的民族之一，"门巴"既是自称，也是藏族和其他民族对他们的称呼，意思为"生活在门隅的人"。门巴族主要分布在西藏自治区东南部的门隅和墨脱地区，错那县勒布区是门巴族的主要聚居区。门巴族和青藏高原的藏族、珞巴族等民族长期友好往来，互通婚姻，在政治、经济、文化、宗教信仰、生活习俗等方面都有着十分密切的关系。根据《中国统计年鉴2021》，中国境内门巴族的人口数为 11143 人。门巴族的语言为门巴语，属汉藏语系藏缅语族藏语支，各地方言差别较大，无本民族文字，通用藏文。

由于历史上缺乏本民族文字，门巴族历史文化传承主要依赖口述，因此，门巴族有着非常丰富且珍贵的口述文献遗产，如神话传说、民间故事、民间诗歌、酒歌、戏剧等。在久远的古代，门巴族就流传着关于人类起源和民族历史文化的神话传说。根据现在掌握的材料，门巴族神话可分为三类：人类诞生神话、生殖崇拜神话与地理地貌神话。人类诞生神话的主要代表为《猴子变人》，反映了古代门巴族人民对自然现象所做的幻想的解释。此外，神话传说另有《镇压妖女》《吉萨格来战妖魔》《房脊神》，讲述娘江曲、达旺曲和普龙曲的《三兄弟河》《那嘎湖》，讲述空心母却吉桑姆和猎人冬顿的《却吉桑姆和冬顿》，讲述神奇木匠的《皮休嘎木》《白马兄弟与色》《色目人镇妖》《遗留下来的号角》《马桑尔辛格烈学僧除妖》，颂扬行善积德、鞭挞贪欲的《汤科嘎布当上吉波（国王）》《她为一袋麝香丧命》等。门巴族口述文献还有大量动物故事，比较著名的有《聪明的小鸟》《野鸡和乌鸦》《猫喇嘛讲经》《杜鹃、啄木鸟和斑鸠》等。

门巴族是一个富有诗意的民族，千百年来，门巴族人民把生活中的悲痛和欢乐、苦难和幸福、理想和追求、憎恨和钟爱，都化作一首首诗歌，撒向蓝天和大地。其中有热情奔放的酒歌，门巴语称"萨玛"；有忠贞诚挚的情歌，门巴语称"森木能古鲁"；还有起伏跌宕的叙事诗，门巴语叫"卓巴古鲁"——牧人之歌的意思①。其中，最具代表性的是萨玛酒歌。萨玛酒歌也称萨玛民歌，它是门巴族民歌中一种独特的民歌类型，大致可分为相聚歌、酒歌、牧歌、祝福歌、欢乐歌、节日歌、婚嫁歌、情歌、对歌、悲歌等。萨玛酒歌比较有名的作品有《白鹤歌》《宝贝》《吉巴村》《聚欢》《家乡》《挽留》《杜鹃花》《达旺酒歌》《三物》《流浪》《长虹山》《悲歌》《逃亡》《阻碍》《建屋歌》《牧人歌》《樵夫歌》《结鲁》《羡慕》《劝酒歌》《祝福歌》《倾慕》《坛歌》《诵》等。萨玛酒歌具有一定的区域性，为错那县勒布区的门巴族所独有，主要流传于西藏山南错那县错那镇的四个门巴民族乡，分别为勒门巴族乡、贡日门巴族乡、吉巴门巴族乡、麻麻门巴族乡。萨玛酒歌中只有歌曲演唱，没有舞蹈，通过对林芝县（今林芝市）、墨脱县、山南错那县三个地区的门巴族民歌进行对比可以发现，只有错那县错那镇的门巴族有"萨玛"这一民歌形式和称谓，在林芝市排龙乡和墨脱县境内并无称为"萨玛"的民歌。另外，其他两个地区的门巴族民歌大部分是歌舞结合的载歌载舞的形式。因此可以认定萨玛民歌为错那县错那镇的门巴族所独有，萨玛的称谓和音乐形式也显示了萨玛民歌的独特性②。

门巴族民间叙事诗《太波嘎列》是讲述门巴族牧业始祖太波嘎列的英雄史诗。全诗共分为14章，分别是《召唤歌》《神牛歌》《引牛歌》《牧牛歌》《四美歌》《四饰歌》《搭帐篷歌》《搭灶歌》《拴狗歌》《挤奶歌》《打酥油歌》《迁徙歌》《欢歌》《诵歌》。该叙事长诗从人们对太波嘎列的祈求开始，接着叙述了神牛的降生、牵牛、牧牛、搭帐篷、修炉灶、拴狗、挤奶、打酥油、迁牧场等，全面而生动形象地反映了门巴族牧业发展的过程。此外，由于门巴族善于诗歌抒情，门隅地区还被誉为"情歌之乡"。

古曲情歌是从萨玛酒歌中分化出来的独立的诗歌体，它在西藏文

---

① 钟进文：《中国人口较少民族书面文学研究》，民族出版社2012年版，第21页。

② 章小燕：《门巴族萨玛民歌初探》，载《北方音乐》2015年第13期，第18～19页。

学史上占有一定的地位。其内容多是表达男女双方的思慕、追恋的炽热感情和对爱情的忠贞不渝。门巴族情歌以洛桑任钦·仓央嘉措的作品为其杰出代表。仓央嘉措既是西藏历史上声名显赫的第六世达赖喇嘛，但同时也被认为是一位离经叛道、追求自由爱情的诗人。根据藏汉文史记载，仓央嘉措于藏历阴水猪年（公元 1683 年）出生于西藏门隅，具体出生地是"拉沃隅松"之乌坚岭①。经学界考证，仓央嘉措是门隅人，其生母才旺拉姆是世居门隅的门巴人，根据当地藏族老者的口述凭证，仓央嘉措属于门巴族②。仓央嘉措自幼生活在民间，深受门巴族民族文化的感染和熏陶，在吸收民间文学精华的基础上进行再创造，为后世留下了《仓央嘉措情歌》这一丰厚的文学遗产，为人们世代传颂，同时成为门巴族与藏族以及其他民族交流交融的重要文化媒介。

（二十七）珞巴族

珞巴族是我国西藏自治区跨境而居的古老民族之一，主要分布在西藏自治区东起察隅、西至门隅、南达中印边界的广大珞渝地区，以米林、墨脱、察隅、隆子、朗县等地最为集中。历史上的"珞渝"通常被称为"南方之地"，"珞巴"是藏族对居住在这一地区古老居民的习惯称谓。"珞"在藏文里有"附近""智慧""南方"等意思，"巴"意为"人"。新中国成立后，根据实际情况和本民族意愿，正式将该民族定名为珞巴族，取"南方人"之意。长期以来，珞巴族都过着刀耕火种的原始生活。在党中央和政府的关怀之下，珞巴族从崎岖山间开始搬迁到开阔平地，开始修建新的村庄。1951 年西藏和平解放，西藏境内的珞巴族人民也得以翻身，拥有了和其他民族同等的政治、经济和文化权利；1965 年 8 月，经国务院批准，珞巴族被

---

① 陈立明：《〈仓央嘉措情歌〉与门巴族藏族的文学交流》，载《民族文学研究》2003 年第 1 期，第 54～58 页。
② 陈立明：《〈仓央嘉措情歌〉与门巴族藏族的文学交流》，载《民族文学研究》2003 年第 1 期，第 54～58 页。

认定为我国单一的少数民族①。在党中央的关怀之下，珞巴族从崎岖山间开始搬迁到开阔平地，开始修建新的村庄，逐渐结束了刀耕火种的历史。1988 年 6 月，在米林县成立了南伊珞巴民族自治乡②。基于对人口较少民族独特的服装、语言、习俗等的调查，1965 年，珞巴族被认定为单一民族。

历史上珞巴族的民族语言为珞巴语，为汉藏语系藏缅语族，但没有本民族文字，其历史文化传承主要依赖先民和氏族的口耳相传。珞巴族民间流传着大量的神话、传说、民间故事、歌谣等口述文化。这些口述文献不仅是研究珞巴族的"活化石"，也是传承和延续珞巴族民族记忆最有效的方式之一③。神话是珞巴族口述文化的典型代表，可分为"万物起源神话""开天辟地神话""人类诞生神话""祖先神话"和"英雄神话"等。创世史诗《斯金金巴巴娜达盟》讲述了天地起源、日月星辰、自然万物和人类的诞生，以及珞巴族的来源和发展。《九个太阳》讲述了世界之初由于天与地婚配而生了九个太阳的故事，反映了珞巴族先民对天体认识的原始观念。神话《阿巴达尼》讲述了珞巴族父系祖先阿博达尼诞生以及氏族的婚配、迁徙、发展和分布并繁衍成十三个部落的艰辛历程，反映了珞巴族父系氏族公社时期的社会现实生活场景。珞巴族动物神话有《阿巴达尼与老虎发誓》《老虎、猫和獐子》《三个神牛》《啄木鸟》《武都鸟》等。我们从历史传说《斯金金巴巴娜达明和金尼麦包》，以及神话《阿巴达尼》中的《阿宾肯白》《阿巴达尼筑桥》《阿巴达尼与猴子比箭》《勇士与雕》《普苏达东与罗马达当》等故事中可以了解和认识珞巴族人民同大自然作斗争的艰苦历程及不屈不挠的精神。《阿巴达尼和阿巴达洛》《阿巴达尼的四个儿子》《九个斧头》《种子的来历》等故事讲述了珞巴族和藏族两个兄弟民族交往交流的历史，反映了珞巴

83

---

① 格桑、王蕾：《中国珞巴族》，宁夏人民出版社 2012 年版，第 4 页。
② 陈立明：《门巴族、珞巴族的历史发展与当代社会变迁》，载《中国藏学》2010 年第 2 期，第 86～95 页。
③ 冯云：《珞巴族口述文献收集与保护策略研究》，载《西藏研究》2020 年第 3 期，第 114～120 页。

族和藏族自古以来就有着亲密的关系和深厚的友情①。在珞巴族民间还蕴藏着大量的歌谣作品，有的叙事，有的抒情。这些歌谣作品以口述的方式世代流传和发展，正如《珞巴古歌》所唱到的："唱歌要对唱，父母教的歌。"珞巴族歌谣按其所表现的内容来划分，有劳动歌、情歌、习俗歌、古史歌等；从歌体上，又可以分为"夹日"体和"博力"体两种。"夹日"体民歌多用于赞颂和祝祷的场合，诗行偏长且带有衬字，而"博力"体民歌则往往在喜庆场合演唱，其风格欢快明朗，篇幅短小且富有变化②。

（二十八）高山族

我国一般将世居台湾的少数民族统称为高山族，这一称法是1945年抗日战争胜利后，把日据台湾后期所称的"高砂族"改动一字为"高山族"而沿用下来的。中华人民共和国成立后，在1953年全国人口普查中，国务院正式采用并公布了"高山族"这一名称，并在1954年第一届全国人大确定为第一批38个少数民族之一③。长期以来，高山族和汉族人民一起，披荆斩棘，把台湾开辟成为美丽富饶的宝岛，并共同反抗外来侵略和历代统治阶级的压迫，为共同创造祖国的历史和文化做出了重要的贡献。高山族居民大部分居住在台湾省以及福建、北京等省市。根据《中国统计年鉴2021》，大陆高山族的人口数为3479人。目前台湾认定的族群则已增加至16个：泰雅人、赛夏人、布农人、邹人、鲁凯人、排湾人、卑南人、阿美人、达悟人、太鲁阁人、撒奇莱雅人、邵人、赛德克人、噶玛兰人、拉阿鲁哇人、卡那卡那富人。除此之外，还有近30个未经识别和认定的族群。

高山族的口述文献包括歌谣、神话、传说及故事等，内容丰富。

① 西藏民族学院珞巴族民间文学调查组：《珞巴族民间文学资料》（内部资料），西藏民族学院1980年版，第3页。

② 钟进文：《中国人口较少民族书面文学研究》，民族出版社2012年版，第23页。

③ 陈金铭、姜莉芳、杨梅等：《中华民族全书·中国高山族》，宁夏人民出版社2012年版，第1页。

传统口述文献体现出多姿多彩、古拙质朴的特点。其中，传统歌谣如《种稻歌》《捕鹿歌》《颂祖歌》《贺新婚歌》《会饮歌》等，反映了高山族农耕、渔猎、采集等各种场景生产活动。此外，还有记载部落征战、抗击外侮、捍卫疆土的打仗歌。高山族的民间故事有《熊和豹》《水里的妻子》《罗布哥的末路》《莎华流浪故事》等①，这些故事古朴而纯美，大多具有原始性的夸张。例如，《熊和豹》认为"古时候，人、熊、豹等都是从同一个祖先分出来的"，反映了高山族先民的原始意识与想象。《铁镞》通过哥哥对弟弟在技术上保守的情节，反映出弓箭创造由骨镞变铁镞的过程和工艺的发明和改进，具有重要的文化史意义②。高山族的神话内涵丰富，在传承过程中形成了以人祖溯源、洪水与同胞婚配、征服太阳等为核心的神话体系，反映了高山族同胞的信仰、愿望、价值观念和艺术修养。此外，还有许多以习俗、杰出人物、"小黑人"、动植物等为题材的传说、故事，如《粟种子》《蛙精》《蛇子》《猴子与穿山甲之争》等。

---

① 施翠峰搜集、连湘译：《台湾民间故事》，河北少年儿童出版社 1987 年版，第 209～219 页。

② 施翠峰搜集、连湘译：《台湾民间故事》，河北少年儿童出版社 1987 年版，第 8 页。

第三章 人口较少民族口述文献收集与保护的现状、问题与策略

习近平总书记在党的十九大报告中提出，要坚定文化自信，推动社会主义文化繁荣兴盛。我国是一个统一的多民族国家，在 56 个民族大家庭中，人口较少民族是中华民族不可分割的组成部分。建设社会主义文化强国，没有人口较少民族文化的繁荣发展，就无法实现整个中华民族文化的兴盛。对于无本民族文字的民族来讲，口述文献是民族历史文化发展的承载体，镌刻着人口较少民族发展的历史文化基因和密码，因此，人口较少民族口述文献收集与保护对于传承与弘扬民族优秀传统文化、铸牢中华民族共同体意识具有重要意义。

一、人口较少民族口述文献收集与保护的现状

我国政府一直以来都十分重视少数民族文化的传承与保护。新中国自成立以来，通过各种措施不断加强对人口较少民族历史文化的收集与保护，在全国范围内启动了有关少数民族民俗、语言等民间文化的收集与保护系统性工程，公众的认同和参与意识不断增强。当前，我国对人口较少民族口述文献收集与保护主要有三种模式。

（一）以政府为主导的统一收集与整理

1949 年以后，随着民族工作的开展，20 世纪 50 至 60 年代，我国在全国范围内开展了民族识别、少数民族语言与社会历史调查工

作①。1956 年 8 月，中国科学院文学研究所和中国民间文学研究会（简称"民研会"）共同组成联合调查采风组，其宗旨是"摸索总结调查采录口头文学的经验，方法是要到从来没有人去过调查采录的地方，既不与人重复，又可调查采录些独特的作品和摸索些新经验"②，要求采录口头传授的唱词或故事，记录传唱者的姓名、籍贯、经历和讲唱的环境等，且要保持其原真性。1956 年，全国人民代表大会民族事务委员会制定了《关于少数民族地区调查研究各民族社会历史情况的初步规划》，并于同年 8 月相继成立了内蒙古、新疆、西藏、四川、云南、贵州、广东、广西 8 个少数民族调查小组，开始奔赴各个民族地区开展调查。从 1950 年至 1955 年，中共云南省委边疆工作委员会、云南省民族事务委员会对全省少数民族社会历史情况进行调查研究，对云南人口较少民族的婚姻习俗、宗教信仰和文学艺术也进行了不同程度的调查。1956 年，在全国人民代表大会常务委员会民族委员会的直接领导下，云南少数民族社会历史调查组成立，同云南省有关部门配合，对云南边疆地区的少数民族展开了大规模的调查，积累了大量的口述文献③。结合民族调查，相关调查组于 1958 年深入赫哲族聚居地对赫哲族民间口述传统进行了初步搜集，采集到《姊妹俩过日子》《弗而干和弗拉红》《害羞的丈夫》等民间故事。1976 年 10 月以后，特别是全国文联恢复工作后，国家动员了更多的人力，如大批的民族干部等，对赫哲族民间故事进行了系统性的搜集和整理④。1959 年，党和政府对人口较少民族口述传统的抢救与整理极为重视，组织文化部门和文学艺术工作者深入人口较少民族聚居地区，着手对人口较少民族的民间文学、音乐舞蹈进行搜集与整理并进

---

① 刘佳、过伟敏：《门巴族珞巴族传统文化研究综述》，载《贵州民族研究》2015 年第 11 期，第 108～112 页。

② 毛巧晖：《20 世纪下半叶中国民间文艺学思想史论》，上海文化出版社 2010 年版，第 65 页。

③ 《民族问题五种丛书》云南省编辑委员会：《怒族社会历史调查》，云南人民出版社 1981 年版，第 1 页。

④ 王士媛等：《赫哲族民间故事选》，上海文艺出版社 1986 年版，第 6 页。

行出版，例如《怒族民间故事》《怒族歌谣集成》《舞蹈集成》等①。此外，还深入鄂温克族、鄂伦春族等其他人口较少民族地区开展社会调查，并编辑出版了《鄂温克族社会历史调查》《鄂伦春族民间故事》等作品②。据《鄂伦春族民间故事》（1980年出版）的整理者隋书金先生讲述，1959年，黑龙江成立专门的少数民族文学艺术调查组，对鄂伦春族地区民间文学进行了搜集，通过老猎手、民间艺人和鄂伦春族老人口述，记录了大量的原始口述文献。但由于门巴族、珞巴族所居住的门隅、珞渝地处西藏边陲，且主要生活在喜马拉雅山群山深处，交通阻塞，与外界联系极为不便，因此，当时对西藏人口较少民族口述文献的搜集与整理尚未完全展开。直到20世纪70年代，随着学者对西藏文化的逐渐了解和熟知，开始陆续有科研团队对门巴族、珞巴族文化进行系统调查，对门巴族、珞巴族口述文献的搜集与保护由此开展起来。

1987年，全国科学规划领导小组、中国民间文艺家协会在全国实施民间文学三套集成（故事集成、歌谣集成、传说谚语集成）这一宏大的社会科学工程，肃南裕固族自治县成立了以县文化馆为主的民间文学三套集成编辑组，历时三年，完成了裕固族民间故事集、裕固族民间歌谣谚语集的搜集与整理。共搜集整理出裕固族民间故事55篇，计25万字，油印本于1990年问世③。

（二）以科研团队和学者为主导力量的收集与保护

新中国成立后，党和国家十分重视和关心少数民族地区的建设与发展。20世纪50年代初，党中央先后派出访问团到西北、西南、中南、东北等少数民族地区进行慰问与调查，宣传民族平等政策，了解少数民族发展情况④。许多在旧社会长期受压迫、受歧视的少数民族

---

① 云南省民族事务委员会：《怒族文化大观》，云南民族出版社2013年版，第112页。

② 汪受宽：《中国少数民族史学史》（下），华夏出版社2020年版，第836页。

③ 朱卫国、杨万寿：《裕固族民间文学（故事）搜集、整理及研究综述》，载《河西学院学报》2004年第3期，第32～34页。

④ 汪受宽：《中国少数民族史学史》（下），华夏出版社2020年版，第612页。

表达了确认其族称和民族身份的愿望。为了维护各民族的平等权利，推动各民族共同繁荣和发展，从 1953 年开始，国家组织大批科研人员和民族工作者，以马克思主义的历史唯物论和民族理论为指导，从我国的国情和民族实际出发，就各个族体的族称、分布地域、经济生活、语言文字、民族心理和社会历史等进行综合的调查研究和深入分析，在充分尊重各民族人民意愿的基础上，科学地甄别各个族体的民族成分和族称，进行民族识别工作。在具体进行民族识别工作时，首先需要识别其是汉族还是少数民族。如果是少数民族，还要进一步识别是单一民族还是其他民族的一部分。到 1957 年年初，国家初步明确了 11 个少数民族的民族成分。其后又陆续明确了 9 个少数民族的民族成分。到 1983 年，经国务院正式确定公布的共有 56 个民族，基本上解决了中国统一多民族大家庭中各民族的族属问题和民族成分的结构问题[1]。

为了执行贯彻好党的民族政策，一些科研团队率先开展对各少数民族基本情况的调查活动。1973 年，由中央民族学院和中国历史博物馆组成的调研团队赴西藏错那县和米林县，对两个地区的门巴族与珞巴族展开调查，并编写了《西藏错那县勒布区门巴族社会历史调查报告》（1974 年）和《西藏米林县南伊公社珞巴族社会历史调查报告》（1974 年）两份调查[2]。这是新中国成立后我国民族工作者对门巴族、珞巴族地区进行的首次较为全面的社会调查，对于人们了解门巴族、珞巴族的社会历史及发展变化具有重要的参考意义。1976 年，中国社会科学院民族研究组成立专门的调研团队前往喜马拉雅山地，对珞巴族的社会历史展开全面的调查，收集了神话传说、民间故事等部分口述文献，并对相关村民进行了口述采访，其后整理出版了《西藏米林县珞巴族社会历史调查报告：珞巴族调查材料之一》（1978 年）与《关于西藏珞巴族的几个调查材料：珞巴族调查材料之

① 费孝通：《关于我国民族的识别问题》，载《中国社会科学》1980 年第 1 期，第 147～162 页。

② 陈立明：《我国门巴族、珞巴族研究的历史回顾》，载《西藏民族学院学报（哲学社会科学版）》2008 年第 6 期，第 27～32 页。

二》（1978 年）两部调查作品①。

在对黑龙江人口较少民族口述文献收集方面，1958 年、1959 年，黑龙江少数民族文学艺术调查组对黑河地区鄂伦春族进行首次民间文学口述文献搜集与整理，其中，参与者之一的隋书金先生多次深入鄂伦春族聚居地区部分村屯，进行鄂伦春族社会历史、民俗和民间文学的研究与搜集整理，从老猎人、民间艺人等口述者那里记录下大量的口述文化记忆。在隋书金先生的《鄂伦春族民间故事选》一书中，每篇作品的流传地区，搜集整理的时间与地点，口述、翻译、搜集整理者的姓名，凡能查明的尽可能予以记录。同时对鄂伦春语和个别方言做了必要的注释，甚至还写了附记②。

党的十一届三中全会后，随着党的民族政策的落实，一批人口较少民族口述文献逐渐得到挖掘和整理。1980 年，中国社会科学院文学研究所民间文学室与黑龙江民研会组成联合调查组先后两次到赫哲族居住区进行以"伊玛堪"考察为核心的民间文学调查活动③。1980 年至 1981 年，中国社会科学院民族研究所调研组再次深入墨脱、米林、隆子、错那和察隅等地，对我国实际控制区内的门巴族、珞巴族进行社会历史以及文化方面的调查，其后出版了《珞巴族的社会和文化》（1992 年）一书④。

20 世纪 80 年代，云南民族学院阿昌族民间文学调查组对阿昌族口述传统文献进行了收集，该调查组第一次到梁河搜集《遮帕麻和遮米麻》这部神话史诗时，曾请来了 10 多位活袍（阿昌族高级祭司）。其中，曹家寨的赵安贤、关璋的曹德春、弄丘的梁本贤、上弄别的杨正广以及弯中的杨世品这 5 位活袍，能用阿昌语完整地唱诵史诗，其他的活袍能程度不一地念诵其中部分内容。⑤

---

① 马小燕：《50 年来我国门巴族、珞巴族研究综述》，载《西藏研究》2015 年第 5 期，第 111～120 页。

② 隋书金：《鄂伦春族民间故事选》，上海文艺出版社 1988 年版，第 385～389 页。

③ 王士媛等：《赫哲族民间故事选》，上海文艺出版社 1986 年版，第 13 页。

④ 李坚尚、刘芳贤：《珞巴族的社会和文化》，四川民族出版社 1992 年版，第 288 页。

⑤ 张蕾梅：《阿昌族口传文学传承发展的危机及对策——以梁河阿昌族地区"活袍调"为个案》，载《云南师范大学学报（哲学社会科学版）》2010 年第 3 期，第 117～124 页。

根据国家民委和中国民间文艺家协会关于编辑民间文学三套集成的政策指示，1988 年 11 月，云南兰坪白族普米族自治县县委、宁蒗彝族自治县县委、丽江地区文化局和民委，通过协商合力组织民间文学工作者对普米族口述传统文学进行挖掘与整理。1989 年至 1990 年，中国民间文艺出版社先后出版了《普米族民间故事集成》《普米族歌谣集成》《普米族谚语》等成果①。

西藏民族学院（现为西藏民族大学）曾多次组织科研团队分别于 1979 年、1986 年、1992 年、1993 年、2006 年和 2008 年到西藏墨脱、米林、隆子、错那、察隅等地全面考察门巴族、珞巴族的社会历史和文化，获得了丰富的文字、录音、图片、影像等实物资料②。1976 年，于乃昌先生带领调研团队前往米林县纳玉公社，通过口述访谈的形式对珞巴族神话、传说、歌谣、民间故事、民间谚语等民间文学资料进行了较为全面的搜集，其后整理汇编为《珞巴族民间文学资料》（1980 年）③。20 世纪 90 年代以来，李坚尚先生和刘芳贤先生对珞巴族、门巴族民间故事进行了整理，汇编为《珞巴族门巴族民间故事选》（1993 年）④，其中涉及的珞巴族民间故事大多来自对珞巴族老人的口述采访，并在文后标注了流传地区、讲述人、口译者以及搜集整理者等补充资料。

21 世纪以来，随着西部大开发战略的实施，关于人口较少民族经济社会与发展的研究得到进一步加强。2000 年 7 月，国家民委组织有关专家学者开展了"中国人口较少民族经济和社会发展调查研究"，对人口数量在 10 万人以下的 22 个少数民族进行了调查，最后编印成《中国人口较少民族经济和社会发展调查报告》⑤。在该次调

---

①　杨照辉：《普米族文学简史》，云南大学出版社 2016 年版，第 3 页。

②　陈立明：《我国门巴族、珞巴族研究的历史回顾》，载《西藏民族学院学报（哲学社会科学版）》2008 年第 6 期，第 27～32 页。

③　于乃昌：《珞巴族民间文学资料》（内部资料），西藏民族学院 1980 年版，第 1 页。

④　李坚尚、刘芳贤：《珞巴族门巴族民间故事选》，上海文艺出版社 1993 年版，第 14 页。

⑤　刘晓春：《人口较少民族的特殊性与发展对策》，载《黑龙江民族丛刊》2017 年第 2 期，第 8～13 页。

查活动中，调研人员运用先进的技术手段采集了西藏人口较少民族住房、服饰、饮食、经济生产和日常活动的照片，获得了宝贵的一手资料①。此外，调查组还开展了有针对性的户访调查，内容包括各户所拥有的土地、住房、牲畜等生产资料，外出所从事的经济活动、收入与支出等经济情况，族群迁移历史，民族语言使用情况，婚姻情况，文化宗教活动，以及被访户对当地扶贫项目、民族关系、政府民族政策的了解等②。通过以上调查活动，课题组不仅获得了详尽的入户口述访谈资料，而且采集了大量录音、录像等珍贵的研究资料。2003年，中国社会科学民族研究所组织力量再次赴墨脱地区对当地生态环境及其对门巴族、珞巴族的影响进行考察，采集了大量有关门巴族、珞巴族历史迁徙、刀耕火种生产生活、传统狩猎与采集以及宗教信仰等方面的口述访谈资料，出版了《雅鲁藏布江大峡谷生态环境与民族文化考察记》一书③。

2001年，云南省完成了对25个少数民族村寨的调查，并出版了研究成果，调查历时一年半，参与人数为142人，出版调查资料25册、研究报告1份、调研工作实录1本、村寨文化画册1本，形成了一批内容丰富的调查资料。2003年7月，全国第二批少数民族村寨调查正式启动，计划对全国55个少数民族村寨进行调查，每个民族选取1个村寨作为调查点，调查人员来自全国15个省区的20多所大学与科研单位，共330余人。该次调查包括少数民族政治、经济、社会、文化、宗教、生态、婚姻家庭等12个方面的内容，基本涵盖了民族学研究的各个方面，调查方法有访问调查、问卷、拍照、录音、录像等④。为做好该次中国少数民族村寨调查，云南大学成立了"中国少数民族村寨调查"领导小组，对参与人员进行培训并负责整个

---

① 《中国人口较少民族发展研究丛书》编委会：《中国人口较少民族经济和社会发展调查报告》，民族出版社2007年版，第12页。

② 《中国人口较少民族发展研究丛书》编委会：《中国人口较少民族经济和社会发展调查报告》，民族出版社2007年版，第7页。

③ 张江华、揣振宇等：《雅鲁藏布江大峡谷生态环境与民族文化考察记》，中国藏学出版社2007年版。

④ 马京、李菊梅：《中国民族村寨调查纪实》，云南大学出版社2004年版，第1～5页。

调查工作的开展。2003 年 7 月至 8 月，云南大学中国少数民族村寨调查领导小组的西藏珞巴族调研组赴米林地区对米林县南伊珞巴民族乡的琼林珞巴村开展田野调查。考察队从琼林村 157 名村民中选取了各个社会阶层的典型代表人物做了口述访谈，其中涉及对昔日巫师亚崩、狩猎英雄达戈、书记达久等典型人物的专访，这些代表人物的口述反映了珞巴族民族村落的整体风貌①。2010 年 7 月，中央民族大学"985"民族经济村庄课题组再次奔赴西藏门巴族墨脱村和珞巴族达木村，调研组深入门巴族和珞巴族村村民家庭，与各级政府部门及相关人员进行交流，了解情况，通过文献查阅、问卷调查、口述访谈等方式搜集到了大量一手资料，其后撰写的《墨脱村调查·门巴族》②和《达木村调研·珞巴族》③，成为了解新时期门巴族、珞巴族村落历史文化的重要参考。

2003 年，云南大学曾组织中国少数民族村寨调查领导小组对新疆塔城的俄罗斯族和内蒙古额尔古纳的俄罗斯族进行实地调查，对这两个地区的俄罗斯族的人口变迁、家庭结构、经济状况、民族心理、子女教育等情况进行了民族学意义上的调研，填补了对俄罗斯族研究的空白。2005—2006 年，中央民族大学民族学与社会学学院凭借"211 工程"项目经费对额尔古纳市俄罗斯族的社会状况进行了专题调查研究。2003 年，该学院的祁惠君教授发表了《内蒙古额尔古纳市俄罗斯族经济和社会发展调查报告》一文，全面深刻地介绍了俄罗斯族的经济和社会发展状况。为了解俄罗斯族发展现状，黑龙江大学唐戈教授深入额尔古纳地区对当地俄罗斯族宗教信仰、族群认同及双语现象等问题进行了调查研究④。2008 年，中国社会科学出版社出版了"民族现状与发展研究丛书"之《额尔古纳俄罗斯族现状与发

---

① 龚锐、晋美：《珞巴族：西藏米林县琼林村调查》，云南大学出版社 2004 年版，第 8 页。

② 王丽平：《墨脱村调查·门巴族》，中国经济出版社 2012 年版，第 1 页。

③ 党秀云、周晓丽：《达木村调查·珞巴族》，中国经济出版社 2012 年版，第 1 页。

④ 张英姿：《额尔古纳市俄罗斯族村落语言现状调查分析》（硕士学位论文），中央民族大学 2010 年。

展研究》，从政治、经济、文化、教育等各个方面对额尔古纳地区俄罗斯族人民的社会生活现状进行了描写和剖析①。

除此之外，一些热衷于少数民族文化研究的学者先后加入口述文献的收集与保护工作当中。例如，以作家冯骥才为代表的一批知识分子，出于对中国传统文化的热爱和公民的社会责任感，数十年如一日，积极参与传统民俗文化的保护与抢救。目前在民俗文化保护与抢救工程第一线的工作人员，主要是中国民间文艺家协会的近万名成员，其中许多是民俗学、人类学或社会学学者，他们拥有较高的文化修养和精神素质，以及宽阔的视野和超越自身的济世情怀，对传统民俗文化的传承与保护有强烈的责任感。2003 年 2 月 18 日，冯骥才倡导发起了"中国民间文化遗产抢救工程"。此项工程被列为国家哲学社会科学重点实施项目，计划在 10 年内，用文字、录音、摄影和摄像等现代技术立体地记录中国传统民俗文化，大批搜集和收藏中国民俗代表性实物，建立中国民俗图文资料数据库。2009 年年初，该工程启动编纂"中国民间四库全书"，即《中国民间故事全书》《中国歌谣全书》《中国谚语俗语全书》和《中国民间史诗叙事诗全书》。"冯骥才模式"的出现，表明了作为维护社会稳定的最重要的社会力量之一的中国知识分子阶层，从历史意识、个性风度和审美欣赏的现实出发，将自身视作承载传统文化的主体，并逐渐成为民俗文化保护的呼吁者、志愿者和实践者②。

总之，我国科研团队力量和有关学者在开展对人口较少民族调查研究中积累了大量有关口述传统的访谈、录音、录像等资料，这些资料诠释了人口较少民族的文化传承与族群发展的历史变迁，携带着人口较少民族文化历史发展的"基因密码"，成为研究和传承人口较少民族文化历史的重要依据。同时，由学术单位承担人口较少民族调查，充分说明了我国学术队伍对民族文化保护的重视，并且形成了良

---

① 祁惠君、唐戈等：《额尔古纳俄罗斯族现状与发展研究》，中国社会科学出版社 2008 年版。

② 周锦章：《数字化平台与传统民俗文化的保护》，载《红旗文稿》2011 年第 5 期，第 31 ～ 33 页。

好的口述文献收集与保护传统。

（三）民间力量的参与式保护

口述文献是根植于民族民间文化土壤的活态文化，是对人们生产生活方式的有效诠释，是难以脱离传承的客观存在。口述文化只能在活态保护中才能实现永续传承与发展。人口较少民族的人民对本民族文化有着强烈的认同感，在特定的文化圈形成了对本民族文化的依赖，因此他们对本民族口述文化收集与保护的意愿较为强烈，这有利于开展自发性保护。发动民间力量的文化传承不仅能够使人口较少民族意识到传承本民族文化的重要性，而且能够增强人口较少民族对本民族文化的归属感和自豪感，通过优秀传统文化的传承与弘扬，进一步铸牢中华民族共同体意识。笔者于2019年7月赴米林南伊珞巴民族乡对珞巴族始祖传说的传承人林东老人进行了采访。老先生表示对目前珞巴语的失传困境非常担忧，但他们已经有意识地在培养年轻人传承珞巴文化，在当地文化部门的统一组织下，他们教授年轻人珞巴语，计划培养年青一代的珞巴族始祖传说传承人。有一些门巴族、珞巴族村民也利用现代录音、录像技术及时将本民族的文化传统进行记录和保存。加强对人口较少民族口述文献的收集与保护，不仅是为了留住历史，也是为了回到过去，而民间力量的主体参与性保护使即将消失的人口较少民族口述文化焕发出新的生机。

二、人口较少民族口述文献收集与保护的问题

虽然在政府、科研团队、民间力量的共同努力之下，通过调查和研究，有关机构、团体和个人初步收集了一批人口较少民族的口述文献。然而，从口述文献收集与整理的现状来看，无论是官方组织、科研团队还是民间力量，我国人口较少民族口述文献收集与保护工作还存在以下几点不足。

（一）缺乏统一的规划与组织

口述文献的收集与整理是一项系统性的工程，在统筹全局的情况

下，需要有计划、有组织地进行，然而由于缺乏统一的规划与组织，对人口较少民族口述文献的收集与整理工作亟须加强。首先，从以往对人口较少民族口述文献的收集与保护行为来看，现有收集多仅为满足民族调查和学术研究的需要，大多属于科研机构和团体的自发行为，且大多数是出于研究的目的，欠缺从文化遗产抢救和保护的角度对其进行系统性的收集与保护。其次，由于缺乏统一的科学组织与规划，对于口述文献的收集与保护多表现为偶然性行为，缺乏阶段性和持续性，极易导致许多珍贵的口述文化遗产尚未来得及抢救与保护就已湮灭。最后，对口述文献的收集带有较强的随意性，极易造成重复收集的情况。由于参与口述文献采集的人员不仅有历史研究者，也有民族学、人类学、民俗学、社会学等专家学者，而且还有新闻工作者，虽然是不同学科领域，但经常会出现对某一口述历史主题或热点问题进行重复采集的情况，而对一些重大事件和重要历史人物以及社会发展变迁、族群关系和认同等口述历史领域却关注不足[1]。究其原因，主要是长期以来对人口较少民族口述文献收集与保护的意识不够，人们尚未认识到口述历史在人口较少民族社会发展中的地位和作用，欠缺口述文献收集的科学方法作为指导。

（二）收集与保护内容亟待丰富

目前人们对人口较少民族口述文献的收集与保护主要侧重于传统文化，如民间故事、神话传说、传统技艺、传统服饰等非遗口述资源，而忽略了对传承人本身的口述历史的抢救与保护，特别是对传承人的师承情况、传承经历和生活体验等个人口述记忆关注得较少。而实际上，非遗传承人的口述记忆不仅是对其民族历史文化的代际传承，也是传承人作为个体对其个人活动感知与个人生命经历的产出，同时也是传承主体对非遗传承行为的集体记忆的重要组成部分[2]。此

① 陈子丹：《少数民族口述历史档案研究》，云南大学出版社2015年版。
② 冯云：《西藏非物质文化遗产传承人口述史的价值与方法研究》，载《西藏民族大学学报（哲学社会科学版）》2017年第6期，第47～52页。

外，相较于精英历史，口述历史强调的是记录和保存历史上被忽视群体的历史记忆，使历史上沉默的群体能够发声，从而回归更为真实的历史。在历史上，人口较少民族由于大多缺乏本民族语言文字，整体文化素质不高，导致很多重大历史事件被遗忘。对于普通民众来讲，更是难以书写个体的发展历史。现代口述历史为普通人记录和保存自己的生活历史提供了新的可能。然而，关于个体历史的记录在以往却被严重忽视。口述历史是历史记忆的多元化呈现，而现有对口述文献的收集与保护在范围和内容上还存在诸多局限，亟须进一步拓展和丰富。

（三）收集过程缺乏规范性

规范的口述文献采集与管理不仅有利于口述资源的后续开发与保护，而且涉及后期研究者和用户对其进行有效的利用与共享。然而，前期对人口较少民族口述文献进行收集的人员大多未经过专业的培训，他们只是开展一些调研式的采访和访谈。由于缺乏存档意识和专业指导，许多采集者基本没有受过口述历史理论和方法的培训，严格意义上来说，这并不符合口述历史访谈的范式要求，在实践中容易出现一些问题。例如，由于缺乏访谈技巧，极易造成访谈主题的偏离，受访者不愿坦诚吐露心声，或是漏掉某些重要的历史细节，大多数情况下也尚未充分考虑到口述文献的公开使用所涉及的版权问题，忽视了对必要的理论和知识产权的考虑，导致口述文献的使用产生知识产权纠纷。此外，所采集的口述文献缺乏统一有效的管理，无专门的整理保存机构，大多保存在科研单位和专家学者手中，不利于口述文献的长期保存。然而，限于当时所处年代录音、摄影器材等口述访谈设备的匮乏，口述访谈多以笔录的方式记录，为数不多的口述资料散存在不同机关单位和个人手中。由于缺乏妥善的保管措施，或是缺乏必要的保护意识，一些口述文献行使完研究使命后大多遭到废弃，有的已经流失或损毁，这对口述文献的后续开发、利用和共享造成极大的不便。

（四）缺乏广泛有效的合作

口述历史项目的开展以及口述文献的收集与保护是一项耗费人力、物力资源的长期工程，对于口述文献的收集与保护需要一定的经费和人才作为保障和支撑。尤其是对于口述文献收集与保护而言，大多人口较少民族生活在高山峡谷、丛林等偏远地带，且绝大部分分散聚居，这给口述文献的收集与整理带来较大的成本。此外，口述历史访谈的开展需要有足够的经费支撑和人力资源保障，但目前大多数人口较少民族口述文献的收集与保护尚未有专项资金投入，也尚未有专门的组织召集专门的人才队伍提供智力支撑，导致人口较少民族口述文献的收集与保护工作难以持续而有效地开展。口述历史在本质上属于一种跨学科研究，口述文献收集与保护也是一项跨学科、跨专业、跨系统的实践，需要图书馆、档案馆等各收藏机构与高校科研机构、历史研究机构以及文化遗产部门进行充分的交流与合作。从某种程度上说，由于老一辈传承人的相继离世，以及随着现代化对传统文化造成的消融，对人口较少民族口述文献的抢救与保护实际上是一场与时间赛跑的行动，只有通过广泛有效的合作，才能在有限的时间内最大限度地对人口较少民族口述文献进行抢救与保护。然而，当前对人口较少民族口述文献遗产收集与保护的主体力量仍以研究机构为主、民间力量为辅，官方力量介入不足，对于人口较少民族口述文献系统化、专业化的收集与保护亟待加强。

（五）开发与保护的创新性不足

创新性的开发与保护是促进人口较少民族传统文化保护与利用的最有效的方式。所谓创新，是指在继承传统精神内核的基础上，以另外一种形式来表达口述文献所代表的精神符号。具体来讲，就是利用新理念、新技术等，深入挖掘口述文献所蕴含的当代价值，赋予其新的时代内涵和表达方式，使其在新时代焕发出新的活力。创新性保护的目的是使口述历史得到更好的保存、传播、共享与利用。一直以来，对人口较少民族口述文献的保护，只是通过采访、拍照、记录等手段来进行，且由于缺乏共享利用的概念，大部分珍贵的口述文献尘封于保存机构或保存在个人手中，其实用价值尚未充分挖掘。面对新时代人们对优秀传统文化的迫切需求，这种保护方式已经难以适应现代社会公众对传统文化欣赏和利用的需要。

随着网络数字技术的日益普及与发展，以及社会信息存储与传播的日趋多样化，人口较少民族口述文献从保存到传播、共享与利用都应借助现代化的技术手段对其表现形式进行不断丰富，以适应用户对传统文化的新需求。如何更好地利用现有数字技术对文献进行永久性保存，如何以文字、图片、音频、视频等途径使口述历史得到立体化的展现，如何更好地挖掘隐藏在口述历史背后的历史细节和真实情节等，均是口述文献创新性开发与保护中理应思考的问题。

三、人口较少民族口述文献收集与保护的策略

（一）提高认识，加强统一领导

中国人口较少民族口述文献是中华民族文化多样性的重要组成部分，加强人口较少民族口述文献收集与保护，不仅是为了传承民族记忆，而且能够为铸牢中华民族共同体意识提供更多的精神与文化滋养。鉴于以往人口较少民族口述文献收集工作的分散化与断裂性，建议从对人口较少民族口述文献整体性收集与保护的视角出发，成立专门的有关人口较少民族口述文献收集与保护专项工作领导组，制定专门的有关人口较少民族口述文献普查与收集工作方案，对人口较少民族口述文献的收集与保护进行统一规划，协调图书馆、档案馆、科研机构和非遗保护单位等多方力量，共同参与中国人口较少民族口述文献的收集与保护，提高人口较少民族口述文献收集与保护工作的系统性与社会效益。

（二）科学确定收集与保护的范围与内容

中国人口较少民族口述文献是有关人口较少民族文化、历史、经济、地理等多个维度口述历史的集合。由于人口较少民族在历史上大

多属于无文字民族，对于社会历史文化发展的记录大多依赖口耳相传，形成了具有鲜明民族特色的口述传统文献，包括神话传说、民间故事、民间歌谣、谚语、谜语等，这些口述传统在我国以往民间文学收集与整理以及科研工作者的课题研究开展过程中得到一定程度的收集与保护。但是，对于涉及其他方面的口述历史，如族群社会发展变迁、历史沿革、民俗、民间工艺等方面的口述记录还较为欠缺，对涉及人口较少民族社会发展重大事件的历史见证者、非物质文化遗产传承人等抢救历史的口述采录工作依旧紧迫，对人口较少民族当下生活状态以及民族记忆方面的口述采录还存在不足。因此，当下需要进一步拓展人口较少民族口述文献收集与保护的范围与内容，有计划、有针对性地开展相关工作。

（三）加强人才培养，打造专业团队

口述文献的收集、整理是一项对专业化水平要求较高的工作，从前期受访人的确定、采访提纲的拟定、现场采访到后期对口述资料进行转录、整理、分类、归档等，都需要一支训练有素、团结协作的专业团队。中国人口较少民族口述文献的收集与保护，不仅需要熟知口述采访流程的专业人才，而且需要具备一定文史专业背景的人才，尤其需要熟知人口较少民族语言、当地风土人情的人才提供智力支撑。针对目前人口较少民族口述文献收集与整理的人才匮乏困境，亟须构建专业化团队，对相关人员进行专门培训，加强口述文献采集的规范性。具体的培训内容应该包括：一是口述历史基础理论与工作方法的培训，使相关人员掌握口述历史的基本理论和工作方法；二是口述访谈技巧的培训，涉及口述历史的特质、个人记忆的特色、口述历史的对谈原则、访谈礼仪、访谈员角色以及记录方法等；三是软硬件设备使用的培训，如对口述访谈过程中所需要的录音笔、摄像设备，以及视频编辑软件等使用方法与技巧的培训。

（四）多方协作，共同推进

人口较少民族口述文献收集与保护是一项系统性工程，需要聚集多方力量进行广泛合作，共同推进。首先，加强高校、图书馆、档案馆、非物质文化遗产保护机构与科研机构等部门之间的合作。图书馆是口述文献收藏的最佳场所，而且是当前口述历史实践的重要领域，积累了较为丰富的有关口述文献收集与整理的理论与方法。档案馆是口述历史资源收集与保存的重要领域，对口述档案也给予了较多的关注。非物质文化遗产保护机构通常负责对非遗传承的管理工作，拥有一批通晓本民族语言与文化的传承人，可以为口述记忆的采集提供翻译帮助。科研机构能够为口述历史收集提供相关的理论指导。以上部门通过合作方式进行口述文献收集，可极大地降低成本，避免重复工作。其次，广泛争取民间力量参与。实践证明，民间力量是口述文献收集与保护的主体，通过鼓励和发动民间力量参与，可进一步强化社会群众对口述文化的认识，形成文化自觉。最后，积极主动争取国内外口述历史的合作，以扩大影响力。例如，为了推动云南少数民族口述历史文献的抢救与保护工作，2009 年，云南省档案局与新加坡档案馆开展了专门的口述历史合作项目，由新加坡档案馆对云南档案工作者进行专业知识和技能以及口述历史方法的培训，指导云南省完成对阿昌族、布朗族、独龙族和拉祜族等多个独有少数民族口述历史档案的抢救与保护，取得了良好的成效①。

（五）加快数字化开发与保护

随着数字化时代的到来，数字技术为口述历史的采集、保存、开发与利用提供了新的可能。借助数字技术对口述文献进行数字化，能够加强对口述资源的管理与利用，不仅是对口述历史进行抢救性记录的重要措施，也是促进历史文化传承与发展的新途径。随着数字化技术的发展，当今涌现的 AR、VR 等技术，可丰富口述历史呈现的方式，使人们获得对文化历史的沉浸式体验。因此，借助数字技术构建人口较少民族口述历史资源库，运用数字多媒体等现代技术手段对人

---

① 陈子丹：《云南少数民族口述历史档案抢救保护研究》，载《兰台世界》2012 年第 32 期，第 4～5 页。

口较少民族口述历史进行真实、系统和全面的记录，通过文本、图片和音像等多种形式将口述历史资源进行立体化展示，已成为数字时代人口较少民族口述历史宣传与利用的新图景。

第四章 人口较少民族口述文献的收集与整理

一、人口较少民族口述文献的收集

口述文献收集通常是图书馆、档案馆等文献收藏机构根据保存文化遗产和历史记忆的需要，通过采访、征集、购买以及开展口述访谈等多种途径获取口述历史文献，以丰富特色馆藏，保存社会记忆。文献收藏机构的服务质量和业务水平直接影响到口述文献收集工作，因此，一般要遵循一定的原则，采取科学的方法，以提高文献采集工作的质量。

（一）收集工作的意义

对口述文献进行主动收集是了解用户需求的一种重要方式，图书馆、档案馆等口述文献收藏机构应根据所在地区和社区历史文化的特点，加强对民族特色、地方特色口述文献的收集。艾伦·D. 斯温曾就改进图书档案工作提出建议："如果档案和图书馆想对用户进行利益的相关性和影响性研究，那么，则必须通过对口述历史进行积极的收集与开发，以寻找和识别用户所需要的资源。"① 总体来讲，口述历史收集工作具有以下几点意义。

① Ellen D. Swain. Oral History in the Archives：Its Documentary Role in the Twenty – First Century［J］. The American Archivist，2003，66（1）：139 – 158.

1. 有利于抢救保护即将逝去的口头文化遗产

从历史上看，人类历史的记录方式主要有两种：一种是文字记载，这种方式是书写性的，是可见的，也是个人化的；另一种是口述形式，即口述传播，这种方式通常是动态的、可倾听的、集体性的创作，在流传中不断改变和加工。这两种文化表达在人类文化历史上占据了很长时间，但是相较于文字，口述历史往往被人们忽略。直到新史学的到来，研究者开始意识到口述历史因在弥补正史文献记载的不足，以及展现草根历史和被忽视群体历史等方面具有重要的作用而再次受到珍视。口述文献不仅是见证人类历史的宝贵口头文化遗产，是人类文明的结晶和人类的共同财富，更是一种不抢救就会从人类文明中湮灭的文化遗产。人口较少民族口述文献不仅是无文字民族重要的文化记忆载体，也是人口较少民族文化的彰显。由于一直以来人们对人口较少民族文化的重视程度不够，许多珍贵的口述文化遗产已经消失或是因为传承人的逝去而后继无人。在现代化浪潮的推动下，会说人口较少民族语言的年轻人越来越少，一些记录本民族重要历史印记的传说故事也即将随着传承人的逝去而渐渐被遗忘。以生活在贵州与广西的毛南族为例，毛南族的傩文化以毛南族还愿仪式为载体而存在，没有文字记载，主要通过傩师的口头传授来代代相传。据调查，贵州与广西的毛南族地区仅有 4 个民间傩班，人数仅有 30 多人，其中能掌握全套傩打击乐的仅有 3 人，能雕刻全套傩面具的仅有 2 人，而能表演全套傩舞的仅有 1 人。因此，对人口较少民族口述文献的收集，实质上是抢救即将逝去的口头文化遗产，将人口较少民族的历史记忆进行有效保存，从而丰富多元化的中华文明和人类记忆。

2. 有利于丰富特色馆藏建设

一直以来，不少图书馆、档案馆等公共文化机构的馆藏建设都以纸质文献收集和加工为主，常常忽视对口述文献的收集与整理，由此导致馆藏结构单一，难以满足读者多样化的需求。一些图书馆、档案馆虽然有特色馆藏，但通常是以实物或文字资料的收集为主，口述资源建设处于"待定"状态。在信息资源同质化越来越严重的今天，口述文献资源建设已经成为丰富特色馆藏建设、提升核心竞争力的重要途径之一。首先，口述文献特色资源——口述文献具有原生性、真实性和不可重复性等特点，本身就是一种具有特色的文献资料。对口述文献进行收集，可以使图书馆、档案馆等在保存社会记忆方面的独特作用得到充分发挥，能够补充和完善已有馆藏体系的不足，提高公共文化机构在保存文化历史方面的不可替代性。其次，口述文献不仅是图书馆、档案馆等资源建设值得填补的空白，也在很大程度上拓展了服务内容和范围。传统意义上，图书馆服务所依托的主要是纸质图书，而口述文献的注入，有利于图书馆围绕口述文献开展相关的服务，如口述文献采集、口述文献借阅以及口述文献推广宣传等，为历史研究提供更加真实和多样化的参考资料。最后，口述文献建设能够更好地保存民族地方历史。口述历史通常表现为具有明显人文个性或地方色彩、有自身突出历史与文化特征的人文社会群体，将个人经历、家族历史、民族历史进行记录保存并传承给下一代，并且在民间流传广泛的故事传说、歌谣和手工艺等也被真实地记录下来，成为一个地域"活"的历史[①]。从实践来看，我国许多图书馆已经开展了口述历史的相关实践，如国家图书馆、汕头大学图书馆、温州大学图书馆、吉首大学图书馆等已经陆续开展口述历史项目，并将其纳入特色馆藏建设的重要范畴，所构建的口述资源成为特色馆藏建设的一大亮点。

3. 有利于建构人口较少民族社会记忆

按照莫里斯·哈布瓦赫（Maurice Halbwachs）提出的"社会记忆"观点，人类的记忆是基于当下的现实情况而对过去进行重新构建，因而取决于人类的需求、利益、观念等[②]。哈拉尔德·韦尔策（Harald Welzer）对社会记忆做出了定义："一个大我群体的全体成员的社会经验总和"，"感知、诠释自我的过去及自我所属之大我群体的过去，其出发点是个人与集体的自我认同，是人类着眼于未来、决

---

① 马晓晖：《口述历史与图书馆特色馆藏建设》，载《大学图书情报学刊》2007 年第 4 期，第 26～29 页。

② ［法］莫里斯·哈布瓦赫：《论集体记忆》，毕然、郭金华译，上海人民出版社 2002 年版，第 80 页。

定行动的肇始"①。从社会记忆的视角出发，人口较少民族口述文献实质上是对人口较少民族社会记忆的记录、保存和延续，从而维护了人口较少民族历史记忆的完整性。通过对个人记忆的采录，可以窥探当下人们对历史事件的理解和解构，为个人记忆和集体记忆、过去与现在之间建立沟通的桥梁，从而实现集体意识的重塑。因此，人口较少民族口述文献是各民族在长期交往、交流、交融中形成共同记忆的基础，有利于各民族形成文化自信，铸牢中华民族共同体意识。

4. 有利于满足用户的多元文化需求

从用户视角出发，在数字技术、移动终端、多媒体技术以及社交网络日益普及的今天，用户对信息的获取能力越来越强，文化信息获取渠道日益增多，传统的信息服务内容和方式已经难以满足现代用户的多元化需求。相较于纸质文献所承载的文字表达形式，口述文献通常能够通过音频、视频等形式重现历史，读者可以用倾听和观看的方式获取更多的信息，相较传统的视觉阅读，听觉能够使读者获得更为立体化的文化感知，能够满足用户对文化的多元化体验需求。此外，当代口述历史已经成为一项社会化的运动，更加强调个体对社会记忆建构的参与。而社交网络媒体的发展和普及，为个人口述历史制作提供了极大的可能和便利，现在通过 YouTube、手机 App、新媒体平台就可以实现对个体口述记忆的采集、保存和分享。从这个层面来讲，口述历史满足了大众参与文化构建的社会需求。

（二）收集的基本原则

人口较少民族口述文献收集是一项系统性和专业性较强的工作，确定和掌握一定的基本原则将有利于文献收集工作科学有序地开展。简单来讲，对人口较少民族口述文献的收集应围绕以下原则来开展。

1. 抢救性原则

做口述历史就像和时间赛跑。口述历史是承载在口述者记忆中极

---

① ［德］哈拉尔德·韦尔策：《社会记忆：历史、回忆、传承》，季斌、王立君、白锡堃译，北京大学出版社 2007 年版，第 4 页。

其宝贵的非物质文化遗产资源和历史记忆资源，然而，由于大多数口述者年岁已高，加之记忆功能随着时间的流逝逐渐衰退，如果不及时对其口述历史记忆进行抢救，将给民族文化传承的完整性带来极大的损失。因此，需要对口述历史进行抢救性采集与保护。例如，湖南图书馆开展了"寻找抗战老兵"口述历史项目，健在的老兵绝大部分已是90岁以上高龄，身体状况堪忧。截至2014年，湖南图书馆采访的140余位抗战老兵中，已有31位离世。口述历史采集工作者赵惠说，她曾联系到湘乡一位90多岁的抗战老兵，几天后赶到他家时，老人家已躺在床上不能说话了。古村落也是如此。"凤凰县有一个古村落，我们负责搜集资料的工作人员，3年前去了一次，发现很漂亮。而我们去年去现场拍摄时，已倒塌得简直不堪入目。"赵惠惋惜不已，她深切地感受到，"口述历史，是在与时间'赛跑'"①。

对于人口较少民族口述文献收集与整理更是如此。一位少数民族老者的离去，就意味着一座民族文化博物馆的消失。我国28个人口较少民族大多数只有本民族语言而没有本民族的传统文字，讲唱形式的民歌、歌谣、史诗、谚语、格言、口述历史等悠久丰富的口头传统，是这些民族的核心非物质文化遗产。随着现代化进程的加快以及族际交往的日益频繁，部分人口较少民族语言已经濒危，许多民族语言文字及以此为载体的口传文化已濒临失传。

以珞巴族为例，出生于20世纪50年代的林东是西藏米林珞巴族始祖传说的传承人。他从小耳濡目染本民族的生活习俗，直至20世纪中期，仍然与族民一起居住在高山密林中，过着刀耕火种兼营狩猎的生活。林东老人在成长的过程中，从家族长辈的口口相传中习得关于珞巴族的族群来源与历史，是一位不可多得的珞巴族始祖传说传承人。笔者曾于2019年7月赴米林南伊珞巴民族乡对林东老人进行采访，当时老人在山坡草原上过着游牧的生活，住在山间一所简陋的木房子里。老人家兴致勃勃地向笔者讲述珞巴族的历史传说，并表达了

107

---

① 《口述历史，与时间"赛跑"》，访问日期：2022年5月28日，见新浪新闻网（http：//news. sina. com. cn/c/2014－10－29/071931061209. shtml）。

对珞巴族历史传承的担忧，希望国家和社会提高对珞巴族文化历史保护的重视，能够培养出新的珞巴族始祖传说传承人。

又譬如，以鄂伦春族为例，20 世纪 80 年代，在鄂伦春族聚居区托河、甘奎、古里等地，无论男女老少，生活用语均以鄂伦春语为主。在猎民村里，无论是家庭生活，还是村寨内召集会议，完全用鄂伦春语交谈或讨论问题。当时的青少年中有 50% 经常说鄂伦春语，散居区的青少年在乡村经常使用本族语言，偶尔使用汉语。2000 年，鄂伦春民族研究会课题组在内蒙古鄂伦春自治旗 4 个聚居猎民的乡镇中，对 636 名猎民做语言使用调查，发现完全掌握并且能够熟练运用本民族语言的共有 251 人，占被调查者总数的 39.47%；19.02% 的被调查者的本民族语言水平处于中等程度；264 人完全不懂本民族语言，占被调查者总数的 41.51%。仅仅 11 年，掌握本民族语言的人急剧减少。2009 年 8 月，课题组在内蒙古鄂伦春自治旗乌鲁布铁朝阳猎民新村调研发现，该村年轻人基本不会说本民族语言，仅有少数鄂伦春族老人会说鄂伦春语，绝大多数家庭内部成员尤其是长辈与后辈之间已不能用民族语言进行日常会话。

再譬如，"活袍调"是阿昌族口述传统中最为古老的一部分，由原始宗教祭司"活袍"以经文唱诵的方式代代传承下来，也是阿昌族原始宗教信仰的重要载体。然而，调查结果显示，随着城市现代化和农村城镇化进程的加快，阿昌族传统的社会生产和生活方式发生了巨大改变，口述文化赖以生存的环境也受到一定程度的影响，擅长讲阿昌族民间传说故事的人数和听过阿昌族民间传说故事的人数都呈现减少的趋势，口述文化传统面临衰退、萎缩甚至濒危的困境。如今，在梁河阿昌族地区还能用阿昌语完整唱诵《遮帕麻和遮米麻》，并且较为熟练地掌握阿昌族宗教祭祀活动议程的活袍寥寥无几，且大多年事已高①。

随着这些民间叙述者的逝去，由他们的故事所延续的民族传统和

① 张蕾梅：《阿昌族口传文学传承发展的危机及对策——以梁河阿昌族地区"活袍调"为个案》，载《云南师范大学学报（哲学社会科学版）》2010 年第 3 期，第 117～124 页。

文化记忆面临消逝的危机。因此，只有对人口较少民族口述文化进行抢救性记录，才有可能将民族文化记忆进行永久保存与传承。

2. 针对性原则

针对性原则又称为实用性原则，体现了文献收集的方向。针对性越强，可利用率就越高，实际价值就越大。口述文献收集应对所承担的职能、服务目标和方向进行明确的定位，把握口述文献收集的方向，使其具有针对性。如美国路易斯安那州立大学确定了 T. Harry Williams 口述历史收藏的三重使命：一是通过口述历史访谈的方式来记录路易斯安那州的文化和历史；二是保存收集到的口述历史并将其提供给研究人员；三是积极开展外联活动，协助大学和公共社区成员进行口述历史研究，创建自己的项目①。对人口较少民族口述文献的收集，应立足地方，服务基层，紧紧围绕地方特色和口述历史记忆的抢救需要而进行，比如传承人口述历史、族群迁移历史、与其他民族的关系史、家族史，等等，要尽量收集与课题密切相关的典型人物和重大历史事件，对其进行口述历史采录。

3. 计划性原则

口述文献收集工作涉及人力、物力、资金、时间等诸多问题，一项口述历史项目的开展要从实际情况出发，针对本单位的性质、任务、服务对象、读者需求或地区发展需要及可能条件，确定口述文献收集的范围和种类，从短期、中期、长期目标出发，制订科学合理的口述文献收集计划，目标明确且有秩序地进行，避免盲目收集。

4. 系统性原则

对于图书馆、档案馆等口述文献保存机构而言，收集口述文献是补充和建设特色馆藏的有效途径，也是弥补文字记录不足的重要措施。然而，口述历史特色馆藏是长期积累形成的，只有持续性地收集，才能使口述文献特色馆藏保持系统性、连贯性和完整性。

---

① 钟源、吴振寰：《美国 10 校图书馆口述历史工作调查分析》，载《图书馆杂志》2019 年第 6 期，第 83～91 页。

5. 真实性原则

只有真实的口述历史才会在历史研究中凸显其应有的学术价值。口述历史之所以得到重视，一个重要的原因是它具有证史、补史作用，在复原历史方面有着其他文献无法替代的价值。按照中华口述历史研究会秘书长、中国社会科学院历史理论研究所研究员左玉河先生的观点，口述历史的真实性可分为四个层面："历史之真（客观的历史真实）、记忆之真（历史记忆中的真实）、叙述之真（口述音像的真实）、口述文本之真（根据口述音像整理的口述文本的真实）。"①由于受访者记忆的偏差和不可靠性，或者受访者出于一些特殊原因有意回避事实或是隐瞒历史实情，从而使口述历史的真实性受损。不仅口述者的历史叙述因受到各种因素干扰而降低了历史的真实性，而且在口述文本的整理中，由于整理者的主观参与，也极易导致转录抄本与原始访谈录音之间的真实性出现偏差。为了保证口述文献在收集与整理过程中的真实性，需要从访谈技巧和提问方式上确保受访者所阐述的历史为真，可通过对同一历史事件寻求不同的参与者开展口述访谈，也可通过对同一受访者开展多次访谈，以验证其口述证词是否前后一致②。

6. 全面性原则

全面性原则指对于人口较少民族口述文献的采集应全面。首先，对于人口较少民族要全面覆盖，要保证对于目前所认定的人口较少民族口述历史采集的完整性。其次，口述历史访谈对象的选定要全面，不能仅对非遗传承人或是重要人物进行访谈，应尽可能兼顾到不同性别、年龄层次、社会背景、职业、社会身份、教育背景等，以反映所选访谈对象的结构的合理性及多元性③。最后，口述历史项目主题要全面覆盖人口较少民族社会历史、文化、政治等多个领域，能够从不

---

① 左玉河：《口述历史视域中的真实性》，载《人民日报》2015 年 9 月 21 日。

② 《让口述史更加真实更有价值》，访问日期：2022 年 3 月 12 日，见中国社会科学杂志社网（http://www.cssn.cn/zf/zf_zh/201605/t20160516_3010903.shtml）。

③ 张义：《澳大利亚国家图书馆口述历史资源采集和开发利用研究》，载《图书馆学研究》2020 年第 7 期，第 79～85 页。

同维度反映人口较少民族的口述记忆，并深入挖掘其在促进中华民族文化多样性以及铸牢中华民族共同体意识方面的积极作用。

7. 标准性原则

口述历史文献收集应依据一定的标准，以便所采集的资源与其他口述资源实现共享利用。例如，我国目前对音频口述资料采集的量化极为 24bit，采样率为 48kHz。如果是音乐，其采样率则为 96kHz，所有采集的声音要求尽可能保存为无损的 WAV 格式。视频口述文献录制一般选择 1920×1085/50i 为拍摄制式，信号采样格式为4∶4∶2，视频校准信号为 100/0/1/100/彩条，音频校准信号为基准电平 + 4dBu（-20dBFS）的 100Hz 正弦波，且要求画面整洁干净，可保存为 M2TS、MOV、MPG、AVI 等高清模式[①]。

（三）收集的基本途径

口述文献收集应注重广泛性和完整性，按照图书馆、档案馆等口述文献收藏单位的文献收集职责以及人口较少民族口述文献分布的特征，对人口较少民族口述文献收集的基本途径可分为以下五种：一是收集散存在民间的口述文献；二是收集已公开的口述文献成果；三是接受捐赠或征集现有口述文献；四是与口述历史项目团队合作，协同收集口述文献；五是策划主持口述历史项目，自主生成口述文献。

1. 收集散存在民间的口述文献

由于民族研究的需要，一些专家学者与调研团队在前期对人口较少民族开展过一些口述历史和口述文献的挖掘工作，还有一些民间自发的团体和给予人口较少民族历史文化极大关切的个人也开展了相应的工作，但由于缺乏专门的保存机构，大部分口述文献仍然散存在民间。在人口较少民族日常生活中广泛流传着许多神话传说、民间故事、民间歌谣等口述文化遗产，这些文化遗产往往能够真实地反映出人口较少民族的风土民俗和人文景观，揭示其在文化、科技方面的发

---

① 雷鲁嘉：《我国少数民族口述档案的采集及其保障研究》（硕士学位论文），南京大学 2018 年。

展轨迹和共同特征，也成为了解和研究人口较少民族历史的重要资料。然而，由于一直以来尚未对人口较少民族口述文献进行专门而系统化的收集，导致大多数口述文献仍然散存于民间，成为亟待整理与发掘的文化宝藏。图书馆、档案馆等口述文献保存机构和相关文化部门应主动承担起人口较少民族口述文献的收集和整理工作，对以上散存在民间的口述历史和口述文献进行集中保存与整理，充分挖掘人口较少民族口述文献的文化价值和社会价值。

2. 收集已公开的口述文献成果

口述文献成果是口述项目的衍生品，目的在于便于用户使用，并起到传播知识的作用。收集已公开的口述文献成果主要有两种途径。一是以公开的非物质文化遗产项目和传承人名录为线索收集人口较少民族口述文献。随着国家对人口较少民族非物质文化遗产保护的日益重视，整理、挖掘和保护好人口较少民族地区的非物质文化遗产已成为当前政府文化工作的重要任务之一。例如，西藏于 2007 年就将藏东南非物质文化遗产保护视为重点工作。当前，珞巴族、门巴族已有非物质文化保护项目陆续被列入非物质文化遗产名录[1]。其中，山南传统戏剧门巴戏、传统舞蹈门巴族拔羌姆，以及珞巴族服饰、米林"珞巴族始祖传说"已经成功入选国家级非物质文化遗产名录。门巴族的山南门巴戏、墨脱石锅制作技艺、萨玛酒歌、错那勒布编织技艺以及察隅木碗制作技艺、米林珞巴织布竹排制作技艺、珞巴"博嘎"刀舞等入选自治区级非物质文化遗产名录[2]。这些非遗项目都具有活态传承的特点，蕴含其中的文化历史记忆依靠传承人口传心授日益流传下来，其中一些传承项目已经完成了视频的录制以及传承人口述历史的采集，对这些已经公开的口述文献，应竭尽全力去收集。二是以已公开的口述出版物、音像制品和视频资源为线索进行收集。这些口述文献既包括各种访谈形成的录音、录像以及口述抄本等，也包括在

---

① 《西藏加强保护人口较少民族非物质文化遗产》，访问日期：2022 年 9 月 30 日，见中国非物质文化遗产网（http://www.ihchina.cn/project_details/17418）。

② 马宁：《门巴族、珞巴族大学生对非物质文化遗产的认知情况调查》，载《西藏大学学报（社会科学版）》2012 年第 3 期，第 39～44 页。

此基础上衍生的各种口述资料，如依据一定方法拍摄的纪录片、出版的图书等，还包括口述历史项目的参考资料等①。随着国家和地方政府对口述历史采集的重视，目前已有相关的口述历史作品出版。例如，如2011年出版的《西藏的女儿：60年60人口述实录》、2012年出版的《口述当代西藏第一》、2014年出版的《口述西藏十大家族》、2017年出版的《西藏非物质文化遗产传承人口述实录》、2019年出版的《西藏改革开放口述史》等②。其中，《西藏的女儿：60年60人口述实录》记录了珞巴族舞者亚依用舞姿传承珞巴文化的人生经历③。《口述当代西藏第一》收录了珞巴族第十一届全国政协委员、米林县政协副主席前进（达雍）见证新旧历史变迁中珞巴族社会发展的经历，以及门巴族第一位全国人大代表措姆的个人成长和学习经历的口述记录④。三是收集已经出版的音像制品和视频资源中有关人口较少民族的记录。例如，《可爱的中国》第15集、第35集分别对西藏门巴族、珞巴族进行了介绍，《神秘的珞巴族》《走进林芝，探寻珞巴族村落》等纪录片也专门收录了有关珞巴族的历史文化，这些都为人口较少民族口述文献的收集提供了重要的线索与基础。

3. 接受捐赠或征集现有口述文献

图书馆、档案馆等口述文献收藏机构可以通过接受捐赠或征集现有的口述文献成果，将其作为补充和完善口述文献特色馆藏的有效途径。接受捐赠是图书馆、档案馆等文献收藏和保存机构丰富馆藏的一种经济有效的方式，既可以节省口述历史采集的成本，也可以扩大口述文献收集和利用的范围。一些研究学者和爱心人士会将自己的研究资料和成果无偿捐赠给图书馆或档案馆，一方面可以充分发挥研究资料和成果的社会价值，另一方面也能够为口述资料的长期保存寻求更

---

① 尹培丽：《图书馆口述资料收藏研究》，国家图书馆出版社2017年版，第132页。

② 冯云：《藏族口述文献述略》，载《图书馆研究与工作》2018年第1期，第19～25页。

③ 卢小飞：《西藏的女儿：60年60人口述实录》，中国藏学出版社2011年版，第157～164页。

④ 白玛朗杰、孙勇、仲布·次仁多杰：《口述当代西藏第一》，中国藏学出版社2012年版，第134页。

为妥善的保管之地。捐赠来源主要为研究学者，许多文献收藏机构通常对口述资源集以捐赠者的姓名命名。在清华大学图书馆开展的1970年代"保钓·统运"（即保护钓鱼岛的"中国统一运动"）口述历史项目中，"老保钓"周本初先生就把收藏近40年的保钓、统运资料捐赠给清华大学图书馆，丰富了该馆口述文献的收藏[①]。然而，需要注意的是，在实际口述文献收集工作中，应关注所捐赠口述文献的质量，以便符合捐赠单位的性质以及便于用户利用。例如，为了确保捐赠口述文献的质量，美国加利福尼亚大学伯克利分校班克罗夫特图书馆口述历史中心对受捐赠的口述文献做了如下规定：①所有口述资源均以免费形式直接捐赠给加利福尼亚大学；②口述历史中心仅接受数字录音，其他形式的需要数字化的录音必须支付相关费用；③捐赠的口述历史资源必须与班克罗夫特图书馆现有馆藏资源相关；④捐赠的资源必须达到一定的质量以确保其保存；⑤捐赠方必须提供由采访者与受访者双方签署的合法文件；⑥为了确保公众可以获得捐赠资源，捐赠方与接收方协商制定捐赠资源创作共用许可证（Creative Commons licenses，CC）或者公共领域声明；⑦捐赠资源必须附带有意义的元数据（受访者姓名、采访人姓名、采访时间、关键字等），以便对资源进行准确编目。[②] 以上规定有效保证了捐赠口述资料的规范性，有利于口述资料的进一步开发与利用。

此外，一些研究者和文化机构还开展了有关口述文献的收集和整理工作。例如，20世纪50年代的民族识别、20世纪60年代的村史调查、20世纪70年代的少数民族地区调查以及20世纪80年代民间文学普查和收集活动等，虽然限于口述历史采集录音与摄像设备的匮乏，尚未留下大量高质量的音频、视频口述资料，但是存留了一些以口述为主要来源的珍贵的口述笔记，成为获取口述文献收集的一个来源，可通过征集的方式进行收集。近年来，林芝地区文化部门加强了

---

① 李竟彤：《中美高校图书馆口述资源建设比较分析》，载《图书馆学研究》2019年第23期，第9～16页。

② 朱晓霞：《美国加利福尼亚大学班克罗夫特图书馆口述历史工作研究》，载《国家图书馆学刊》2018年第3期，第56～62页。

对人口较少民族文化和传统习俗的挖掘、整理和保护。为了发展具有民族特色的旅游，同时为了保护和传承珞巴族文化，林芝地区文化部门收集、整理、创作和编排了一批具有人口较少民族文化特色的歌舞节目，如门巴舞蹈《巴郎酒舞》、珞巴舞蹈《刀》、门巴民歌《门巴敬酒歌》《达玛》、珞巴民歌《加金加》等①。此外，还组织艺术编创人员不定期到人口较少民族的聚居区去采风，采集人口较少民族的音乐和舞蹈，通过基层文化活动进行交流和展示。例如，林芝地区文化广播电影电视局组织 8 支普查工作组深入 32 个乡镇、100 多个村，收集、整理的文字资料达 1000 万字，图片 2000 余张，图像资料 100 余张（盘），著作《林芝地区神话传说》已形成初稿②。对于以上口述文献，可以与相关文化部门积极取得联系，进行口述资源的共建共享。

一些研究者因为学术研究的需要对西藏人口较少民族进行了考察，并收集了大量的口述文献资料。例如，解放军干部冀文正先生被认为是"珞渝文化第一人"，他通过口述采访的形式记录珞渝地区口头文化，形成 84 万字的笔记并写下了 56 万字的日记，填补了中国文化史中珞渝文化研究的空白③。西藏自治区民族艺术研究所的王希华和西藏民族大学的陈立明教授在对门巴戏进行研究时，从 1986 年就开始多次赴错那县错那镇进行深入的考察和采风，对当地门巴族老艺人进行口述访谈，通过各种形式对门巴戏进行观摩和研究，同时采取照相、录像、录音和文字整理等方式，获得了关于门巴戏研究的一手资料④⑤。总之，图书馆、档案馆等口述文献收集与保存机构应及时

---

① 《西藏非遗保护工作迈向法制化规范化轨道》，访问日期：2022 年 8 月 26 日，见中国西藏网（http://www.tibet.cn/cn/culture/wx/201810/t20181015_6322005.html）。

② 《"西藏江南"人口较少民族文化在挖掘中焕发生机》，访问日期：2022 年 8 月 14 日，见中国政府网（http://www.gov.cn/jrzg/2009-06/29/content_1353057.htm）。

③ 《十八军老战士冀文正：无怨无悔的"珞渝情"》，访问日期：2022 年 8 月 14 日，见人民网（http://xz.people.com.cn/n/2015/0605/c138901-25133606.html）。

④ 王希华（云聪·索朗次仁）：《初探门巴戏和藏戏艺术之特点》，载《西藏艺术研究》2003 年第 4 期，第 53～55 页。

⑤ 陈立明：《门巴族民间戏剧考察——兼论藏戏与门巴戏的异与同》，载《民族文学研究》2005 年第 4 期，第 54～59 页。

关注有关口述资料的收集信息，对目前保管在各单位、社会组织和个人拍摄的有关人口较少民族的照片、录音、录像进行广泛征集，并积极获取联系，对人口较少民族文献进行收集与保存。

4. 与口述历史机构合作，协同收集口述文献

以协同合作的方式收集口述文献，口述文献收藏单位一般在口述历史项目中负责流程中的某些环节以及与其他机构的沟通与协调工作。以协同模式收集口述文献一般分为三种类型：一是与社会上其他口述历史中心合作；二是与教学、科研机构合作；三是与历史学界、社会团体、社区合作。合作采集的对象主要包含学生、社区团体、居民、志愿者、独立学者、研究机构、高等教育机构等。图书馆、档案馆等口述文献收藏机构通常需要先评估自身开展口述历史活动的条件，再进行角色定位，最后选择与其他机构合作收集口述文献的模式。如果经过自身资源整合评估后，发现人力、物力、财力以及技术等资源有限，则可以选择协同合作模式，与其他口述历史协会、科研机构等合作，以协助者的角色参与口述历史工作，协同收集口述文献，从而最大限度拓展口述文献收集的范围与内容。例如，杭州市图书馆的"水墨杭州"口述项目依靠联合电视台等单位来获取口述史料并完成纪录片拍摄，拥有丰富口述文献收藏经验的国家图书馆，号召全国各地的图书馆都参与口述文献的采集与利用工作，促进口述文献的合作共建与共享①。

5. 策划口述历史项目，自主生成口述文献

策划口述历史项目，自主生成口述文献是图书馆、档案馆等口述文献收藏单位的主动收集行为，也是自主建设型口述历史收藏的一种方式。这种方式通常是由图书馆、档案馆等口述文献收藏机构对自身资源条件进行综合评估后，如果人力、物力、财力以及技术等资源较为丰富，具备独立开展口述历史项目的条件，则由口述文献收藏机构依靠自身力量，组建口述历史项目团队，确定口述历史收集工作的主

---

① 黄娜、谭亮：《我国图书馆开展口述史项目的研究》，载《新世纪图书馆》2019 年第 4 期，第 45～49 页。

题，独立完成从方案制定、采访执行到后期处理、资源推广与利用等整个口述历史工作流程，自主生成口述文献，达到丰富馆藏、保存记忆以及创新服务的目的。例如，美国加利福尼亚大学伯克利分校班克罗夫特图书馆与加州大学洛杉矶分校图书馆都是自主建设型扩大口述历史收藏①。国内佛山市顺德图书馆依靠自主开展口述访谈完成了口述文献资源库的建设，而吉林省图书馆也是依靠自身力量分别对东北抗日联军老战士及其子女进行抢救性口述史采访，完成了"东北抗日联军专题资源库"的建设②。

值得注意的是，因受各种客观条件的限制，图书馆、档案馆等口述文献收藏机构通常采用多种途径相混合的模式进行口述文献的收集，既要在条件成熟的情况下单独采集，也要充分调动志愿者和其他社会的力量合作采集，还可以在现有调查的基础上，通过各种方式和途径征集已有的口述文献，拓宽口述文献的收藏渠道，以弥补现有馆藏的不足。

（四）收集的流程与方法

口述文献收集是一项涉及具体流程与方法的专业化工作，包括口述文献收藏工作主题及计划的确定、口述文献收集工作器材的准备、受访者的选择以及口述访谈的具体实施等诸多环节。以上环节紧密联系，相互影响，共同决定了口述文献收集工作的质量与价值。

1. 口述文献采集主题及计划的确定

选择合适的口述文献采集主题是开展口述文献收集的首要步骤，也是制订口述历史文献收集工作计划的基础。为了使口述文献价值得到充分实现，人口较少民族口述文献采集工作主题的确定应考虑以下因素。

第一，口述历史收藏机构的性质与定位。在实际工作中，当地图

---

① 钟源、吴振寰：《美国 10 校图书馆口述历史工作调查分析》，载《图书馆杂志》2019 年第 6 期，第 83～91 页。

② 黄娜、谭亮：《我国图书馆开展口述史项目的研究》，载《新世纪图书馆》2019 年第 4 期，第 45～49 页。

书馆、档案馆、博物馆、非遗文化保护机构都有可能是口述文献的收藏机构。然而，不同收藏机构的性质与定位存在差异，例如，图书馆是以口述文献保存和提供利用为主；档案馆主要用于抢救口述历史记忆，弥补历史档案记录的不足；博物馆主要将口述文献和资料向社会公众进行展示；非遗保护部门则更加关注非遗传承人和口述文化资源的抢救和保护。因此，在选择口述文献收集主题时，要充分考虑到收藏机构的类型和性质以及所在地区的具体情况，从而确定收集的范围和内容，选择优势领域开展口述文献收集工作。例如，公共图书馆可以从丰富地方文献和特色馆藏建设的角度出发，着力于收集当地人口较少民族有关历史、文化、民俗、宗教信仰、语言习惯等方面的口述文献，收集重大历史事件，包括家史、厂史、社史、村史，对经历者进行采访。采访对象可以是当地政治、经济、文化、教育等方面的代表性人物，也可以是这些活动的一般见证者、参与者；可以是当地各行各业的领军人物，也可以是平民百姓，特别是那些在城市化进程中逐渐消逝的行业的参与者、经历者[①]。通过对以上代表人物的口述采访来建立特色资源体系，扩大图书馆服务范围。

第二，体现出地方特色与民族特色。由于各个口述文献收藏机构所处的地区不同，所选择和确定的口述历史项目主题要突出地方特色与民族特色，从而起到保护与传承优秀民族文化的目的。我国不少图书馆都是从抢救与保护地方特色文化的角度出发，进行口述文献的收藏与整理。例如，杭州市图书馆对杭州民间艺人和人文方面口述文献的收集；汕头大学图书馆对潮汕地区民俗文化和潮汕地区名人访谈资料的收集等；福建省图书馆对客家口述文献的收集并建立了客家文化口述历史数据库[②]。我国人口较少民族口述文献收集主题可从当地的神话传说、民俗文化、服饰文化、手工技艺和民间歌谣等具有民族特色的口述项目中选择。

———————————

① 马丽：《公共图书馆口述史料采集工作探析——以沈阳市图书馆为例》，载《四川图书馆学报》2017年第5期，第55～58页。

② 陈方锐：《美国图书馆口述历史服务特点及启示》，载《图书馆工作与研究》2018年第4期，第5～10页。

第三，抢救口述历史的紧迫性。人口较少民族先民口耳相传留存下来的历史文化知识，通过长者或是民间艺人口述记录形成的人口较少民族口述历史，成为探寻、记录、延续和研究人口较少民族文化历史的重要资料。然而，由于缺乏及时有效的记忆挖掘与保护，导致一些珍贵的口述历史还未来得及抢救就随老艺人和传承人的逝去而湮灭。例如，基诺族是云南省人口较少民族，改革开放以来，该族群生活的地区经济得到了较快的发展。伴随着经济的快速发展和现代化的冲击，基诺族作为单一民族的特性日益消失。基诺族长老 2002 年在与民族学者座谈时就预测："鉴于中青年已不穿或压根儿不再有传统民族服装，甚至有的老年人也跟随时尚穿上西装，所以民族传统服饰有可能在 10 年左右消失；民族口碑文史及其风俗传承机制，有可能在 20 年内消失；民族传统歌舞有可能在 20 年内消失；作为民族文化载体且是民族特征之一的语言，有可能在 30 年内消失。"[1] 更为严重的是，随着时间的流逝，熟知人口较少民族历史文化的老人越来越少。例如，珞巴族始祖传说传承人林东老人，是目前唯一能够完整讲述珞巴族始祖传说的传承人。2019 年 7 月，笔者赴西藏米林南伊珞巴民族乡拜访了居住在高山上放牧老人林东，然而，很多关于林东老人的传承经历还未来得及采集，林东老人已于 2020 年 5 月辞世，这成为珞巴族历史文化传承的一大遗憾。珞巴族信奉原始巫教，在珞巴族中盛传着巫师文化，巫师被认为具有与灵魂对话的能力。珞巴族的巫师分为两种：一种是"米吉"，通过杀鸡看肝预测吉凶；另一种称为"纽布"，专门驱病驱灾。据调研，目前珞巴族的巫师寥寥无几，且都已经步入高龄，知情者的思维、听力、记忆力和表达能力都在不断衰退，无形中给人口较少民族口述文献的收集增加了难度。因此，抢救人口较少民族口述历史是一项与时间赛跑的活动，应将时间的紧迫性作为口述文献收集的一个重要评判标准，优先抢救高龄传承人和民间艺人的口述历史，以免留下无法弥补的历史遗憾。因此，应对高龄的、见证过历史的重要人物进行优先采访，尽量避免因意外而使整

① 郭家骥：《云南民族文化发展报告》，载《贵州民族研究》2004 年第 3 期，第 86 页。

个计划无法进行。

第四，以用户需求为主导。要根据馆藏情况、馆藏利用率和用户的利用需求，选择能够满足用户利用和研究需求的口述文献主题。例如，可根据人口较少民族的历史发展和区位的特殊性，确定人口较少民族历史发展、族群关系、传承人个人经历等口述文献收集主题。

第五，可执行程度。选择口述文献的收集主题时不仅要考虑是否具有文化、历史和学术价值，还需要充分考虑可行性和可操作性，以保证口述文献收集工作的正常开展[①]。除了要考虑口述文献收集主题，还需要充分考虑开展口述访谈的难易程度、受访者的身体状况以及是否愿意接受访谈、口述历史项目资金是否足够支撑整个口述文献的采集与后期处理，到达访谈地点的难易程度以及可能预见的困难等，以上也是口述文献收集工作中应充分考虑的问题。

此外，由于口述历史的跨学科和跨系统性，口述文献收集者通常不仅仅是图书馆、档案馆等机构，还经常涉及文化馆、博物馆、非遗保护部门以及学术团体和研究机构等，因此，在确定口述文献收集主题时应进行充分的调研，选择其他机构没有选定过的口述历史主题，从而避免口述文献的重复收集，造成人力、物力等资源的浪费。在确定口述文献收集主题之后，还需要确定相应的收集目标，制订一份详细且切实可行的计划，内容涉及口述文献收集的时间跨度、地点、人员组成、经费预算、预期达到的目标等，从而保证口述文献收集工作有序进行。

2. 口述文献收集工作器材的准备

在确定了人口较少民族口述文献收集主题并制订了相应的收集计划之后，接下来就要考虑开展口述访谈、进行口述文献采集的前期准备工作。其中一个最为重要的环节就是口述文献收集工作器材的准备。现代技术设备是口述历史采集的基础，器材设备的质量直接决定了口述历史采集的标准和质量。一般来讲，用于口述历史采集的现代

---

① 马云娜：《口述档案对于社会记忆建构的价值及实现过程》（硕士学位论文），东北师范大学 2014 年。

设备器材主要有话筒、录音笔等录音设备，数码相机等照相设备，用于拍摄的录影设备以及用于后期口述历史制作的计算机设备等，以保证音频、图片、视频等不同格式的口述历史资源的获取，同时起到备份和便于后期整理的作用和目的。在选择以上设备时，应注意设备器材的规格和技术参数，以保证所采集的口述历史质量。例如，用于访谈的录音设备应包括电容式麦克风和可支持多种录音和调音模式的录音笔，并准备无线接收器、防风罩、话筒杆等配件，以确保录音的音质和效果；照相设备应选用专业级变焦单反相机，一般要求有效像素在 2000 万以上，原始记录格式为 RAW（数码底片），以保证图片获取的清晰度和保真性；摄像设备应选用广播级摄像机，使用 COMS 成像技术①。此外，如果外出时间较长，还应准备好数据线，以便随时充电或转存录音文件，适当准备记录本和纸笔之类的文具用于访谈的记录。

3. 受访者的选择

受访者要根据口述历史选题的性质和目的而进行选择，根据研究者的主观判断选择合适的受访者。为了保证所采集口述文献的权威性和可信性，一般要求所选的受访者应是事件的主要亲历者，并具有典型代表性。根据人口较少民族口述文献收集的目标和任务，受访者可以选择以下几种：一是人口较少民族非物质文化遗产传承人。非物质文化遗产传承人是指"那些直接参与了非物质文化遗产表演、制作等传承工作，并愿意将自己所知道的相关知识与技能传授给后人的某些自然人或群体"②。由于非物质文化遗产拥有活态传承的特点，相较有形的物质文化遗产，其传承方式主要依靠传承人的"口传心授"③。然而，传承人身上所承载的历史文化和有关技能经验的记忆往往是不可逆的、非再生的记忆资源，如果不及时抢救，将会导致文

---

① 高建辉：《数字人文视域下少数民族口述历史资料抢救性采集方法研究》，载《图书馆》2020 年第 3 期，第 55～60 页。

② 苑利、顾军：《非物质文化遗产学》，高等教育出版社 2009 年版，第 67～68 页。

③ 冯云：《西藏非物质文化遗产传承人口述史的价值与方法研究》，载《西藏民族大学学报（哲学社会科学版）》2017 年第 6 期，第 47～52 页。

化传承的断裂以及历史记忆的消失。因此，抢救和保护传承人口述历史是非物质文化遗产保护的核心。我国人口较少民族通常拥有丰富且独特的非物质文化遗产资源，且有多项已经申报国家、自治区级非物质文化遗产名录，产生了一批非遗项目代表性传承人，对于这些传承人特别是高龄的非遗传承人，应及时进行口述记忆的采集与保存。二是重要人物，如人口较少民族领导干部与知名人士等。一般来讲，人口较少民族领导干部和知名人士是人口较少民族社会发展的历史见证者，对人口较少民族发展产生了重要影响，是典型的代表性人物。例如，可以选取人口较少民族第一位人大代表，第一位县、乡、厅级领导干部，第一位大学生，地方文化名人以及在当地历史发展过程中有突出贡献的著名人士后代等作为访谈对象①。三是人口较少民族基层群众。口述历史的精髓就在于其赋予了以往沉默群体历史发声的权利。例如，西藏和平解放之前的门巴族、珞巴族实行封建农奴制，随着西藏的和平解放，封建农奴制的废除，尤其是改革开放以来，党中央和国家极其重视人口较少民族的发展，实行了一系列旨在促进人口较少民族经济社会发展的倾斜和优惠政策，尤其是随着教育、文化机构的兴办，原来文化地位较低的人口较少民族基层群众拥有了学习文化知识的平等权利。正如英国口述历史学家保尔·汤普逊所言："口述史用人民自己的语言把历史交还给了人民。它在展现过去的同时，也帮助人民自己动手去构建自己的未来。"② 对人口较少民族基层民众口述历史的收集，尤其是不同职业和高龄的历史见证者，可以让以往沉默的历史见证者诉说他们的历史，让历史回归真实。四是人口较少民族研究者。主要指长期从事人口较少民族历史文化研究、收集与保护的研究者。例如，我国著名民族语言学专家戴庆厦先生曾多次参与我国少数民族语言的田野调查。1956 年，戴庆厦先生大学毕业不久就参加了中国历史上第一次有组织、有计划、大规模的全国少数民

---

① 高建辉：《数字人文视域下少数民族口述历史资料抢救性采集方法研究》，载《图书馆》2020 年第 3 期，第 55～60 页。

② ［英］保尔·汤普逊：《过去的声音——口述史》，覃方明等译，辽宁教育出版社2000 年版，第 327 页。

族语言调查活动。戴庆厦先生的田野调研涉及基诺语、独龙语等多个人口较少民族语言的调查。2007 年，他带队到基诺山进行基诺族的语言国情调查，其调研成果清晰展示了我国人口较少民族语言的生存活力状况，并成为后来系列语言国情调查的参考模板①。研究人口较少民族语言时，可对以戴庆厦先生为代表的权威专家优先进行口述采访。

为了保证口述访谈的正常进行，对受访者的选择还需要注意以下问题。首先，受访者与口述历史项目的相关性。所选的受访者必须和口述历史选题相关，能够提供与口述历史研究相关的实质性资料或信息。如果对当地情况不了解，则可通过田野调查、走访的形式，调查了解口述历史项目的知情人，经其互相引荐，核实后挑选出合适的访谈人选。在《口述历史在土家族挑花研究中的应用》一文中，采访者就以所获荣誉及其与挑花的渊源为线索作为筛选受访人的一个标准②。其次，受访者完成访谈的可能性。应尽量选择能够清楚表达自己思想或观点且能保证访谈顺利进行和完成的人作为受访者③。最后，多维度选择受访者。历史是多维度的，对于同一事件的回忆，不同的人会有不同的叙述，只有将不同的证词进行综合分析和相互考证，才能更加真实地记录过去。因此，选择受访者时也应遵循多维度标准，从而展现更为全面、客观和完整的历史。受访者的选择应考虑时间维度、空间维度，尤其是针对某些特定主体的口述历史项目，可以挑选不同的人作为访谈对象，通过互证与补充获取更加全面真实的口述文献。对于人口较少民族社会发展变迁口述历史项目受访者，可以选择不同历史时期和不同地域的历史见证者，同时考虑不同教育程度、职业、性别等，从而实现对同一历史事件的互补互证，还原历史

---

① 《做个"田野调查派"——戴庆厦先生与民族语言学》，载《光明日报》2022 年 8 月 1 日，第 15 版。

② 转引自郭晓蓉《论口述历史对民族服饰文化的传承保护作用》，载《文化产业》2018 年第 19 期，第 15～18 页。

③ 全根先：《口述史采访需要注意的几个问题》，载《图书馆理论与实践》2019 年第 1 期，第 10～15 页。

本来面目。有关人口较少民族地方民俗的口述历史项目，要保证受访者能够遍及社会各个层面，可以将传承人、地方文化工作者、民间信仰者、民间艺人和普通群众等作为潜在采访对象，然后再从这些人物当中选择有代表性的受访者开展访谈。

在确定潜在受访者后，应积极与他们建立联系，告知其开展口述访谈的目的以及口述访谈的主要内容、要达到的预期效果以及访谈者和受访者双方的权利和义务①。此外，还需要为每位受访者建立个人档案，记录其姓名、性别、年龄、民族、信仰、职业、可重点访谈的内容、身体状况、听说能力、家庭住址与联系方式以及是否愿意接受访谈等信息，以便约定采访的时间和地点，并就采访的相关问题随时进行沟通和联系②。

4. 拟定访谈提纲

在开展口述访谈之前，需要根据口述历史项目的主题和性质拟定相应的访谈提纲，以明确即将要开展的访谈的内容和目的。从人口较少民族口述文献收集与保护角度来讲，访谈提纲为口述文献后期的整理编目提供了重要来源，属于口述文献整理与利用的前端控制，最后应将其作为原始资料与其他访谈口述录音、影像等资料一并进行归档和整理。从某种意义上讲，访谈提纲的设定直接决定了口述访谈的问题切入点，从而决定了最终口述访谈的效果和价值。因此，根据口述历史项目主题设计科学、有针对性且全面有效的访谈提纲就显得尤为重要。在设计人口较少民族口述访谈提纲时，应重点把握以下几点原则。

一是针对性原则。访谈提纲要依据口述历史选题而定，要具有较强的针对性。对于不同主题的访谈项目，所列的问题不同，不同受访者的访谈答案也有显著的差异，要针对访谈项目和不同受访者设计有针对性和研究价值的问题。譬如在对非物质文化遗产项目传承人进行

---

① 全根先：《口述史采访需要注意的几个问题》，载《图书馆理论与实践》2019 年第 1 期，第 10～15 页。

② 吕豪杰、王英玮：《口述档案收集抢救规范化流程研究》，载《档案学研究》2015 年第 4 期，第 49～53 页。

口述访谈时，采访者在采访之前应尽可能通过非物质文化遗产传承人名录以及从当地的非遗保护部门了解有哪些传承人，通过调研初步了解传承人的年龄、性别、民族、主要生活经历、兴趣爱好与社会关系等。另外，还需要对非遗传承人当前的传承情况和传承困境做前期的研究，以便提出有针对性的问题，从而获取全面、完整而深入的记录。如果需要了解关于人口较少非遗传承保护情况，还应将非遗保护部门、研究者和普通民众作为访谈对象，设计具有针对性的问题，以全面获得对非遗保护的社会认知。

二是灵活性原则。访谈提纲问题的设计并没有固定的模式，要根据受访者和访谈目的选择灵活的提问方式。例如，由于受历史、地域所限，许多人口较少民族非遗传承人受教育程度不是很高，文化水平和表达能力有限，因此，在访谈问题的设计上不能过于高深，也不宜设计容易引起歧义的问题，应尽可能以传承人熟悉的语言和表达方式直截了当地提出通俗易懂的问题。多设计开放性的问题，不仅要设计有关传承项目的相关技艺与知识的问题，还应关注传承人的心理变化和人生感悟，从而挖掘受访者独特的人生经历和文化记忆。此外，对于敏感性的话题，应进行模糊提问，而对于涉及个人偏好等问题，则可以灵活设置，保证整个访谈能够顺畅进行。

三是聚焦项目原则。访谈提纲所列的问题应以口述历史项目主题为核心，不能偏离口述历史项目所要实现的目标。例如，在采访人口较少民族非遗传承人时，应以传承人活动的时间轴为主脉络，然后将所涉及的重要人物、重要事件、重要作品以及影响等作为子问题，再结合传承人的不同情况设计具体的系列问题①。需要注意的是，对非遗传承人的口述访谈应聚焦于其传承经历和技巧经验等，而不是个人回忆录，应尽量避免将与传承无关的所有个人经历都囊括其中，而应重点选择与传承有关的经历作为访谈的重点。

四是递进式原则。口述访谈是一个不断发现和挖掘历史细节和真

① 王磊：《浅析非物质文化遗产传承人口述档案访谈提纲的设计原则》，载《档案与建设》2019 年第 10 期，第 47～49 页。

相的过程，大多由与事件密切相关的一系列开放式问题所组成。访谈提纲的问题设计应由浅入深，循序渐进，前后问题应连贯，具有层次性和逻辑性，以便于受访者思考和做深入回答。一般来讲，首先通过自传性问题的提问获取有关受访者的基本情况，然后再过渡到描述性问题，最后通过结构性问题与对比式问题达到预期的访谈目的[1]。以西藏门巴戏传承人口述史为例，按照"以人物自身的生平发展为主线，探究其与非遗项目有关的经历"的设计思路，确定如下访谈提纲：传承人基本情况、学艺经历、传承情况、所在项目传承现状及未来发展，然后再将每一部分的问题进行细化[2]。以西藏门巴戏口述访谈拟定为例，所设计的访谈提纲如表4-1所示。

表4-1　西藏门巴戏传承人口述史访谈提纲

主题	问题举例	问题类型及目的
传承人基本情况	请您介绍一下您的基本情况，包括姓名、年龄、性别、民族、户籍、职业、宗教信仰、政治面貌、家庭成员、社会职务、所获荣誉等	自传性问题，"破冰"，营造访谈氛围
学艺经历	请问您是从什么时候在什么地方开始学习门巴戏的？当时是跟随哪位师傅学的？请简单介绍一下您的传授者相关情况，当时拜师有什么讲究和禁忌？您当时为何愿意和师傅学习门巴戏呢？当时学了多长时间？门巴戏的基本功和要领有哪些？学到什么程度才算出徒？技艺是否保密？	描述性问题，了解传承人的传承经历和个人感受

---

①　吕豪杰、王英玮：《口述档案收集抢救规范化流程研究》，载《档案学研究》2015年第4期，第49～53页。

②　王磊：《浅析非物质文化遗产传承人口述档案访谈提纲的设计原则》，载《档案与建设》2019年第10期，第47～49页。

主题	问题举例	问题类型及目的
传承情况	请问你们一般都在哪些节日和哪些场所进行表演？ 请问门巴戏开场有哪些仪式？ 请问一般有多少名演员参加演出？戏中有哪些角色？您所承担的角色是什么？ 请问门巴戏有哪些曲目？曲调和唱腔有什么特点？动作和手势有什么特点？演出会用到哪些乐器？ 请您描述一下门巴戏演出时所穿戴的服饰。 您觉得门巴戏和西藏其他地区的藏戏有什么区别？	描述性问题、结构性问题与对比式问题，了解门巴戏的形态和演出特点
所在项目传承现状及未来发展	请问现在的表演是否对传统的门巴戏有新的改编？ 请问作为门巴戏传承人，您有什么感想？如果可以，您愿意收什么样的人做徒弟呢？ 您现在手下招收了几位徒弟？平时是如何教他们的？他们的学习情况如何？	开放式问题，了解门巴戏传承情况以及未来发展

访谈提纲拟定并经审定后，要及时递送给受访者，一方面让受访者对访谈主题和内容有初步的认识和把握，另一方面还可以就受访者的实际情况对访谈提纲进行调整和修改，最终形成实施访谈的正式提纲。

5. 组建团队

高质量的口述历史项目需要一支优秀的团队作为支撑。口述历史项目团队需要根据口述历史项目的性质和规模而组建，不同口述历史项目所要求的团队成员略有差异。总体来讲，口述历史采访团队一般由下列成员所构成：项目负责人、民族问题学术顾问、导演、录音与摄像以及后期制作人员等①。考虑到人口较少民族受访者会应用到一些人口较少民族语言，因此还需要配备专门的翻译人员以及相关的志愿者。

（1）项目负责人。通常是口述历史项目的总策划，也是采访者本人或是历史研究者，负责整个口述访谈的事前研究、事中操作、事后编纂以及各种协调工作②。具体负责收集与整理与口述历史项目相关的资料，设计必要的访谈提纲，对团队采访人员进行业务培训。同时负责整个访谈过程中对受访者的提问、记录等，口述历史项目的宣传与传播等。

（2）民族问题学术顾问。通常由熟悉民族宗教、民间信仰、风俗习惯的民族专家学者所担任。学术顾问主要负责为口述历史项目的策划和具体实施提供学术研究的专业指导和建议，也可作为采访者参与访谈的全过程，参与口述历史项目的具体研究工作。

（3）导演。具体负责整个口述访谈的拍摄，在现场对录音、录像、采光等进行统一指导，并负责后期剪辑等。口述采访一般要求导演具有两年以上的工作或拍摄经验。

（4）录音与摄像。录音与摄像主要由熟知录音和摄像设备使用的成员承担，主要负责对口述访谈进行具体录音和拍摄，保证生成的口述访谈的音质和画面清晰度。一般在摄像时，为了从不同的拍摄角度拍以及避免设备出现故障，会设定主机位拍摄和辅助机位拍摄同时进行。

（5）后期制作。后期制作是为了更好地对口述文献进行开发利用，具体包括将口述访谈录音转录为抄本、对口述文献进行数字化加工与处理、制作相关主题的口述历史文献片与纪录片等，并负责口述

---

① 全根先：《口述史采访需要注意的几个问题》，载《图书馆理论与实践》2019 年第 1 期，第 10～15 页。

② 马丽：《公共图书馆口述史料采集工作探析——以沈阳市图书馆为例》，载《四川图书馆学》2017 年第 5 期，第 55～58 页。

访谈的数字化保存。

（6）翻译。主要由熟知人口较少民族语言及其历史文化背景知识的当地人所组成，对受访者和采访者两者之间的沟通能够起到良好的协调作用，协助口述历史访谈的正常开展。随着人口较少民族经济社会的发展，这些地区现已有一大批大学生，他们一般具有较高的文化素养，可以邀请当地大学生作为翻译参与口述历史项目，这不仅可以提高他们的口述历史技能素养，而且有利于培养他们对本民族文化的认同感和集体归属感。

（7）志愿者。招募志愿者已成为扩大口述历史采访团队的有效措施。以美国哥伦比亚口述研究室为例，在口述文献采集方面，通常招募有经验的采访者来策划、执行和完成口述访谈，研究室的工作人员主要负责指导和监督而不直接参与口述文献的采集[①]。招募志愿者不仅有利于提高口述历史的采集效率，而且也促进了口述历史的社会化参与。

总之，口述采访的正常完成需要有一支专业背景丰富的采访团队，且不同成员在团队中承担着不同角色，发挥着不同的作用，从而使口述历史采访保质保量地完成。

6. 口述访谈的实施

区别于一般访谈，口述历史访谈更像是一场积极主动的对话。美国著名公众史学家 Michael Frisch 提出了口述历史的"共享权威"理念，认为口述历史访谈是拥有过去经验的受访者与采访者在访谈中共同分享认识理解和构建过去的权威。受访者不仅仅是在提供信息，也是在对话中进行回忆、构建关于过去的叙述，两者是平等合作的关系[②]。因此，采访者与受访者之间的关系、采访的时间与场合、提问题的方式与问题本身都会影响口述历史访谈的效果和质量。美国口述

---

① 王鹏、范智新：《美国口述历史工作的特点及启示》，载《中国档案》2019 年第 6 期，第 76～77 页。

② 《公众史学、口述历史与数字人文——第三届中国公众史学高校师资论坛》，访问日期：2022 年 8 月 18 日，见浙江大学人文学院网（http://www.ch.zju.edu.cn/2019/0911/c22566a165 8937/page.htm）。

历史协会在 2018 年修订的最新的《口述历史通用原则与最佳实践》（*OHA Principles and Best Practices*）中指出："采访者与受访者之间的动态协作关系是口述访谈的重要特点。采访者基于事先的调研和准备向受访者进行提问，受访者根据自己的判断，选择相关且有意义或适合分享的内容完成访谈。尽管采访过程受双方影响，具有主观特性，但其本质仍是周密的准备和遵循既定流程的学科。"① 正如美国人类学家玛乔丽·肖斯塔克所言："访谈是两个人之间的互动：处于特定生命时段、具有独特人格特征和兴趣取向的一个人，回答由另一个处于特定生命时段、具有独特人格特征和兴趣取向的人所提的一组特殊的问题。"② 口述访谈的目的是通过深入了解受访者对某个问题或某个事件的认识、看法、感受和意见，从而去寻找对社会现象或社会行动意义的更深理解③。为了使采访者和受访者之间建立良好的互动关系，采访者应掌握口述访谈的基本方法和技巧。

（1）联络受访者。在工作团队组建后，需要提前与受访者进行联络，建立彼此的信任关系。由于访谈是一场人与人之间关系的互动，因此，采访者和受访者之间建立良好的信任关系是开展口述访谈的重要前提。作为采访者，只有以诚相待，才会获得受访者的信任，让受访者讲述最真实的历史。在开展口述访谈之前，需要对受访者的人生阅历和个人性格有所了解，做有准备的访谈，让受访者体会到开展访谈的诚意。例如，在做"中共新疆党史人物"丛书时，需要对有过 1962 年中印边境西段自卫还击作战经历的人做访谈，采访者到甘肃天水访问战斗英雄周世仁和常务本，因为在这之前对他们的情况做了详尽的了解，当受访者了解到采访者已经知道他们都受到过毛泽东、周恩来等党和国家人的亲切接见，也知道采访者做了大量的准备，而不是盲目地开展访谈时，他们高度配合参与采访，使口述访谈

---

① OHA Principles and Best Practices［EB/OL］.［2022-10-22］. https://www.oralhistory.org/principles-and-best-practices-revised-2018/.

② ［美］玛乔丽·肖斯塔克：《"什么不会随风而逝"：〈尼萨〉创作谈》，见定宜庄、汪润主编《口述史读本》，北京大学出版社 2011 年版，第 224 页。

③ 李向平、魏扬波：《口述史研究方法》，上海人民出版社 2010 年版，第 92 页。

取得了良好的效果①。此外，开展口述访谈初期，要真诚地告知受访者采访的内容和目的，按照受访者的方便程度约定采访的时间和地点，同时要尊重受访者的人格和隐私。尤其是人口较少民族受访者，大多都有着特殊的风俗习惯和禁忌。例如，珞巴族人认为万物有灵，因而村中的神石不能手摸，不能搬动，更不能坐于其上。锡伯族十分注重礼仪，也有一些禁忌，比如睡觉时脱下的裤、鞋、袜等不能放在高处；不能在炕上横卧；不能从衣帽、被子、枕头上跨过；吃饭时不能坐门槛或站立行走，严禁拍桌打碗；递刀给别人时要刀尖朝自己，刀把朝对方；忌食狗肉；族内同姓禁止通婚；等等②。对于这些民族风俗禁忌，在口述访谈中要十分注意。

如果条件和时间允许，尤其是对于行动不便的年长者，最好可以亲自拜访。如果不方便，也可以使用邮件、信函等方式，向其详细说明口述采访的课题名称、目的、采访原因、采访提纲及简要说明，并征求受访者的意见③。此外，为了保障受访者的权益，还应对著作权和隐私保护进行告知，如采访录音、录像、文字、图片等的著作权归属及相关法律文件（如授权协议书等），征求受访者对口述采访公开发表的时间、内容与方式等方面的意见，以及其是否同意图书馆、档案馆等收藏单位进行公开使用，对公开使用的方式和时间是否满意，是否愿意将口述访谈内容进行网络公开等。

（2）进行预访。所谓预访，是指非正式访谈，是采访者与受访者的初次见面，其目的是通过非正式的提问相互认识、交流感情，为正式访谈建立前提与基础。采访者在预访阶段尽量对受访者的主要经历和当前生活状况，及其谈吐、身体健康状况及精神状态，对访谈的态度等有所了解，告知受访者访谈的内容与目标，并与受访者及时协商修改和完善访谈提纲，并就正式访谈的时间、地点和内容等与受访者进行确定，以及就访谈协议或访谈授权书等双方意见不一致的地方

———————————
① 当代上海研究所：《口述历史的理论与实务：来自海峡两岸的探讨》，上海人民出版社 2007 年版，第 24 页。
② 张记彪：《中国民族风俗》，北京企业管理出版社 2014 年版，第 145 页。
③ 尹培丽：《图书馆口述资料收藏研究》，国家图书馆出版社 2017 年版，第 148 页。

进行适当的修正和完善①。最后，双方应互留电话、微信以及邮箱等联系方式，以便就有关事宜随时进行沟通与联系。

（3）正式访谈。正式访谈也称现场访谈，是口述文献收集工作的核心环节。在正式访谈开始之前，采访者需要就采访地点、时间与受访者进行再次确认，需要检查相关录音、录像设备的运转情况，包括电源和磁盘空间等，并确保提前到达采访地点。采访地点应选择受访者熟悉的环境，如受访者的家中、常去的场所等，尽量选择远离噪声源或有其他干扰的场所，以确保受访者注意力集中。到达采访地点后，要对相关设备进行调试，包括拍摄机位的布置、灯光的使用以及光照等，确保现场录制人员准备就位等。待一切准备就绪后，方可正式进入访谈阶段。为了能够保证访谈取得良好的效果，采访者应掌握相关的访谈技巧。

第一，学会提问。好的问题和切入点是访谈的关键，可按照先前列好的访谈提纲进行提问。保持中立态度，表述问题应简单明确，以挖掘事实为导向，始终把握主题和方向，尽量按照时间顺序或事件发展的脉络提问②，引导受访者尽可能陈述历史事件和活动事实。

第二，学会倾听。耐心倾听能够有效地与受访者建立信任关系。大多数采访者总结出一个使口述访谈顺畅进行的关键就是学会倾听。台湾学者总结了采访者要遵守的"五不原则"，即不多话、不插嘴、不强加自己的观点、不反对或争辩、不访问完立即离开③。倾听既是对受访者的尊重，也可以让受访者沿着他自己的思路完整地陈述事实。采访者应尽量将注意力集中在受访者要回答的问题上，及时对其回答进行回应，使用点头、微笑或合适的肢体语言给予受访者认可和鼓励。另外，还应留心观察受访者的非语言动作，如表情、肢体动作

---

① 吕豪杰、王英玮：《口述档案收集抢救规范化流程研究》，载《档案学研究》2015年第4期，第49～53页。

② 夏雨雨：《口述历史人物访谈工作实践——以湖南图书馆抗战老兵口述历史工作为例》，载《图书馆》2018年第3期，第95～98页。

③ 陈俊华：《"创造史料"的图书馆——口述历史在地方文献工作中的应用》，载《图书情报工作》2007年第5期，第130～133页。

等，善于捕捉非语言信息所表达的含义。

第三，恰当的追问。当发现新的信息点，或是遇到含糊不清、不懂的问题，或发现之前忽略或遗漏的重要信息点，如事件、关键人物、年代、人名、地名或其他专有名词时，应在保证不干扰受访者情绪和思路的前提下进行恰当的追问①。

第四，保持尊重和信任。美国口述历史协会制定的《口述历史通用原则与最佳实践》强调："口述历史从访谈阶段到保存、使用和公众访问的过程中，都必须本着尊重叙述者及其所在社区的原则，要遵循道德规范，尊敬对方的文化价值观、认知方式或观点。"② 美国佛罗里达大学塞缪尔·普罗克托口述历史项目（The Samuel Proctor Oral History Program，SPOHP）负责人保罗·奥尔蒂斯（Paul Ortiz）声称："成功的访谈在很大程度上取决于采访者对叙述者的信任和理解程度。礼貌和同理心是这个过程的一部分。"③ 口述历史访谈是受访者的情感再现，有时难免会触碰到受访者的隐私，这时采访者应该充分尊重受访者，如果触及不便透露的历史情节，应该按照受访者的意愿进行处理。此外，每一个受访者都有其独特的文化背景，从而形成了独特的文化身份，尤其对于人口较少民族口述历史来讲，由于有一些特殊的民族文化禁忌，或许会涉及敏感事件，采访者应充分考虑并尊重受访者的文化身份和文化敏感性。

第五，做好风险控制。访谈过程中应当做好风险控制，这里的风险控制是指在访谈过程中由于受访者情绪波动或机器设备出现故障而采取的应急措施④。一是访谈中断问题。这种情况通常表现为受访者因情绪突变或是身体出现状况而导致访谈难以继续进行，访谈意外中

133

① 夏雨雨：《口述历史人物访谈工作实践——以湖南图书馆抗战老兵口述历史工作为例》，载《图书馆》2018 年第 3 期，第 95～98 页。
② OHA Principles and Best Practices［EB/OL］.［2022 - 10 - 22］. https://www. oralhistory. org/principles - and - best - practices - revised - 2018/.
③ Establishing an Oral History Project［EB/OL］.［2022 - 10 - 22］. http://oral. history. ufl. edu/research/tutorials/.
④ 吕豪杰、王英玮：《口述档案收集抢救规范化流程研究》，载《档案学研究》2015 年第 4 期，第 49～53 页。

断。此时需要仔细观察受访者的情绪，并及时进行引导，以免受访者出现情绪波动。如果是年事已高的受访者，因身体状况不佳而使访谈难以继续，可以终止访谈，重新约定访谈的时间。二是设备故障问题。如果是因为录音、录像等设备故障而使访谈无法正常进行，应及时采用预案措施，调试备用设备，及时进行现场补救。

7. 访谈结束后

正式访谈结束后，除了采访者向受访者真诚地表示谢意，双方还需共同签署《口述史料采集协议书》以及相关的口述访谈授权书，并进行合影留念等。此外，还应告知受访者所收集到的口述访谈录音、录像、照片等资料后续的处理问题，询问其是否同意保存机构公开使用等[①]。为了保存口述文献的完整性，可以向受访者及其家人征集与口述访谈主题相关的个人手稿、信件、照片等口述资料，以便能够全面反映受访者的经历与社会背景。需要注意的是，对于这些辅助材料的征集，仍需要和受访者签订必要的法律协议，以保护受访者的隐私和知识产权。总体来讲，访谈结束后，还要着手开展以下工作。

（1）记录访谈信息。当访谈结束后，应准确记录和核对口述历史访谈信息，如口述历史项目名称、采访者、口述者、采访时间、采访地点、访谈时长、访问次数、资料类型等[②]，以便为后期编目提供资料依据。

（2）转录文字抄本。为便于后续研究与利用，口述访谈一旦结束，就要尽快将口述音频、视频文件转换为文字稿，以免采访者对访谈中需要核对和修正的内容记忆模糊。转换后的文字稿必须以原始录音为依据，最好由参与口述访谈的采访者独立或相互配合完成。因为采访者亲身参与了口述访谈全过程，对受访者的语言习惯和叙述最为知晓。一般来讲，根据转录文字抄本与原始访谈录音的准确匹配程度，文字抄本可分为原始抄本和编辑抄本两种类型。其中，原始抄本

---

① 雷鲁嘉：《我国少数民族口述档案的采集及其保障研究》（硕士学位论文），南京大学 2018 年。

② 马丽：《公共图书馆口述史料采集工作探析——以沈阳市图书馆为例》，载《四川图书馆学报》2017 年第 5 期，第 55～58 页。

是指完全按照原始录音逐字进行转录的抄本，如实记录了口述访谈中所有的语言和声音，包括重复的话语、无意义的连接词以及停顿等[1]。原始抄本最大限度地保留了口述访谈的真实性和完整性，通过原始抄本，可以研究和分析原生态的个人记忆和心路历程，通常可用于提供编纂依据以及历史学、民族学等研究。编辑抄本是根据实际使用的需要，对原始口述访谈内容进行一定的修订和增补，为了方便读者理解而添加各种注释和说明，使其成为更符合大众阅读的书面语。例如，选择性地去掉口语痕迹，对某些地名、人名或时间等表述错误的地方以注释的方式进行更正。编辑抄本相较于原始抄本更具有清晰性和可读性，通常可用于公开出版和传播。

在转录过程中，选择原始抄本还是编辑抄本，应视具体情况而定。一般来讲，口述访谈转录抄本应尽量与原始访谈录音保持一致，因为原始抄本能够提供最为丰富真实的访谈细节，从文化记忆保存的角度看，原始抄本可以将最为真实的个人记忆进行保存；从学术研究的角度看，即使原始抄本过于口语化，或是由记忆的不可靠性导致的历史叙述的偏差，在个别极端情况下，受访者不敢或不愿意就某个问题作答而保持沉默，但是这种停顿同样也是有价值的。人类学家认为，人们通常在面对不确定性或是含混不清的情况时，就不可避免地采用各种方式为其状态构造情境，从而使他们所遵循的方式在其文化背景中得以正当化[2]。因此，即使是冗长、烦琐、停顿或是出现记忆偏差的表述，实际上也是受访者当时心理情境的一种真实反映，是另一种个人记忆的建构过程，同样具有研究价值。

口述文字稿的转录需要耗费大量的时间和精力，也会出现许多问题，如转录文件不清晰、因受访者使用方言或是非通用语言表达所造成的转录困难等，对转录者的专业背景知识和耐心是一种极大的考验。为了使转录抄本最大限度地接近原始录音访谈，采访者在适当的

---

① 陈墨：《口述历史门径实务手册》，人民出版社 2013 年版，第 300 页。

② ［美］威廉·A.哈维兰等：《文化人类学：人类的挑战》，陈相超、冯然等译，机械工业出版社 2014 年版，第 132 页。

时候可对受访者进行回访，以确定其之前讲述模糊的地方。此外，要根据实际情况，谨慎对待转录。如果访谈中出现和主题完全无关的话语、反复强调的语句以及涉及敏感的问题，则需要权衡谨慎对待。

（3）口述访谈结束后的文献整理。在口述访谈结束后，应将整个流程的相关文献资料进行整理与保存。一般来讲，口述历史项目结束后的文献资料包括三部分内容：一是法律类文献资料，包括采访者与受访者的法律与伦理声明，采访团队成员保密协议，文献采集、收藏与使用协议（特指通过口述历史采访所得之新形成的文献），文献收集与使用协议，著作权授权书等；二是工作过程中产生的文献资料，包括受访者基本信息表、工作团队成员基本信息表、拍摄日期、场记单等；三是工作成果类文献资料，包括收集文献目录、提交资料清单、元数据表单、口述史文稿等[①]。对于以上资料，应进行全面系统的整理与保存，以便备案和查阅。

二、人口较少民族口述文献的分类

分类是人类认识世界的一种思维方式，也是一种基本方法。所谓分类，是指通过一定的规则将具有某种共同属性的个别事物集中起来，表明这些个别事物共有的一种概念。按照《图书馆学概论》的解释，文献分类是指"把登录过的各种文献，根据文献的学科主题与内容范围，利用文献资料分类法，将文献分门别类地组织起来，使每种文献在本馆所采用的分类法体系中占有一个适当的位置和号码"[②]。《文献分类学》则认为："文献分类就是以文献分类法为工具，根据文献所反映的学科知识内容与其他显著属性特征，运用文献分类规则，分门别类地、系统地组织与揭示文献的一种方法。"[③] 从以上概念可以看出，文献分类的本质是将内容相同的文献集中起来，对内容不同的文献进行区分，从而使馆藏形成一个逻辑体系，便于读

[①] 全根先：《口述历史后期成果的评价问题》，载《图书馆理论与实践》2019 年第 1 期，第 5～9 页。

[②] 吴慰慈、董焱：《图书馆学概论》，北京图书馆出版社 2002 年版，第 185 页。

[③] 俞君立、陈树年等：《文献分类学》，武汉大学出版社 2015 年版，第 2 页。

者利用。对口述文献进行分类，一是有利于图书馆、文献收藏机构等对口述文献进行分类排架，二是有利于建立分类检索系统，便于读者对口述文献进行检索利用。常用的文献分类法有体系分类法（如《中国图书馆分类法》）、分面分类法（如《冒号分类法》）、体系－组配分类法（如《国际十进分类法》）等[1]。随着网络信息技术的发展，由于对网络信息资源组织的需要，又产生了网络信息分类法，其基本功能是通过对部分网络信息的标引，建立网络信息分类导航系统，以提供浏览式的分类查询[2]。口述文献因其产生源头与口述历史项目主题不同，在内容上有所区分，因此，应依据特定的分类方法对其进行分类。

（一）国内外口述文献分类方法的比较研究

为了全面了解目前国内外对口述文献的分类原则与方法，笔者选取国内外部分口述历史网站和数据库进行调研与分析，以期为人口较少民族口述文献分类提供借鉴与参考。国外口述历史网站和数据库主要选取较具有代表性的美国加利福尼亚大学伯克利分校班克罗夫特图书馆口述历史中心、哥伦比亚大学口述历史中心、美国民俗生活中心口述历史项目以及美国佛罗里达大学塞缪尔·普罗克托口述历史项目。国内则主要选取吉首大学土家族口述史料数据库、汕头大学图书馆口述资料库、清华大学 1970 年代"保钓·统运"口述历史数据库、温州大学图书馆民俗学文献与温州地域文化特色资源数据库，以及楚雄师范学院图书馆西南彝族口述历史资料数据库等。

1. 口述文献分类的国外研究

（1）班克罗夫特图书馆口述历史中心[3]。设立在美国加利福尼亚

---

① 俞君立、陈树年等：《文献分类学》，武汉大学出版社 2015 年版，第 3 页。

② 赵宪元：《文献分类法与网络信息分类法比较分析》，载《国家图书馆学刊》2004 年第 3 期，第 86～88 页。

③ The Bancroft Library University of California Berkeley ［EB/OL］．［2022－08－26］. Oral History Center（https：//www. lib. berkeley. edu/libraries/bancroft-library/oral－history－center）.

大学伯克利分校的班克罗夫特图书馆口述历史中心是世界上较早开展口述历史文献收藏与整理的机构之一，该中心收集了不同主题领域的4000多个口述历史访谈。该中心主要对口述项目主题进行分类，包括倡议与慈善个人访谈、艺术与文学个人访谈、非洲裔美国教职员工、加州大学农业与自然资源、加州大学伯克利分校田径运动、旧金山艾滋病、海湾大桥、生物科学与生物技术等近60个主题。考虑到口述历史几乎涵盖了人类的所有领域，该口述历史中心认为采用特定的分类方法非常具有挑战性，因此直接采用主题分类的方式逐项列出口述历史访谈资源，以便用户能够利用搜索引擎直接访问所对应的口述历史项目。为了便于用户使用，该口述历史中心会不定期地发布口述历史项目指南，即对口述历史项目进行内容概括，以便用户了解口述历史项目的梗概再进行检索。为了满足不同用户的检索需求，该口述历史中心网站提供两种基于口述历史资源的检索方式：简单检索与高级检索。其中，简单检索所提供的检索字段主要有受访者姓名、访谈者姓名、项目主题、访谈主题或是一般主题词等，可使用户实现一键式检索；高级检索可通过对受访者、关键词、题目、访谈者、出版时间、全文关键词之间的布尔逻辑组配来进行限定性的检索，以实现对特定口述资源的访问。除了提供口述历史访谈录音外，该口述资源数据库还整合了其他类型的口述资料，如书籍、日记、期刊、报纸、文件、信件、手稿和照片等，以便满足用户多样化的需求①。

（2）哥伦比亚大学口述历史中心（Columbia Center for Oral History，CCOH）②。美国哥伦比亚大学口述历史中心由历史学家艾伦·内文斯（Allan Nevins）于1948年创立，该中心拥有口述访谈资料数量超过1万个，是美国最大的口述历史馆藏之一。哥伦比亚大学口述历史中心早期的口述采访基于历史研究的需要，仅着重对政治和政府领域的杰出领导人进行采访，随后采访对象的范围逐渐扩大到慈善组

---

① 王玉龙：《基于案例分析的美国口述历史档案资源网络开发与利用》，载《档案与建设》2017年第2期，第21～24页。

② The Columbia Center for Oral History [EB/OL]. [2022 – 08 – 26]. https://library.columbia.edu/libraries/ccoh.html.

织、商业、广播、出版、电影制作、医学、科学、公共卫生、法律、军事、建筑和艺术等领域的知名人士。该口述历史中心所提供的口述历史资源主要按照口述历史项目、标题和主题进行分类，且对所有口述历史项目按照英文首字母进行了索引排序①，以便用户浏览。哥伦比亚大学口述历史中心门户网站支持快速检索和高级搜索。在每个页面的顶部，均有一个简化的检索框，允许按集合中的术语以及布尔运算符进行搜索。其中，快速检索以一站式检索框呈现，主要执行以下5种检索途径的组合：一是图书馆目录。包括图书、期刊、美国政府信息、在线资源与视频等。二是篇名。包括期刊文章、电子书、论文等。三是学术共同体。包括哥伦比亚大学数字存储库的所有馆藏。该存储库收集了哥伦比亚大学及其附属机构教职员工、学生和员工的学术工作和研究成果，共计 2.3 万余份文档。四是图书馆网站。包含有关哥伦比亚大学图书馆的信息，以及图书馆开放的时间和位置等。五是地理数据。主要用来搜索哥伦比亚大学图书馆的空间数据以及使用地理限制的其他几个机构的口述资源集合。高级检索通过布尔逻辑组配检索词实现对口述资源集合检索的规范和限制。

（3）美国民俗生活中心（The American Folklife Center，AFC）口述历史项目。美国民俗生活中心于 1976 年成立，隶属于美国国会图书馆。该民俗生活中心旨在通过民俗项目研究、文献记录、档案保存、参考服务、现场表演、展览、出版和培训等方式全面记录、保存和呈现美国民俗生活文化②。该民俗生活中心所开展的口述历史项目涉及美国民俗生活的多个领域，并逐渐形成了独具特色的口述资源，如民权历史项目（Civil Rights History Project）、职业民俗项目（Occupational Folklife Project）、退伍军人历史项目（Veterans History Project）和洛马克斯家族项目（Lomax Family Collections）等，并在项目开展过程中采集了大量的口述文献。美国民俗生活中心的馆藏主要保

---

① Columbia Center for Oral History：Collections by Project：All Projects ［EB/OL］. ［2022 – 08 – 26］. https://oralhistoryportal. library. columbia. edu/project. php.

② About the American Folklife Center ［EB/OL］. ［2022 – 08 – 26］. https://www. loc. gov/folklife/aboutafc. html.

存在民俗文化档案馆中，现拥有约 2700 种藏品，其中包括超过 15 万条的访谈录音记录和 300 多万条目。目前，出于著作权保护的目的，美国民俗生活中心仅提供部分精品收藏的在线访问，包括音乐、故事的音频样本，以及珍稀的信件、照片的数字图像和一些珍贵的视频剪辑等①。然而，同样出于对著作权的保护，只有部分口述资源提供目录记录和查找辅助工具，对于涉及隐私或受访者不愿公开的口述录音，则不能在线访问和获取，用户需要到美国国会图书馆的阅览室去借阅。该民俗生活中心口述历史资源的分类途径主要有三种：一是标题，主要针对个人口述访谈；二是主题，主要针对通用主题、各州以及文化团体等；三是地理，主要针对地区和国家。②

（4）美国佛罗里达大学塞缪尔·普罗克托口述历史项目（The Samuel Proctor Oral History Program，SPOHP）③。塞缪尔·普罗克托口述历史项目是一个以人名命名的口述历史项目，该项目于 1967 年由塞缪尔·普罗克托博士创立，主要任务是"收集、保存和促进社会各界人士的生活史"，现已成为美国具有典型代表性的口述历史项目。该口述历史项目收集了各个领域 6500 多个访谈，包括各种媒体上的采访记录，保存在佛罗里达大学的 Smathers 图书馆数字馆藏的近 2000 件的卡带与数字藏品，以及超过 15 万页的采访记录。该口述历史中心以项目为依托，开展不同领域的口述历史收藏与研究。以下 6 个口述历史项目为目前重点开展的领域：非裔美国人历史项目（The African American History Project，AAHP）、美洲的拉美/侨民项目（Latinao Diaspora in the Americas Project，LDAP）、退伍军人历史（Veterans History Project，VHP）、密西西比自由项目（Mississippi Freedom Project，MFP）、美洲原住民历史项目（Native American His-

---

① Online Collections and Presentations ［EB/OL］. ［2022 – 08 – 26］. https://www. loc. gov/folklife/onlinecollections. html.

② Finding Aids to Collections in the Archive of Folk Culture ［EB/OL］. ［2022 – 08 – 26］. The American Folklife Center（https://www. loc. gov/folklife/guides/findaid. html）.

③ Samuel Proctor Oral History Program ［EB/OL］. ［2022 – 08 – 26］. https://oral. history. ufl. edu/collections/.

tory Project，NAHP）以及佛罗里达同性恋历史项目（Florida Queer History，FQH）①。塞缪尔·普罗克托口述历史资源收集与整理主要围绕以上 6 个主题进行分类，供用户获取使用。

2. 口述文献分类的国内研究

（1）吉首大学土家族口述史料数据库。吉首大学图书馆对土家族濒临失传的优秀口传文化资源进行了抢救性挖掘，对散佚于各地的土家族濒危口述史料进行了系统性的征集、整编与研究。为了促进土家族口述文献的永久性保存，吉首大学图书馆创建了"土家族口述史料数据库"。该数据库按照口述文献类型分为三个模块：口述历史、口述实物和口述文字。口述历史主要由"序号、名称、简介"三部分构成，介绍了挑花、民居、茅古斯、滴水床、傩戏、土家语、造纸技艺、土家刺绣、土家花灯等土家族传统文化；口述实物由"序号、名称、类型"三部分构成，介绍了土家族木雕、竹编、摆手堂、民居、土王祠、土家寨门等实物；口述文字由"序号、题名、作者、来源、类型、发表时间"所构成，内容是有关土家族口述历史的系列研究成果。同时，在主页上提供了有关各类型口述资源的检索途径。例如，口述历史提供的检索途径为"名称"与"简介"，口述实物提供的检索项为"名称、类型、简介"②。总体上讲，该口述史料数据库主要是按照口述资源类型对口述历史文献进行分类，而二级类目的分类只是有关土家族口述传统的简单的罗列，条目之间逻辑性较为缺乏。随着口述资源的增加以及数据库资源的补充和丰富，这种分类将不利于用户的检索利用。最为重要的是，该口述史料数据库对口述资源的呈现方式主要以文字为主，尚未有音频、视频等其他格式的口述资源，这在一定程度上降低了口述历史数据库的价值和利用效能。

---

① 张亚宏：《美国佛罗里达大学 Samuel Proctor 口述历史项目研究与启示》，载《图书馆》2018 年第 3 期，第 89～94 页。

② 《土家族口述史料数据库》，参见彭燕、张心悦等《图书馆特色数据库建设实践与探索——以"土家族口述史料"数据库为例》，载《四川图书馆学报》2021 年第 2 期，第 24～28 页。

（2）汕头大学图书馆口述资料库。汕头大学图书馆通过访谈的形式获取口述资料，不断丰富馆藏特色数据库建设，至今已构建侨批数据库、汕头埠老街市多媒体数据库、潮学电子书、潮学论文库、潮汕音像数据库、潮汕图片数据库、潮汕简报数据库、潮汕地方志、潮汕民俗数据库、潮州歌册数据库、潮汕契约文书、口述资料库 12 个子库，以文字、图片、音频、视频等多种类型资源展示和传播潮汕文化。然而，其子库"口述资料库"的建设仍处于空白状态①。

（3）清华大学 1970 年代"保钓·统运"口述历史数据库。清华大学图书馆于 2007 年 9 月开始收到周本初教授及其他当年参加运动者捐赠的大量相关刊物、资料和文献，并进行整理，同时启动"保钓""统运"参与者的口述项目。2011 年，该项目获得中国高等教育保障体系（China Academic Library & Information System，CALIS）特色库的资助。目前，该项目已访谈 70 余人。口述访谈节选视频记录了参与者当年的经历和心路历程。但由于访问权限设置，该数据库暂时无法访问。

（4）温州大学图书馆民俗学文献与温州地域文化特色资源数据库。该数据库以温州大学的省重点学科民俗学、民俗特藏库、民俗博物馆为基础，开展民俗学文献资源采集、数字化以及信息服务。同时采集温州及周边地区主题突出、特色鲜明、类型多样的文化资源，为民俗学专业人士、民俗研究者、研究机构及高校提供资源共享、统一检索及高水平信息服务平台。数据库按资源形式分成 8 个子库，有学位论文库、电子图书库、视频资源库、音频资源库、图像资源库、网络资源库、书目数据库、非物质文化数据库等。其中，音频资源库主要收集了与温州有关的音乐、访谈录音、学术研讨会录音，而其中最有特色的是温州大学民俗学专业研究生对非物质文化遗产传承人的访谈。目前该数据总量为 50 个音频，采用国际通用的 MP3 格式。但由

---

① 《汕头大学图书馆口述资料库》，访问日期：2022 年 8 月 27 日，见汕头大学图书馆潮汕特藏网（http://cstc.lib.stu.edu.cn/）。

于受校园网访问限制，该数据库暂时无法访问①。

（5）楚雄师范学院图书馆西南彝族口述历史资料数据库②。彝族有着灿烂悠久的传统文化，其许多珍贵的非物质文化遗产都是依靠口耳相传的形式流传至今。为了系统地收集和整理西南彝族口述资料，实现不同机构的资源共享，楚雄师范学院图书馆建立了西南彝族口述历史资料数据库，该数据库也是楚雄师范学院图书馆馆员高建辉主持的国家社会科学基金课题"西南彝族口述历史资料搜集整理及其有声数据库建设"的研究成果。在经过大量调研和论证后，该数据库为彝族西南口述资源构建了层次清晰、逻辑严密的分类体系。按照资源体系设计的科学性、合理性与适用性要求，确定了以"通用学科主题—彝族特色主题—数据格式"为彝族口述历史资料数据库资源分类的方案，并在此基础上形成了三级资源目录体系。一级目录采用了通用学科主题分类法，通过模块化处理分为历史与政治、语言与文学、歌谣与艺术、科技与教育、哲学与宗教、礼仪与习俗、相关资源7个模块。二级目录采用了民族特色主题分类法，从反映民族特色的角度对相应的类目进行调整。例如，将数量较少的彝族克智并入语言文字类，将数量较多的彝族歌谣与艺术并为一级目录，以凸显其重要性③。三级目录主要采用数据类型分类法，以便在数据库前端显示数据类型，如文字、音频、视频等。此外，"相关资源"则涉及其他文字、音频、视频、图片、图书、报刊、论文、网页等资源，从而使不同数据类型的资源在不同的页面进行呈现。在检索功能上，该数据库在主页右上角提供了一站式检索框，同时提供了高级检索选项，通过文献类别与题名、来源、版权所有者、关键词、内容提要、责任者、采访者、口述者、演唱（奏）者、资源格式、语种、方言类型、主

---

① 《民俗学文献与温州地域文化特色资源数据库》，访问日期：2022 年 8 月 26 日，见温州大学图书馆网（http://lib. wzu. edu. cn/info/1148/3516. htm）。

② 《西南彝族口述历史资料数据库》，访问日期：2022 年 8 月 27 日，见楚雄师范学院图书馆网（http://yzksls. cxtc. edu. cn：8081/node/307_2. jspx）。

③ 高建辉：《彝族口述历史资料数据库的资源体系构建研究》，载《西昌学院学报（社会科学版）》2019 年第 2 期，第 1～4 页。

题分类、地点、整理上传者、口述者详情等字段的布尔逻辑组配来实现资料检索，同时还可以对检索结果的年代范围和搜索结果显示条数进行限定。可以说，该数据库具有较为科学的分类体系和完备的检索功能，可以为其他人口较少民族口述文献分类和数据库构建提供良好的借鉴。

此外，云南民族大学图书馆为了做好口述文献的组织与呈现工作，便于用户查找和利用，采取了纲举目张的方法，以民族为纲，将口述文献从题名、内容、受访者姓名、整理者、题材、来源、载体形式、保存地点等方面进行客观著录与揭示，参照我国图书馆广泛采用的"中文文献编目规则"与"机读格式目录"的有关要求，将口述文献编目并录入图书馆文献信息集成系统，建立主题标引与分类标引，设计相关检索点，对接图书馆 OPAC（开放的公共查询目录）网页，使读者实现通过一次检索便可以在检索结果中获得包括口述文献在内的所有相关文献信息[①]。

3. 国内外口述历史数据库的比较研究

通过对国内外口述历史数据库的调研可知，国外口述历史数据库主要依托口述历史项目，多采用主题分类法对口述资源进行分类，以便用户直接检索到所需的口述资源。对于数量较多的口述历史资源，通常会制定相应的口述历史项目指南，以便用户了解口述历史收藏的总体情况以及最新收录情况。有的口述历史网站还会按照英文字母顺序对口述资源做好索引，依据主要人物和口述项目名称编制摘要，并标出录音时间轴上的位置，以便用户在网站上进行检索和浏览，查找自己所需的资源。此外，国外口述历史数据库通常拥有较为成熟的检索功能，分为简单检索和高级检索，通过在检索框输入受访者姓名、访谈者姓名、项目主题、访谈主题等就可以检索到所对应的口述历史资源。高级检索可通过对受访者进行不同检索词的布尔逻辑组配来实现对检索范围和内容的限定和控制，以访问特定的口述资源。除了提

---

① 陈涛：《高校图书馆口述文献整理与利用实证研究》，载《图书馆研究与工作》2019 年第 7 期，第 20～22 页。

供口述历史访谈录音，大多口述历史网站还提供与之相关的其他类型口述资料，如书籍、文件、日记、报纸、杂志、信件、手稿和照片等。

相较于国外，我国口述历史数据库开始的时间较晚，在数据库的分类方法、检索功能的实现以及口述历史资源的展示等方面还有诸多不成熟的地方，总体来讲，主要有以下四个方面：一是分类方法与质量参差不齐。有的口述历史数据库资源丰富，功能结构较为完善，分类丰富且较为科学。然而，我国大部分口述历史数据库资源较少，结构功能较为单一，分类体系杂乱无章或仅提供简单的分类，可操作性较为欠缺。二是检索功能较为单一。大部分数据库仅提供题名、受访者等途径的简单检索。有些数据库是将口述历史资源纳入图书馆文献信息集成系统，仅有少量数据库对高级检索功能进行了探索，但要实现全文检索功能还存在一定差距。三是口述历史资源展示较为单一。一些口述历史网站仅提供文字方面的介绍，另一些口述历史数据库虽提供音频和视频，但存在无法播放的情况。除了个别数据库，大部分口述历史数据库与其他类型的相关资源链接得较少，难以满足现代用户对口述历史探索的需求。四是资源更新较为迟缓。一些口述历史数据库虽然已经搭建了整体的架构，但其中仍有很多栏目存在资源不足甚至处于空白的状况，大部分口述资源较为陈旧，并未进行实时更新。

通过以上对国内外口述历史数据库调研的比较分析得知，国内口述历史数据库在分类体系上与国外有较大的差别，且在数据库的建设与管理方面存在较大的差距。究其原因，主要有主、客观两方面因素。主观上，缺乏对分类体系进行科学严谨的调研和思考是导致口述历史文献分类不合理的重要原因。客观上，一般口述历史分类方法多由口述历史项目的性质而定。国外口述历史关注的主题面较为广泛，尚未采用特定的分类方法对其进行分类，而仅从便于用户检索和利用的角度对其进行主题分类，并辅以便于检索的索引或指南。国内口述历史项目通常具有特定性，比如特定的主题、特定的民族或是特定的知识门类，且数据库的构建大部分由图书馆来完成，其多沿用图书馆传统分类方法进行分类。在数据库建设与管理方面，大部分数据库存在功能不完善以及管理滞后等问题，原因主要在于经费、人力和物力的欠缺和匮乏。国外口述历史项目通常有着强大的经费支持，有多种经费来源，如政府或学校的财政支持、基金或项目经费支持以及营利性收入等。而国内口述历史项目经费来源较为单一，有些是依托经费有限的科研项目支持，有些则仅仅依靠图书馆特色资源建设经费的一小部分，这些都难以满足口述历史采访、收集以及数字化的需要。

综上所述，借鉴国内外口述历史文献分类以及数据库构建经验，我国人口较少民族口述历史文献分类应根据其独特性探索制定特定的分类依据和原则，从用户的实际使用需求出发，构建科学合理的分类体系。

（二）口述文献分类的基本原则

我国人口较少民族口述文献分类需要依据一定的分类原则，以便用户更好地利用口述资源。一般来讲，对口述文献进行分类应遵循以下基本原则。

1. 用户导向原则

口述资源建设的最终目的是便于用户使用，应构建以用户为导向的口述资源分类方法。在传统的 Web1.0 时代，用户与网络之间是简单的"人—机"单项信息传递模式，大多数情况下，网络资源按照树状分类进行组织，采用分类导航的模式为用户提供检索途径，用户只能按照网络资源的树状分类层层往下点击来查找自己所需要的信息，这种方式是一种被动的信息资源利用[1]。Web2.0 借助于 Tag、Blog、Wiki、RSS 等形式，与用户之间的交互更为明显。在 Web2.0 环境下，用户既是网络内容的使用者，也是网络内容的制造者，用户与网站之间是双向的交流和参与过程[2]。正如 O'Reilly Media 创办人蒂

---

[1] 董永梅：《非物质文化遗产资源分类探析》，载《图书馆建设》2012 年第 9 期，第 35～38 页。

[2] 鞠福琴、徐至明等：《从自由分类法看网络信息的分类组织》，载《情报探索》2008 年第 5 期，第 6～7 页。

姆·奥莱利（Tim O'Reilly）所言："Web2.0 强调使用者可以控制自己拥有的信息或资料，且 Web2.0 的核心精神为关注使用者层面。"①从 Web1.0 到 Web2.0，标志着网络已由传统的、单向的、面向操作的技术平台逐渐向互动的社会化空间转变，使得用户在制造、浏览、共享信息内容的同时，也开始对信息资源的组织与分类进行新的尝试。

2. 易用性和实用性

用户能否方便、快捷地在网站或数据库中检索到所需的口述信息资源是衡量该网站或数据库分类体系是否成功的重要标准。口述资源分类的易用性表现在用户能够简单快捷地查找到所需的口述资源，实用性则表现在所查找的口述资源与用户的需求相匹配。在构建口述文献分类法时，首先，要选择能表达口述项目的主题词作为类目名称，为了便于用户检索，应尽量选择符合大众认知水平的自然语言词汇；其次，在类目划分上，应采用多重列类、多元划分和多角度展开的方法，以满足读者从不同角度进行检索与浏览的需求②；最后，加强用户与口述资源之间的关联，以用户关系为中心，构建用户—资源关联网络，在语义层面对口述资源进行内容挖掘和关联，促进口述资源的应用和创新。

3. 系统性和逻辑性原则

分类体系要符合口述历史资源的特点，从口述历史收集的全面性考虑，既要重视涵盖人口较少民族口述传统文献，也要重视对人口较少民族社会发展变迁重大历史事件见证者的口述历史采录，还要注意普通民众的口述记忆的记录和保存。同时，要考虑到以文字、图片、音频、视频等多种方式对人口较少民族口述历史进行展示，增强人口较少民族口述资源的实用性，提高其利用价值。此外，各级资源和层级目录的设置要考虑到该类资源的数量和相对价值，尽可能将内容相

① 张云中：《基于形式概念分析的 Folksonomy 知识发现研究》，上海世界图书出版公司 2016 年版，第 1 页。
② 董永梅：《非物质文化遗产资源分类探析》，载《图书馆建设》2012 年第 9 期，第 35～38 页。

近或同一属性的类目进行合并，内容极少的类目可以放置于其他类目的下一级类目之中①。

（三）口述文献分类的基本依据

口述文献属于文献保存机构特色馆藏的重要组成部分，对其进行科学严谨的分类，一方面有利于将无序、异构的文献遗产资源进行有序化，加强对口述文献资源的管理，另一方面有利于对口述文献资源进行开发与共享，增加其利用价值。

文献分类通常具有一定的分类标准和依据，我国图书馆界在长期的业务实践中积累了丰富的分类经验。目前，我国使用最广泛的分类法是《中国图书馆分类法》，另有《中国科学院图书馆图书分类法》《中国人民大学图书馆图书分类法》等②。然而，从类型上看，口述文献既有文本格式的资源，又有图片、音频、视频等其他类型的资源，由于构成类型的多元化，已经难以用图书馆传统的纸质资源分类法对其进行统一分类。目前国内外还未就口述历史文献形成统一的分类标准，因此，亟须探索适合于我国人口较少民族口述文献特征的分类标准与依据。

对于少数民族口述文献的分类，已有学者进行了初步的探索。高建辉等以彝族为例，对少数民族口述历史资料的分类方法进行了探讨，认为少数民族口述历史资料常用方法主要有两种：单一分类法与复式分类法。其中，单一分类法共有 11 种，分别为来源、表现形式、地域、通用学科主题、口述对象属性、记录形式和载体类型、口述的语言、口述者的方言或支系、时间、口述者、民族特色主题等。在实际工作中，通常需要将几种分类法组合起来进行使用，形成复式分类法。复式分类法主要可分为三种类型。第一种为"通用学科主题—民族特色主题—文件类型"复式分类法。该分类法能够全面反映口

---

① 高建辉：《彝族口述历史资料数据库的资源体系构建研究》，载《西昌学院学报（社会科学版）》2019 年第 2 期，第 1～4 页。

② 吴慰慈、董焱：《图书馆学概论》，北京图书馆出版社 2002 年版，第 185 页。

述文献资源的总体概况，在实际中主要用于少数民族口述历史数据库资源体系的构建。其中，通用学科主题反映了某一类主题的口述历史资源，民族特色主题为口述资源采集者和建设者提供了资源的内容主题，而文件类型则描述了口述资源的载体类型，以全面反映口述资源的不同文件格式。第二种是"人物—内容针对的年代—保存地点—资源形式"复式分类法。该分类法以口述历史项目的受访者为线索，主要用于对重要典型人物的口述进行采集，以集中反映重要历史人物在特定历史年代的个人经历[1]。第三种是"来源—收集时间—主题"复式分类法。该分类法主要用于图书馆、档案馆等机构，以了解某一少数民族口述资料的收集情况，使资料与其来源之间保持紧密的联系，便于用户以主题和来源为线索对口述文献资源进行查找和利用。一些学者对无文字民族口述档案的分类也进行了相关研究。例如，段睿辉等尝试对云南民间散存的无文字少数民族口述档案进行分类，将其分为五类：①历史起源类。指通过口传诗歌、经文、传说等能够反映民族迁徙和发展、家族世系源流以及大事记的口述档案。②文化科技类。指少数民族先民们创造的丰富璀璨的科技文化成果，如诗歌、传说、故事、技艺以及各类非物质文化遗产等。③宗教伦理类。指少数民族特有的宗教信仰及伦理道德准则等。④民风民俗类。指少数民族特有的贯穿其生产劳动和日常生活的风俗习惯。⑤其他。指其他涉及少数民族具有保存价值的口述档案。[2] 以上学者对少数民族口述文献分类的探讨为我国人口较少民族口述文献分类提供了重要的参考与借鉴。

（四）人口较少民族口述文献分类的具体方法

确定人口较少民族口述文献的种类并依据特定的分类方法对其进行分类，是实现对口述文献进行科学管理与利用的关键。参照国内外

---

[1]　高建辉、邱志鹏：《少数民族口述历史资料的来源、特点和分类方法研究》，载《图书馆理论与实践》2019 年第 10 期，第 20～24 页。

[2]　段睿辉、段华梅：《云南民间散存无文字少数民族口述档案集中保护研究》，载《山西档案》2015 年第 3 期，第 100～103 页。

149

有关口述文献分类的具体实践并借鉴已有关于少数民族口述文献分类的理论成果，结合人口较少民族口述文献的特点，笔者认为，我国人口较少民族口述文献可按照以下方法进行分类。

1. 单一分类法

（1）按通用学科主题进行分类。可分为历史起源类、文化科技类、宗教伦理类、民风民俗类、民族语言类、生产劳动类、地域资源类以及其他口述文献。其中，历史起源类主要涉及人口较少民族历史起源方面的口述文献。文化科技类主要指人口较少民族创造的优秀文化科技成果，如门巴族的木器制作、藤编、造纸以及石锅制作技艺等，珞巴族的服饰制作技艺以及编织技艺等。宗教伦理类主要指人口较少民族的宗教信仰和在日常生活中形成的道德伦理准则。民风民俗类主要指人口较少民族的风俗习惯。例如，门巴族将每年藏历四月十五日定为"萨嘎达瓦"节，并在这天举行祈求丰年的祭祀活动[1]。对于珞巴族来说，其传统节日具有神娱和自娱的特点，其中"洞更谷乳木"和"旭独龙"是米林珞巴族典型的传统节日[2]。民族语言类是指人口较少民族的本民族语言。这里要区分人口较少民族的语系和分支。例如，西藏珞巴语属汉藏语系藏缅语族，语支尚无归附，因其部落或村庄较多，由此形成不同的方言，如博嘎尔话、邦波话、博日话、凌波话、巴达姆话、崩尼话、布瑞话、民荣话、苏龙话、义都话等[3]。生产劳动类主要指人口较少民族传统生活和生产的方式，如门巴族传统的刀耕火种、狩猎、游牧生活以及竹木器制作等现代手工业。地域资源类是指人口较少民族所居地区的自然资源。如珞巴族所居地喜马拉雅山麓有丰富的森林资源和牧场资源以及珍稀的动植物资源，鄂伦春族所居地（位于我国东北地区）有丰富的林场资源等。

---

① 马宁：《门巴族非物质文化遗产及其保护》，载《西藏研究》2008 年第 3 期，第 56～63 页。

② 王静雯：《现代化背景下珞巴族社会文化的变迁——西藏林芝地区米林县南伊乡琼林村的调查》，载《四川民族学院学报》2015 年第 3 期，第 36～40 页。

③ 李德洙、丹珠昂奔：《中国民族百科全书（6）藏族、门巴族、珞巴族卷》，世界图书出版西安有限公司 2015 年版，第 777 页。

（2）按来源进行分类。按来源可分为实地采集、正式出版物、个人私藏、机构保存以及互联网资源等。实地采集是指通过口述访谈所采集的口述资料，一般依托口述项目而进行。一些口述文献可以直接从正式出版物中获取，如人口较少民族的民间文学、民间音乐、民间舞蹈等文化成果。此外，也可从个人或研究机构征集以及从互联网获得有关人口较少民族的口述文献。

（3）按口述者进行分类。按口述者可分为非遗传承人口述史、行业人物口述史、社区居民口述史以及家族口述史等。非遗传承人口述历史主要记录有关人口较少民族非遗传承人的传承经历和个人心路历程等，目的是抢救和保存非遗历史记忆。行业人物口述历史主要记录在人口较少民族社会发展变迁过程中起到巨大推动作用的典型代表人物的历史记忆，以反映人口较少民族社会历史发展进程。社区居民口述历史主要记录有关人口较少民族社区发展的历史，以记录和保存社区文化和族群记忆。家族口述历史主要记录家族或族群生活历史细节。不同的族群有着不同的历史记忆，对族群记忆进行追溯有利于保存人口较少民族历史记忆，丰富中华民族文化记忆宝库。

（4）按记录形式和载体类型进行分类。人口较少民族口述文献可分为文字、图片、录音、录像以及多媒体资源等。此外，其他相关资源还包括期刊、书籍、文件、日记、报纸、信件、手稿和照片等。

（5）按口述者的方言或支系语言进行分类。以门巴族为例，门巴语属于汉藏语系藏缅语族藏语支，大致可分为两种方言，一种是错那门巴话，另一种是墨脱门巴话，两种语言具有较大差异。历史上，藏族的宗教文化和其他文化对门巴族产生了较大影响，因此门巴语中有 30% 是藏语借词①。

（6）按口述历史项目主体进行划分。口述历史的跨学科属性使得口述历史项目的开展时常有多个主体，如图书馆、档案馆、历史研究机构、科研团体、口述历史协会组织以及其他民间力量等，因此，

---

① 李德洙、丹珠昂奔：《中国民族百科全书（6）藏族、门巴、珞巴族卷》，世界图书出版西安有限公司 2015 年版，第 738 页。

可按照口述历史开展时的不同主体对其进行分类。

（7）按地域进行分类。可按照人口较少民族口述历史项目开展的地域进行划分，如我国门巴族主要聚居于错那县勒布沟、察隅县西巴珞巴族自治村、米林南伊珞巴民族乡、墨脱县达木珞巴族自治乡、隆子县斗玉珞巴族自治乡等。怒族主要聚居于云南省怒江傈僳族自治州的泸水（原碧江县）、福贡、贡山独龙族怒族自治县和兰坪白族普米族自治县，以及迪庆藏族自治州的维西县和西藏自治区的察隅县等地。

（8）按时间进行分类。可按照口述文献采集和形成的时间进行划分，也可按照口述内容所反映的时间进行分类和整理①。

2．复式分类法

在实际对口述文献进行整理和管理的过程中，我们通常采用几种分类方法组合的形式对其进行复式分类，以便构建便于读者检索利用的口述文献资源体系。

（1）民族—学科—主题—文件类型。少数民族口述资料一般采用"民族—学科—主题—文件类型"的复式分类法。该分类方法可用于人口较少民族口述文献数据库的资源体系构建。先按民族将人口较少民族进行分类，再将其按照所属学科类别将其分为历史、政治、文学、宗教、民俗等。学科类别下可再进行细分，如文学之下可再分民间故事、史诗、传说等。传说之下再分音频、视频和文字等类型。文件类型分为文本、图片、录音、录像以及网络多媒体资源等，以便在网页界面对不同类型的口述资源进行展示。

（2）口述者—年代—保存地点—资源形式。该分类方法主要以人物为线索，着重反映特定口述者在某个年代的口述资源收集与保存情况，以便对重要历史人物的口述资源进行完整的保存与展示。例如，彝族毕摩（祭司）李品学讲述自己上学经历的相关口述历史资

---

① 高建辉、邱志鹏：《少数民族口述历史资料的来源、特点和分类方法研究》，载《图书馆理论与实践》2019年第10期，第20～24页。

料，其复试分类为"李品学—1954 年至 1964 年—楚雄师范学院—录音"①。

（3）来源—访谈主题—时间形式。该分类法的优点是在于使口述资源和保存机构之间的关系比较明了，便于按照来源进行归类和编目。

需要注意的是，复式分类并没有统一的标准。除以上复式分类法之外，还可根据不同的使用需求构建不同的复式分类法类型。

三、人口较少民族口述文献的编目

（一）口述文献编目的内涵

所谓口述文献编目，是根据一定的标准与规则，对口述文献的内容与形式特征进行分析并做记录，根据口述文献的物理特征和内容特征给予标识，编制成各类款目，按照一定的原则与方法将各类款目排列组成各类目录的过程。口述文献编目工作，一方面，从便于用户使用的角度出发，可为读者提供多种检索途径；另一方面，从文献资源管理的角度出发，对口述文献馆藏进行科学管理，同时有利于与其他收藏机构实现口述文献编目资源的共享与利用。

不同于传统的纸质印刷文献，口述文献编目对图书馆或档案馆编目人员来说是一个新的挑战。2013 年 10 月，在美国俄克拉荷马州召开的口述历史协会年会上，口述文献编目几乎成了最热门的讨论话题②。2004 年，南希·麦凯（Nancy Mackay）对美国口述文献编目问题进行了调查，得出结论：与印刷资源不同，大部分口述文献并未得到及时编目，处于积压状态。分析其原因，她认为口述档案编目需要注意以下问题：一个或者一组访谈的主要款目是什么？什么类型的员工适合做口述历史编目工作？如何进行固定字段的编码？口述历史是

---

① 高建辉、邱志鹏：《少数民族口述历史资料的来源、特点和分类方法研究》，载《图书馆理论与实践》2019 年第 10 期，第 20～24 页。
② 尹培丽：《口述档案编目问题初探》，载《高校图书馆工作》2018 年第 1 期，第 26～31 页。

否应该划分为传记、地方史及其他？是否存在适合口述历史的类表？什么类型的规范头标区是恰当的？向哪些从事过口述历史编目的编目员普遍征询意见？[①] 直到现在，口述文献编目一直都是研究者探讨的重点。而口述文献一经产生，便面临进行编目整理和进入使用阶段的紧迫性。因为对口述文献编目工作的搁置，既不利于及时就相关问题向口述者和记录者进行确认，导致出现因时间久远带来记忆偏差问题，也不利于口述文献进入资源管理与使用的生命周期。

（二）口述文献编目的特点

总的来说，口述文献编目之所以引起文献编目员的困扰，主要缘于它是一种特殊的文献收藏，具有与传统文献不同的某些特质，主要体现在以下四点。

第一，口述文献的格式较为复杂，载体形态呈现多样性特征。与传统的纸质印刷文献不同，口述文献往往是多元化的，既包括口述访谈收集的音频、视频资料，还包括"现场"产生的其他介质的资料，如采访现场照片、采访提纲、采访手记、授权协议书等[②]。此外，还包括其他相关辅助资料，如老照片、旧手稿、旧书信等。

第二，目前尚未有统一的专门针对口述文献通用的编目规则。口述文献作为一种特殊的资源类型，在某种程度上兼具图书、声像资料以及手稿等资源的特征，不仅难以用传统的印刷资料编目方法对其进行编目，也难以将其作为传统档案完全按照档案编目的方法对其进行编目。

第三，著录信息源的获取较为复杂。首先，相较于传统印刷文献，口述文献并没有固定明确的"书名页""版权页"，编目人员需要依据口述文献的形式和内容特点挖掘著录信息源，如题名、著者、出版时间、出版地、载体形式等。其次，口述文献著者方式呈现多样

---

① Nancy Mackay、尹培丽：《口述历史编目》，载《图书馆研究与工作》2018 年第 1 期，第 5～12 页。

② 尹培丽：《口述档案编目问题初探》，载《高校图书馆工作》2018 年第 1 期，第 26～31 页。

化特征。口述文献具有音像资料的特点，其创作者包括受访者、访谈者、导演、摄影师、录音师以及记录者等，因而很难确定选择哪一位责任者作为编目工作的主要标目，从而导致对检索点的确定产生分歧。最后，口述文献著录需要"前端控制"。所谓前端控制，是指口述历史工作者在采访录制过程中，要有保藏的基本常识，更要有编目意识，使录音、录像、照片、文字及其他资料的著录说明符合档案要求，以便于未来集中归档①。具体地说，就是对录音、录像、照片、文字等不同文件，要有意识地进行准确及时的著录，著录信息包括采访者、受访者、采访地点、采访时间、采访主题、摄像师、录音师、著录者等②。

第四，口述文献之间往往存在较强的关联性。口述文献通常包括文字、音频、视频、多媒体等多种资源类型。因此，一个口述历史条目的编目不仅包括对口述转录抄本文字的编目，还应考虑使相应的音频、视频与其对应，将反映同一主题的不同类型的资源进行关联。同时，还应注意单个口述历史访谈与整个口述历史项目以及整个馆藏之间的联系，因此对于编目款项之间关联性的考量极为重要。

正因为口述文献和传统纸质文献编目存在诸多不同，具有明显区别于传统纸质印刷文献的编目特点，所以亟须探索适合口述文献特征的编目方法和规则。

（三）口述文献编目的基本原则

口述文献编目必须遵循一定的原则，才能保证有计划、科学而系统地构建一个完整的目录体系，从而有效揭示口述文献的内容与形式特征，为用户提供有效的检索途径。口述文献编目工作应遵循以下四项基本原则。

1. 及时性原则

口述访谈一经结束，就需要对相关的口述文献进行整理，在第一

---

① 苏日娜、林毅鸿：《〈口述历史编目手册〉书评》，载《高校图书馆工作》2017 年第 1 期，第 55～59 页。

② 陈墨：《口述历史门径实务手册》，人民出版社 2013 年版，第 296 页。

时间进行编目和整理工作。及时性原则可规避因口述文献编目滞后而出现的诸多问题。其一，可以避免因时间久远导致受访者、访谈者和记录者记忆模糊，对口述访谈相关细节产生记忆偏差，从而导致后期对口述访谈内容确认的不准确性；其二，口述文献是鲜活的历史史料，及时性的编目工作可以在第一时间使口述文献进入读者利用环节，提高口述文献的利用价值；其三，可以使口述文献及早进入共享环节，避免出现不同收藏机构对口述文献重复收集和保存的情况。

2. 一致性原则

口述文献编目要依据口述文献的形式和内容特征进行，所描述的款项，包括题名、著者、来源、出版时间、载体形式等，应与口述文献的呈现形式保持一致，保证为读者提供客观、真实、有效的检索款项。此外，所应用的编目原则应该和国家标准或是国际标准保持一致。

3. 客观性原则

相较于传统印刷性文献编目工作，口述访谈因其载体形式、创作者来源的多元性，往往需要编目人员根据口述文献的性质对其著录款项进行选择和描述，而在此过程中，编目人员经常带有主观性。客观性原则是指口述文献编目时要依据口述历史访谈的具体内容，不能夸大或任意篡改口述访谈，要保持口述文献形式和内容描述的客观真实性。

4. 关联性原则

口述文献因其类型的多样性，同一个口述历史项目的文本文件可与音频、视频、多媒体等资源类型相关联，也可与其他相关的参考资料相关联。与此同时，同一专题口述历史项目之间也可能存在相互关联性。因此，口述文献编目应考虑到口述历史资源类型与内容的相互关联性，从而使用户能够最大限度地获取有用且全面的信息。

（四）口述文献编目的基本依据

对于口述文献编目，国内外口述历史研究者和实践者都进行了研究和探索。这些探索不仅集中在国际档案领域，而且也是各国图书馆口述历史实践的重要内容。20世纪90年代以来，对于口述文献编目问题，人们已经取得了一系列研究成果，并在各实践领域初步形成了口述文献编目的依据和方案。以下是有关口述文献在国内外的实践、研究与探索，以期为我国人口较少民族口述文献编目提供参考与借鉴。

1. 国外口述文献编目的依据

目前关于口述文献编目具有普遍指导意义的是档案学界出台的《口述历史编目手册》。为了规范口述档案的编目，1995年，出于对口述历史编目问题的关注和思考，在美国档案学会（Society of American Archivists，SAA）的推动下，马特·马里恩结合口述历史档案的特点，编制了《口述历史编目手册》（*Oral History Cataloguing Manual*，OHCM），从而为口述文献编目工作提供了可供借鉴的范本和指南[1]。OHCM编制的初衷在于对档案编目基本特点的准确把握。其一，编目不仅要关注档案的内容或形式特点，还应考虑资料来源与相关主题；其二，对于复合型档案资料的编目，特别是由多个来源组成的某卷宗，则需要根据档案内容撰写目录与摘要，而不能直接以标题页或是便签内容作为参考来源[2]。马里恩认为，口述历史编目首先要遵循档案编目的两个基本特征，在此基础上保留口述历史资料独特的知识形态特征。OHCM将口述文献编目的著录层级（Unit of Description）分为三个等级：馆藏级（Collection Level）、项目级（Project Level）与访谈级（Individual Level）。所谓馆藏级，是指将所有口述文献进行统一编目，以便从总体上反映整个口述文献的收藏状况；所谓项目级，是指按照口述历史项目类别对其进行信息内容的揭示与描述；所谓访谈级，是指将具体的单个口述历史访谈作为独立著录单元进行描述。在具体编目过程中，选择哪种层级的编目方式取决于口述文献的具体收藏情况。若是成系列的口述历史项目，则采用收藏级别

---

① 尹培丽：《口述档案编目问题初探》，载《高校图书馆工作》2018年第1期，第26～31页。

② 苏日娜、林毅鸿：《〈口述历史编目手册〉书评》，载《高校图书馆工作》2017年第1期，第55～59页。

和项目级别进行集中编目；若是单独的口述历史项目，则选用分散编目。条件允许的图书馆既可以同时进行集中编目和分散编目，以便满足用户对图书馆口述文献总体收藏情况的了解需求，同时也可以让其对感兴趣的口述文献进行深入的了解和访问。

同时，OHCM 还分别对不同著录层级进行了必要的"前端控制"。这就要求口述档案工作者在采访录制过程中，要有保藏的基本常识，更要有编目意识，让录音、录像、照片、文字及其他资料的著录说明符合档案要求，便于未来集中归档①。OHCM 的另一个主要特点是从访谈的角度论证了档案编目方法与口述历史编目兼容的可能性，提出了口述历史著录的"5W 原则"（Who，What，Where，When，Why），即至少包括以下信息项：①类型说明（如口述历史访谈）；②受访者姓名；③访谈时间；④数量或范围的声明，包括载体形式；⑤采访者姓名；⑥访谈语种；⑦采访性质、内容和范围的概要；⑧使用限制；⑨口述项目或收藏机构名称②。

OHCM 在填补口述历史编目规则的空白方面具有十分重要的意义，在一定时间内为口述历史编目工作提供了依据和参考，在一定程度上推动了图书馆和档案馆口述文献编目的标准化进程。然而，OHCM 的编目规则更适用于对档案的处理，因为其对内容的描述和对同一来源资源的描述非常详尽，但从某种程度上讲，它并不完全适合口述文献的编目。而且，随着时间的流逝和编目技术规则的更新，其所依据的 APPM2 已经被新版的 DACS 和资源描述与检索（Resource Description and Access，RDA）编目规则所取代，OHCM 存在的较为突出的适用性局限问题日益凸显。

结合国外图书馆领域口述文献编目的具体实践和研究，对口述文献的编目归纳起来主要有两种方案：一是采用机读目录（Machine-Readable Cataloging，MARC）格式在本地目录系统或 WorldCat 中进行著录，将口述历史资源嵌入图书馆 OPAC 中，生成专门的口述文献目

---

① 陈墨：《口述历史门径实务手册》，人民出版社 2013 年版，第 296 页。
② 尹培丽：《图书馆口述资料收藏研究》，国家图书馆出版社 2017 年版，第 167 页。

录；二是建立专门的口述历史资源库，依据非 MARC 的特定元数据方案，如都柏林核心元数据（Dublin Core，DC）、编码档案著录（Encoded Archival Description，EAD）等，对口述历史资源进行描述与组织。

2. 国内口述文献编目的依据

随着口述文献实践在我国图书馆、档案馆等文献收藏机构的逐步展开，我国图书馆与档案学界对口述文献编目问题进行了初步的探索。档案学界从档案整理和记忆保存的角度思考了口述文献编目方法，并产生了一些值得借鉴的经验与做法。为了适应我国口述文献采集与管理工作的需要，2017 年，国家档案馆颁布了行业标准《口述史料采集与管理规范》（DA/T 59—2017）。该标准对采集规划（包括采集范围、采集主题、采集方案）、采集流程（包括确定口述者、采集准备、采集实施、采集整理）、口述史料的收集方式、口述史料的保存与管理以及利用等方面做了较为明确和详尽的规定，并在文后附有规范性附录《口述史料采集协议书》《采集信息表》以及《口述史料机读目录数据库机构及字段一览表》[1]，为我国人口较少民族口述文献整理与编目提供了有益的参考。

国内图书馆界虽然已经开展了各种形式的口述文献收藏与整理工作，但尚未就口述文献编目形成统一的标准。总体而言，不同类型的图书馆从口述文献保存与利用的角度出发，对编目方法进行了探索，并初步形成了一些理论成果。例如，吉首大学在遵循《国际标准书目著录》《中国图书馆分类法》《中国文献编目规则》等普通文献著录格式基础上，根据土家族口述史料的特征、元数据标准、词汇控制等确立了土家族口述历史史料编目规则与方法，制定了《土家族口述历史史料编目细则表》[2]。该细则不仅为土家族口述史料编目与整理确立了标准，同时成为供其他口述文献编目参考的案例。

---

[1] 《口述史料采集与管理规范》（DA/T 59—2017），访问日期：2022 年 9 月 20 日，见 http://www.saacedu.org.cn/war/webfile/upload/2017/12-27/16-01-030268-166115682.pdf。

[2] 彭燕：《文化传承视角下土家族口述史料编目研究》，载《图书馆学研究》2019 年第 3 期，第 68～77 页。

（五）人口较少民族口述文献的具体编目

口述历史资源一旦转换为数字对象，就需要对其进行编目与标识，以便用户更好地获取与利用。编目是对口述资源进行分类，以满足用户的特定检索需求。标识则为查找对象并将该对象链接到其他相关数字对象提供唯一的关键件，使用户通过上下文语境更好地理解和利用口述访谈。口述数字资源通常采用元数据的形式进行编目与标识。所谓元数据，通常被定义为"关于数据的数据"，即描述、跟踪和管理数字资源的数据。描述性元数据一般分为基础型元数据和增强型元数据。基础型元数据一般用于描述口述历史访谈的背景信息，包括口述历史访谈者、受访者、访谈日期、地点、访谈格式、访谈记录、转录抄本、版本信息等，这些元数据元素构成了对记录进行分类和查找的基础，从而帮助研究人员和社区成员找到与其需求和兴趣相关的口述历史。增强型元数据一般用来详细记录口述历史项目的内容、显示项目级别之间的关系并指向相关项目的链接。通过添加注释、文本标签以及其他内容分析，可以创建增强型元数据，使信息专业人员和用户社区都可以增强对采访内容的理解[1]。

虽然目前并没有形成统一的口述历史编目规则和元数据规范，但是在口述历史数字化实践探索中出现了许多口述历史编目标准，如机读目录（MARC）、都柏林核心元数据（DC）、资源描述与检索（RDA）等。

1. 机读目录

机读目录是一种以代码形式和特定结构记录在存储载体上，可由某种特定机器及计算机阅读、控制、处理和编辑输出的目录格式[2]。MARC元数据通常与其他标准［例如《英美编目规则（第2版）》，AACR2］结合使用，为图书馆各种文献提供编目和分类标准。MARC

---

① Elinor A. Mazé. Metadata: Best Practices for Oral History Access and Preservation ［EB/OL］. ［2022－07－09］. http://ohda. matrix. msu. edu/2012/06/metadata/#_ftn5.

② 尹培丽:《图书馆口述资料收藏研究》，国家图书馆出版社2017年版，第173页。

当前的版本是由美国国会图书馆、加拿大图书馆和档案馆以及大英图书馆共同开发和维护的 MARC21，该版本提供了大量结构化的代码符号和标记，可用来表示描述和访问图书馆项目的各种详细信息。例如，款目项 100 按照 MARC 编目术语是指作者或创建者，而在口述历史方面，它则被视为受访者。

2. 都柏林核心元数据

都柏林核心元数据是由国际图书馆馆员、档案管理员、管理者、计算机科学家等于 20 世纪 90 年代共同开发的主要用于数字资源的描述的标准，其不仅包括 15 个元数据元素，而且包括由扩展词汇构成的 DCMI 元数据术语集，这些术语可以与其他元数据术语以及其他应用程序兼容词汇表结合使用①。DC 标准应用于口述历史资源编目最大的优点是其兼容性，它能使口述历史在线目录的描述性数据极其方便地与其他系统实现共享。

3. 资源描述与检索

随着网络信息技术的迅猛发展和数字资源的激增，新的资源描述标准也在探索中不断涌现，其中的典型代表之一便是 RDA。RDA 是对 AACR2 的继承与发扬，它将 AACR2 较为单一、扁平的资源揭示方式升级为分层、树状的结构方式，而且与其他标准和架构例如 MARC21 和 Dublin Core 等具有互操作性，更加方便用户进行信息的查找、识别、选择和获取②。该标准包括阐明特定项目如何以多种格式存在的功能，这对于创建复杂多变的口述历史数字对象集合具有特殊意义。

通常图书馆口述历史项目多采用 MARC 格式在本地目录系统或 WorldCat 中进行编目，以实现口述历史资源的方便获取与共享。而就一些小型社区口述历史项目而言，对于图像、视频和多媒体等非文本数据类型，需要特定的元数据；对于具有精确经度和纬度的地理空间

---

① Dublin Core Metadata Initiative ［EB/OL］. ［2022 - 07 - 15］. https://www.dublin-core. org/specifications/dublin - core/dcmi - terms/#section - 1.

② Joint Steering Committee for Development of RDA ［EB/OL］. ［2022 - 07 - 15］. http://www. rda - jsc. org/rda. html.

社区，则需要额外添加具体的元数据对其进行描述。例如，美国爱达荷大学图书馆数字计划部的拉塔县口述历史项目（Latah County Oral History Collection），为增强口述历史在视觉上的呈现效果，添加了位置元数据以创建自动生成的塔拉县 Google 地图图像，并根据口述历史访谈中引用的每个位置的纬度和经度进行标记①。此外，为了解决口述历史数字资源的异构性问题，一些口述历史数据库选择采用包含需要不同元数据配置文件甚至异构模式的集合。例如，美国肯塔基大学口述历史项目使用了与数字图书馆联合会开发的 METS 标准。METS 是用于数字图书馆描述性、管理性和结构性元数据有关的一个标准，该标准使用了万维网的 XML（可扩展性标识语言）架构语言，具有极强的互操作性，可实现对口述历史异构资源的统一管理②。

我国目前已有的口述历史数据库更倾向于利用元数据进行口述数字资源的组织。由于元数据"关联"（relation）能够较好地将不同类型的资源进行整合和链接，更加适合数字网络环境下口述资源的编目与描述，因此日益成为口述历史资源编目的最佳选择。如中国国家图书馆的"中国记忆"、美国的 Mountain west digital library、Florida Voices 均采用 DC 进行口述资源的编目与描述③。综合考虑，对于我国人口较少民族口述资源库来说，可以通过对国内和国外口述资源组织调查，提出可采用元数据方案对其进行资源的组织，基于都柏林核心元数据制定具有广泛适用性的口述数字资源元数据方案。根据国内外口述文献编目的经验与方法，以及我国人口较少民族口述文献的特征，可采用以下方法对其进行编目。

在综合借鉴国内外口述历史资源元数据描述的基础上，结合中国

---

① Devin Becker, Erin Passehl-Stoddart. Connecting Historical and Digital Frontiers：Enhancing Access to the Latah County Oral History Collection Utilizing OHMS (Oral History Metadata Synchronizer) and Isotope [J]. Code4Lib Journal, 2015 (29). https://journal. code4lib. org/articles/10643.

② Metadata Encoding and Transmission Standard (METS) [EB/OL]. [2022 - 06 - 28]. https://www. loc. gov/standards/mets/.

③ 胡立耘：《基于口述历史的图书馆延伸服务》，载《图书馆》2015 年第 12 期，第 15～22 页。

人口较少民族口述文献特点，可确定口述历史资源元数据描述方案。具体来讲，中国人口较少民族口述历史资源元数据可分为三个部分：基础部分、扩展部分与补充部分。其中，基础部分是指描述口述历史资源的常规内容，一般包括题名、摘要、关键词、日期、责任者、版权所有者、采访者、口述者、资源类型、语种、语系、时长、比特率、分辨率等。扩展部分包括口述者简介、采访时间、采访地点、所属项目名称、物理馆藏位置、整理上传者、文字抄本记录、文字抄本链接等。补充部分包括使用条款、权限限制、推荐引用格式、其他作品等（见表4－2）。

表4－2　中国人口较少民族口述历史资源元数据描述方案

字段名称	说明
题名（Title）	该条数据记录的名称，提供最重要的资源检索点
主题词（Subject）	口述访谈表达的文献主题特征
摘要（Abstract）	对口述历史访谈内容的概述，便于用户快速了解该条资源
关键词（Key words）	选取口述资源中所涉及的2～3个实词作为关键词，提供可供查找的检索点
所属类别（Category）	该条记录所属的主题类别，如历史与政治、语言与文学、歌谣与艺术等
口述者（Narrator）	口述人
口述者简介（Narrator Introduction）	口述者的基本情况，包括性别、年龄、籍贯、文化程度、民族、语言等
语种（Language）	少数民族语言、汉语、英语等
采集日期（Interview date）	口述访谈的具体时间
采访地点（Interview address）	口述访谈具体开展的地点
访谈时长（Length of the interview）	口述访谈的时间长度，以"分"为单位
资源类型（Resource type）	计算机中保存的资源文件格式的扩展名，以便按格式归类与检索

163

字段名称	说明
比特率（Kbps）	表示单位时间内传送比特的数目，说明音视频文件录制的质量
分辨率（Resolving power）	音视频文件单位长度内包含的像素点的数量，说明视频文件的质量
文件大小（File Size）	该数据资源所占的存储空间大小
典藏地点（Storage）	口述文献保存的详细物理位置
整理上传者（Uploader）	数据整理以及数据上传的人，负责上传数据前对其进行规范化处理和检查
抄本记录（Transcripts）	说明是否有文字抄本记录
抄本链接（Transcripts link）	口述访谈文字转录抄本下载链接地址
权限期限（Access level）	口述访谈的访问级别，分为公开、半公开或经过授权后方可使用
责任者（Author）	对该条数据内容负责的人，明确资源的著作权
版权信息（Copyright）	拥有版权的个人或机构，明确资源的版权
使用条款（Use terms）	注明有关使用该条口述历史数据的条件
推荐引用格式（Recommended reference format）	引用该条数据记录时的推荐格式
其他作品（Other works）	口述访谈衍生的其他作品，如出版物、影视作品、网络传播作品等

第五章　人口较少民族口述 文献的利用与服务

　　对口述文献进行整理与保存的目的是更好地便于用户使用。换言之，口述文献的收集与整理工作以为读者提供更好的服务为宗旨。早在 1967 年，加利福尼亚大学伯克利分校班克罗夫特图书馆口述历史办公室主任威拉·鲍姆（Willa Baum）曾言："口述历史办公室的目的是保存信息为未来所使用。虽然许多材料需要封存一段时间，但是大多数是为了达到研究或是机构的特定目而被使用。"① 美国口述历史协会首任主席斯塔（Starr）也指出，口述历史不仅仅是供研究者个人使用，还通过图书馆或其他存储机构进行保存，以便于更多的学者及未来子孙后代所使用。② 因此，应从满足用户需求的视角出发，探讨口述文献提供利用与服务的多种可能性。

一、基础服务

　　口述文献基础服务是指图书馆、档案馆等文献收藏机构在各自的职能范围内，围绕口述文献或口述历史数字资源向用户提供的常规性服务，主要包括口述文献的接管与保存、查阅服务等，以及口述资源的访问、共享与获取等。

165

---

　　① Willa Klug Baum. Oral History：A Revived Tradition at the Bancroft Library ［J］. The Pacific Northwest Quarterly，1967，58（2）：57－64.

　　② 胡立耘：《基于口述历史的图书馆延伸服务》，载《图书馆》2015 年第 12 期，第 15～22 页。

（一）接管与保存服务

图书馆、档案馆等文献保存机构在其职责范围内接收由个人或机构收集和提交的口述历史并提供妥善保存构成了口述历史的基础性服务。国外特别强调文献保存机构对口述历史文献的收藏，美国历史协会的《历史文献访谈宣言》第六条就指出："访谈者必须将访谈资料送交具备保管资料的能力并能提供给大众研究利用的收藏机构。同时，访谈者必须与收藏机构拟定必要的法律协议。"[①] 当前，对口述文献的收集已成为图书馆机构扩充馆藏、节约资源采购成本的重要方式。2020 年，由于新冠疫情的突如其来，我国掀起了一场战"疫"的集体性行动，并取得了阶段性的胜利。为了全面记录、保存、守护全民战"疫"记忆，国家图书馆于 2020 年世界读书日正式启动中国战"疫"记忆库项目，面向全国党政机关、企事业单位、社会团体和社会各界人士，广泛征集"抗疫"过程中形成的具有收藏、研究、展示、纪念价值的代表性主题资源，守护这段全民"抗疫"的时代记忆[②]。记忆库本着全面采集、科学组织、生动展示、系统保存的原则，将收集文献起始时间设定为 2019 年 12 月 1 日，收集方式为网络资源采集、多渠道征集、交换及购买等，收集文献的类型涵盖著作、文章、图片、音频、视频、多媒体资源和手稿、书信、照片、书画作品等实物，以及口述历史采访，形成立体鲜活的集体记忆留存，体现了图书馆界主动收集重大历史口述记忆的行业自觉。

（二）查阅服务

根据口述文献收藏机构的性质，对抄本、口述录音带等进行查阅是主要的利用方式。而对口述文献进行科学整理的分类和编目是为用户提供更好的查阅服务的关键，这就要求图书馆、档案馆等文献收藏

---

① 转引自胡立耘《基于口述历史的图书馆延伸服务》，载《图书馆》2015 年第 12 期，第 15 页。

② 《国图启动中国战"疫"记忆库》，访问日期：2022 年 11 月 1 日，见海外网（http://m. haiwainet. cn/middle/3543156/2020/0423/content_31774847_1. html）。

机构从便于用户利用的角度出发，按照一定的规则科学合理地对口述文献进行分类、整理和编目，将口述文献构成系统性的文献资源集合，以满足用户的查阅需求。在网络时代，主要以网络数据库的检索与利用为主要服务方式。

（三）参考咨询服务

图书馆利用微信、QQ、微博等多种途径，搭建口述历史在线参考咨询服务平台，提供口述历史参考咨询服务，并通过平台及时解答用户的咨询，指导用户更好地利用口述历史资源[①]。一些图书馆还根据用户对口述历史数据库的点击数量和访问痕迹，分析用户使用口述历史资源的偏好，及时推送用户感兴趣的口述历史资源。

（四）获取服务

在互联网技术尚未应用于口述历史的时代，口述历史文献主要以录音带、录像带或经过人工转录成纸质抄本的形式存放于图书馆、档案馆等保存机构，历史研究者往往需要前往这些实体保存机构进行口述文献的查阅和获取。为了获取某个口述历史片段，历史研究者需要反复地录音倒带，而纸质转录抄本的借阅则需要烦琐的借阅流程和手续。互联网、数字技术等技术广泛应用于口述历史，极大地便利了用户对口述文献的利用。随着口述历史数据库的开发和建设，现在，用户足不出户便可在互联网上通过点击某个主题或领域的口述历史资源页面按钮，进行在线查阅，同时通过口述历史共享资源获取其他相关的口述资源，如口述录音、录像、抄本、访问手稿、照片等。例如，美国佐治亚大学罗素图书馆通过本馆检索平台提供口述历史资源的检索服务，还提供基于 ArchiveGrid、WorldCat 的联机检索，通过 Google 云端硬盘与用户共享数字资源，并且与美国国会研究中心协会（Association of Centers for the Study of Congress）、步兵民权研究项目

167

---

① 陈方锐：《美国图书馆口述历史服务特点及启示》，载《图书馆工作与研究》2018年第4期，第5～10页。

（Foot Soldier Project for Civil Rights Studies）以及国家议题论坛研究所（National Issues Forums Institute）建立合作伙伴关系，共享口述历史资源[1]。

（五）复制与其他增值性服务

基于用户利用的需要，图书馆、档案馆等通常需要向用户提供口述文献的复印、打印等增值性借阅服务。值得注意的是，由于口述文献的转录耗费了较大的精力和体力，通常情况下，口述文献收藏机构提供的是有偿服务，如手抄记录、录音磁带等的复制需要按照一定的标准支付相关费用。例如，佐治亚大学罗素图书馆规定：音像材料的CD 或 DVD 副本制作费为每笔 30 美元（以支付转录和人工费用）；预览磁带购买为每小时 100 美元，非购买情况下使用预览磁带，每小时 25 美元[2]。

二、延伸服务

延伸服务是在传统服务的基础上，充分结合口述文献的特点，对口述文献服务的空间和内容进行延伸和拓展。我国口述历史服务方式及服务内容较为单一，往往局限于馆内服务。在口述历史基础服务的基础上，通过互联网等信息技术延伸服务的范围和内容，不仅可以扩大口述历史服务的辐射区域，还有利于让更多的人了解、关注、宣传和推广口述历史。

（一）服务空间的延伸

1. 延伸至学校，提升学生素养

将口述历史服务延伸至学校，不仅可以推动口述历史教学的发展，而且有利于提升学生的综合素养。在国外，图书馆联合学校开展

---

① 陈水湘：《美国高校口述历史工作调查与启示》，载《图书馆建设》2018 年第 5 期，第 34～41 页。

② 贺艳菊：《美国佐治亚大学罗素图书馆口述历史计划调查分析》，载《图书馆工作与研究》2018 年第 1 期，第 29～34 页。

口述历史实践教学有较多成功的案例①。在国内，中山大学于 2011 年组织实施了"教育口述史"项目，学生作为助手和团队工作人员参与其中，不仅使项目顺利完成，而且极大地锻炼了学生的组织与沟通能力。

2. 延伸至社区，重塑社区文化

口述历史往往是一个社区文化的重要表征，这主要缘于："社会记忆是以文化积累和传承为核心的获得型遗传，而文化本身就是记忆的存在，随着时间的延续和空间的拓展，社会记忆本身也成为现实文化的标志，成为一种具有见证意义的活化石，并为文化传承提供合理解释。"② 在某种意义上，口述历史俨然已成为一种公共历史实践，图书馆、档案馆等口述文献保存机构将口述历史工作延伸至社区，通过重塑集体记忆提升社区成员的归属感与认同感，从而拓展社会服务与社会功能。国外图书馆普遍重视口述历史项目延伸服务的开展，并与社区构建积极的关系，为此实施了数量众多的社区口述历史项目，以此书写社区发展变迁史。例如，加拿大温哥华不列颠哥伦比亚大学（University of British Columbia，UBC）开展的"加拿大华人故事：不同寻常的历史"口述历史项目，旨在采用最新技术搜集、记录和再现加拿大华人曾被忽略的历史③。其中，不列颠哥伦比亚大学图书馆在该口述历史项目中发挥了主体性的作用，不仅设立了专门的社区服务馆员，与社区保持积极的联系，而且还为口述历史的制作提供数字视频软件、数字扫描以及存储系统技术方面的指导和帮助，提供语言翻译和版权方面的专业知识服务，成为延展社区服务和开展社区基础研究的主要聚集地。

3. 延伸至企业，传承企业文化

口述历史对于记录企业的创业发展史具有重要的价值，国际上一

---

① 吴振寰、韩玲等：《美国路易斯安纳州立大学图书馆口述历史工作研究》，载《图书馆工作与研究》2019 年第 8 期，第 41～45 页。

② 高中建、何晓丽：《文化传承的社会记忆探析》，载《河南师范大学学报（哲学社会科学版）》2013 年第 6 期，第 31 页。

③ 冯云、张孝飞：《社区口述历史：高校图书馆创新发展的新领地》，载《图书馆工作与研究》2019 年第 5 期，第 14～18 页。

些大型企业，诸如福特公司、可口可乐公司等都特别重视口述历史对企业历史文化传承的积极作用，将口述历史作为记录企业发展历程与时代变迁的重要手段。1951 年，美国哥伦比亚大学口述历史研究室创始人阿兰·内文斯（Allan Nevins）与福特汽车公司档案馆亨利·艾德蒙兹（Henry E. Edmonds）共同发起了"福特汽车公司档案馆口述历史计划"（Ford Motor Company Archives Oral History Project），成为企业口述历史领域的成功典范①。近年来，企业口述历史也日益受到国内学界和企业的关注与重视。例如，国家电网浙江省电力有限公司以浙江电力史上重大事件与重要活动的亲历者，以已退休的各级领导、劳动模范、先进工作者和基层员工等为采访对象，于 2019 年开展"浙电记忆"口述历史项目，对受访者进行采访，并全程录音录像，同时对音视频以及相关资料进行规范整理，将征集到的书信、日记、照片、实物等资料进行数字化，建立浙电口述历史档案库，再现了中国新时代企业的成就，以历史传承的企业文化铸就了鲜活生动的企业品牌形象②。

（二）服务内容的延伸

随着口述历史实践的发展，为了满足用户多样化的利用需求，口述文献保存机构基于原有的服务内容进行了延伸与拓展。

1. 教育服务

口述历史是一门综合实践能力较强的学科，口述历史机构可依托口述历史资源实现教育服务工作，其主要方式是全日制学历教育、高级研讨班、基础培训以及实习培训等。

（1）全日制学历教育。主要针对在校大学生，旨在教授学生相关的口述历史专业理论知识，培养口述历史研究和实践领域专业储备人才。1996 年，北京大学历史学系开设"口述史学研究"课程，这

---

① 杨祥银：《美国现代口述史学研究》，中国社会科学出版社 2016 年版，第 63 页。
② 刘艳珂、丁静：《企业口述历史档案工作的探索与实践——以"浙电记忆"为例》，载《兰台世界》2020 年第 7 期，第 71～75 页。

被认为是中国高校认可口述历史为研究学科的里程碑①。为了对学生开展口述历史实践培训，扩大口述历史的受众面，将学术研究与有关部门及当地社区联系起来，美国佛罗里达大学于 2013 年开设了"4 + 1 口述历史学士、硕士学位课程"（4 + 1 BA/MA Oral History Degree）②。2016 年，中国传媒大学崔永元口述历史研究中心的崔永元教授在艺术研究院开设"艺术口述史"硕士课程并开始招生③。为更好地服务新闻传播学一流学科建设，2020 年，崔永元口述历史研究中心在传播研究院传播学专业目录下，正式开设"口述史"学术型硕士招生专业。与此同时，该中心还开设了面向本科生的"口述历史与公共记忆"选修课程，助力学校通识教育④。

（2）高级研讨班。主要通过研讨的方式加强培养参与者以研究为重点的口述访谈能力、在严谨的学术环境中将口述历史变为历史证据的能力，拓宽和深化口述历史对历史、主观性、记忆和传记的当代讨论和历史阐释。参与对象包括研究者、高校教师、独立学者以及历史学家等⑤。

（3）基础培训。基础培训主要面向对口述历史感兴趣但缺乏常识操作经验的用户，提供关于口述历史的基本理论以及操作方法的培训，培训内容包括口述历史方法论和伦理、录音访谈以及采访流程与技巧等，通常由经验丰富的口述历史专家教授理论并指导实践。例如，加利福尼亚大学伯克利分校班克罗夫特图书馆口述历史中心在每年的 8 月举办为期一周的口述历史理论、方法与实践的高级暑期班（Advanced Summer Institute），并在每年早春举行口述历史入门讲习班

---

① 华汝国：《国外口述历史研究概述——以 28 家外国口述历史机构为考察对象》，载《上海档案》2014 年第 5 期，第 19 ～ 22 页。

② Education and 4 + 1 BA/MA [EB/OL]．[2022 – 09 – 20]．https://oral. history. ufl. edu/research/education/.

③ 任智英：《高校口述史教学中常见问题与解决——以家族史为例》，载《广西民族师范学院学报》2018 年第 4 期，第 158 ～ 160 页。

④ 参见中国传媒大学崔永元口述历史研究中心网（http://oral. cuc. edu. cn/3759/list. htm）。

⑤ 陈水湘：《美国高校口述历史工作调查与启示》，载《图书馆建设》2018 年第 5 期，第 34 ～ 41 页。

（Introductory Workshops），由具有丰富经验的口述历史学家教授及实践者介绍和传授口述历史方法论、伦理以及实践操作等①。

（4）实习培训。口述历史机构通常还为对口述历史感兴趣的社会公众提供实习培训，通过实习来加强用户对口述历史访谈的实际操作能力。例如，加利福尼亚大学伯克利分校班克罗夫特图书馆口述历史中心为大学生及社区志愿者提供定期的实习计划，主要实习内容包括对口述历史方法理论的学习以及实践全程的深度参与②。

2. 公共推广服务

口述史学家唐纳德·里奇指出："对外推广功能是很重要的功能，可以提高民众的兴趣，进而珍惜历史档案，提高对图书馆和档案馆的支持。口述历史提供独特的机会去接触那些从来不用图书馆和档案馆的社区成员——可以用社区访谈来达成初步的接触，再以公共计划展示访谈成果，进一步加强联系。"③ 开展口述历史公共推广服务，既可以使优秀的口述历史作品得到展示和传播，使人们铭记历史，还有利于提升公众口述历史意识。

口述历史项目的公共推广服务可通过举办、参与公共活动、戏剧、音乐、展览、纪录片、专题讲座等方式展开。例如，如中国国家图书馆在开展"中国记忆"项目时，利用口述历史成果举办了"中国年画""大漆的记忆""丝绸的记忆""我们的文字"等口述作品展，用户可以参与互动体验，并通过网络及移动 App 观看展览；首都图书馆结合其"北京记忆·口述历史"项目推出"寻找天桥"主题系列讲座，并现场展现天桥技艺。

从共享与推广途径来看，在社交媒体快速发展的背景下，图书馆口述历史资源库借助多种社交媒体对资源库的相关信息进行共享与推

---

① Berkeley Library［EB/OL］.［2022 - 09 - 30］. https：//www. lib. berkeley. edu/libraries/bancroft-library/oral-history-center/education.

② Internships［EB/OL］.［2022 - 09 - 19］. https：//www. lib. berkeley. edu/libraries/bancroft-library/oral - history - center/internships.

③ 转引自胡立耘《基于口述历史的图书馆延伸服务》，载《图书馆》2015 年第 12 期，第 19 页。

广。国外一些口述历史保存机构积极利用互联网技术和 Web2.0 技术开展口述历史资源线上活动，借助 Twitter、Facebook、YouTube、Instagram 以及博客等社交平台，推广图书馆的口述历史资源与服务。如以克莱蒙研究大学杭诺尔德图书馆口述历史计划办公室口述历史资源库为例，该机构借助 Twitter、Facebook、YouTube、Instagram、博客等多种媒体进行推广。而肯塔基大学图书馆不仅借助 Twitter、Facebook 等媒体进行推广，还专门开设了口述历史中心的博客，同时还在最近推出了一个名为"智慧项目"的播客，引起了大量用户的关注[①]。美国肯塔基大学、加利福尼亚大学皆开通了播客服务，用以实时展现口述历史作品和动态。此外，还可提供口述历史新闻推送服务。例如，自 2012 年始，加利福尼亚大学伯克利分校班克罗夫特图书馆口述历史中心就开始为用户提供新闻推送服务《通讯》（*Newsletter*）。该《通讯》于每年 3 月、6 月、9 月、12 月各出一期，每年 4 期，内容主要包括口述历史中心参与的社会活动、口述历史资源的宣传与解读、新闻及近期活动预告、近期完成的采访及即将发布的资源公告等。用户在口述历史中心网站订阅《通讯》后，该中心就会向用户预留邮箱进行定期推送[②]。美国总统图书馆提供了口述历史的特色展览，利用口述历史录音和录像制作了内容生动活泼又蕴含历史知识的多媒体学习资料[③]。

3. 社区服务

口述历史作为一种公共历史实践，已经受到图书馆领域的广泛关注。当前，口述历史已经成为图书馆充实特色馆藏、实现延伸服务的一种新方式。口述历史不仅是图书馆业务和服务开展的新领域，从更深层次的意义来讲，也是其提升服务的诉求，更是寻求一种与社会公

---

① 季双琪：《美国图书馆口述历史资源库建设特色及启示》，载《图书馆工作与研究》2018 年第 11 期，第 40～45 页。

② 朱晓霞：《美国加利福尼亚大学班克罗夫特图书馆口述历史工作研究》，载《国家图书馆学刊》2018 年第 3 期，第 56～62 页。

③ 张义、张渝珩：《美国民俗生活中心口述文献的采集与利用》，载《图书情报工作》2019 年第 13 期，第 145～151 页。

众互动、与社区建立积极关系、构建社会认同机制的有效途径①。而这一切基于图书馆对当地文化历史的保存功能，使之成为当地社区历史文化发展的一面显微镜。中国人口较少民族口述历史记忆是中华文化记忆宝库的重要构成，图书馆、档案馆等公共文化机构应积极主动参与人口较少民族社区口述历史的收集与整理，这不仅有利于抢救与保存社区文化遗产，而且也是文化自觉的一种体现，是图书馆、档案馆等公共文化机构实现社会价值的一种方式。

国外图书馆普遍重视与当地社区关系的重塑，并通过开展口述历史项目来实现参与社区文化建设以及创新延伸服务。2012年，美国华盛顿大学博塞尔（UW Bothell）校区传播与设计学院（MCS）教师开设了一门名为"通过数字口述历史来民主化历史"的新媒体制作课程，旨在让学生参与口述历史的收集、研究、记录和转录，从而提升学生的媒体素养。该课程与图书馆进行合作，建立了"教员—图书馆"伙伴关系，在2013年春季和2014年冬季授课两次。图书馆为口述历史的开展提供了一套全面的专业知识辅导与服务，并将信息素养教育融入该门课程体系中，促进了学术交流与传统教学的融合，并通过对口述历史的体验式参与提高了学生的信息素养与媒体素养。最后，学生制作的口述历史数字资源《社区之声》被收录于博塞尔图书馆数字馆藏中，并在互联网上得以展示②。

图书馆社会服务职能是其信息职能和教育职能的集中体现，也是其核心价值所在。从某种程度上讲，图书馆是学术界与社会互动的节点。图书馆可以作为社区记忆库的同时为教师和公众服务，将学术研究与社区进行关联。社区口述历史项目的开展可以有效地发挥图书馆的桥接作用，使图书馆与当地社区建立联系，同时促进社会机构与学校之间的协作。例如，加拿大温哥华不列颠哥伦比亚大学开展了一项

---

① 冯云：《我国图书馆口述历史研究综述》，载《图书馆工作与研究》2015年第2期，第21～24页。

② Denise Hattwig, Nia Lam, Jill Freidberg. Student Participation in Scholarly Communication and Library Digital Collections: A Case Study from the University of Washington Bothell Library [J]. College & Undergraduate Libraries, 2015, 22（2）: 188–208.

名为"加拿大华人故事：不同寻常的历史"的社区口述历史项目，其宗旨是向加拿大人提供探索和构建真实历史的工具，运用最新技术手段去搜寻、恢复和记录加拿大华人曾被忽略的过去①。该项目是由加拿大联邦政府资助的为期 3 年的项目，项目资金为 117 万美元。不列颠哥伦比亚大学图书馆被视为实现社区延展和社区基础研究的聚集地，为此该图书馆设立了专门的社区服务馆员，其职责主要是打通历史学家、图书馆馆员、档案管理员以及常规用户之间的关系。在该口述历史项目中，不列颠哥伦比亚大学图书馆提供了数字视频文件的制作、数字扫描以及视频编辑和存储系统技术方面的建议，提供语言翻译和版权方面的专业知识，并实施了三项创新性措施：一是为口述历史资源开发一站式门户网站，二是成立了口述历史数字化作坊，三是审视口述历史资源的编目，充分体现了高校图书馆参与社区口述历史项目的优势。更为重要的是，不列颠哥伦比亚大学图书馆通过与学术界、档案馆以及加拿大社区的合作，加强对加拿大华人口述历史的收集与整理，有效改变和纠正以往由于种族歧视一度被排斥在加拿大国家记忆外的被"抹除"的华人历史，使真实的多元化历史得以还原与复现，同时在图书馆、档案馆以及社区之间建立了一种新的交流合作机制②。

口述历史是一个协作化的过程，需要图书馆、档案馆、历史研究中心以及民间力量的广泛参与。对于图书馆来讲，寻求学术合作与民间合作是实现可持续发展的一项重要策略。当前支持经费的短缺也成为制约图书馆口述历史项目开展的重要瓶颈。通过鼓励社会力量参与，积极寻求外部援助，可以拓宽资金筹措渠道，缓解图书馆开展口述历史项目的经费压力。此外，将具有不同技能的专业人员集合在一起，有助于缓解额外的项目压力，并可以依靠项目团队成员的经验和专业知识快速完成决策和工作。美国北卡罗来纳大学威尔明顿分校

---

① Chines Canada Stories［EB/OL］.［2022 - 04 - 15］. http://ccs. library. ubc. ca/ch/about. html.

② Cho, Alan. Bringing History to the Library：University - Community Engagement in the Academic Library［J］. Computers in Libraries, 2011（31）：15 - 18.

（UNCW）完成了一项合作口述历史项目，该项目由西班牙研讨会课程的学生、兰德尔图书馆教员和工作人员完成，图书馆在其中发挥了重要作用①。课程"北卡罗来纳州的拉丁裔美国人：服务研习"是由美国国家基金会和美国图书馆协会所资助的"拉丁裔美国人：500年历史"中的一部分。兰德尔图书馆的角色是将学生所收集的口述历史转变成数字馆藏。信息系统和技术、特藏集合和技术服务部门的教员和工作人员在这个项目中承担了不同的任务，并负责协作完成这项工作。兰德尔图书馆的最终目标是创建一个可供搜索的口述历史馆藏集合，可以与其他图书馆的数字馆藏相结合，并易于公众访问。在协作化口述历史项目当中，兰德尔图书馆不仅成为大学研习服务的平台，同时为社区民众提供开展口述历史采集的设备。通过采集社区口述历史，图书馆不仅为长久以来被忽视的弱势群体提供了一个可以发声的平台，同时也充实了图书馆的特色馆藏，提升了图书馆对公众的创新服务能力，加强了与其他文化部门的联系。

中国人口较少民族口述文献的推广有着得天独厚的条件，其将神话传说、舞蹈、戏剧、技艺等作为载体，组建口述历史兴趣小组，让社区成员广泛参与其中，使社区成员共享集体记忆，从而使人口较少民族口述历史得以传承与推广。此外，还可将口述历史记录片段与人口较少民族地区某个地点链接起来，链接的方式包括在街区或人文景观中安装声音装置，或设置二维码标记，使用户可在特定地点收听到该景点的口述历史。此外，依托人口较少民族引人入胜的自然和人文景观，还可构建"记忆风景"，对驾车路线或散步地点、人文景观、森林植被、草原牧场进行特定声音标注，使用户可以通过手机、无线耳机等倾听该地的口述历史片段，使口述历史与人文旅游相融合。例如，在英国泰晤士河河边，通过播放口述声音使人们在沿河散步时能够及时获得与该河息息相关的经验和记忆。而美国加利福尼亚东希雅

---

① Beth J. Thompson, Rebecca A. Baugnon. A Collaborative Digital Oral History Collection: Building a Digital Collection of Student Scholarship Documenting Latino Americans in Southeast North Carolina [J]. Alexandra, 2017（1）：30–40.

拉 395 公路的"行驶在路上的传统"项目，将"声音旅伴与学习工具"嵌入用户的行驶路线中，使用户能听到沿途景点、动植物和与土著民族有关的口述历史①。

三、创新型服务

口述历史创新服务是指在传统服务的基础上，通过融入新的理念、技术与方法，使口述历史服务得到多元化拓展，增强口述历史的社会吸引力与影响力。当前随着全球口述历史的发展，大量的口述历史项目在实践中不断探索新型服务模式，使一些创新型服务相继产生，如创客空间、兴趣小组、工作坊等。例如，美国佛罗里达大学塞缪尔·普罗克托口述历史项目（SPOHP）专门开设了口述历史工作坊（Oral History Workshop），面向社区团体、学术机构以及其他对口述历史有兴趣的组织开展各项口述历史服务，包括口述历史实践、方法论以及实地调查的研讨会等②。该口述历史工作坊不仅向用户提供了开展口述历史的 8 个基本步骤，而且还创建了口述历史工作坊，主要介绍和传授采访技巧以及口述历史的收集方法等，使口述历史工作能够收集到更多个人和历史的准确信息③。总体来讲，口述历史创新型服务有以下 7 种类型。

（一）与新兴技术融合的创新服务

随着用户对口述历史利用需求的增多以及新兴媒体技术的出现，口述历史得到了多元化的开发与利用。口述历史机构除了发挥常规的保存作用外，还对口述历史进行作品出版以及专题片、影视作品的制作，同时还举办口述历史档案展览，借助网络传播等途径对口述历史

---

① 胡立耘：《基于口述历史的图书馆延伸服务》，载《图书馆》2015 年第 12 期，第 15～22 页。

② 张亚宏：《美国佛罗里达大学 Samuel Proctor 口述历史项目研究与启示》，载《图书馆》2018 年第 3 期，第 89～94 页。

③ Establishing an Oral History Project ［EB/OL］. ［2022－10－20］. http://oral. history. ufl. edu/research/tutorials/.

进行全方位展示。近年来，各种新兴技术如雨后春笋般出现，大数据、云计算、元宇宙以及 VR、AR 等人工智能等技术不断涌现，为口述历史服务提供了新的途径。口述历史机构依托 Instagram、Twitter、Facebook、播客、博客等多种社交平台对口述文献资源进行推广，与用户建立活跃的互动联系。通过社交媒体技术搭建与用户实时交互的平台，分享口述历史资源，并鼓励用户参与到口述历史项目之中。如加利福尼亚大学伯克利分校班克罗夫特图书馆同时运用 Instagram、Twitter、Facebook 等多种社交平台对口述资源进行推广，在互动中与用户建立活跃的联系。温州大学口述历史研究所通过微信公众号向用户传播和分享口述历史相关工作，让用户更方便快捷地了解口述历史知识[1]。

（二） 与教育理念融合的创新服务

将口述历史嵌入课堂教学中，有利于提升学生的信息素养和综合技能。美国肯塔基大学将开源软件口述历史元数据同步器（OHMS）嵌入本科教学中，用于修辞与写作课堂，使教授和本科生共同参与到口述历史的编辑与索引工作中，使学生在老师的引导下获取历史知识、书写历史作品[2]。这种做法不仅让更多的学生接触到更为多元化的历史，而且加深了学生对写作的理解，树立了历史意识，也使学生的信息素养和数字素养有了较大的提升。随着口述历史实践在我国的逐步发展，大量的口述历史项目需要专业的人才提供支撑，我国图书馆在 21 世纪初逐步开展口述历史人才培养工作。2002 年，汕头大学图书馆在开展以"汕头埠老街"为代表的口述历史项目中就曾多次邀请专家开展培训讲座；2005 年，清华大学图书馆为了更好地开展"1970 年代'保钓·统运'"口述历史项目，特地对项目参与者开展

---

① 李竟彤：《中美高校图书馆口述资源建设比较分析》，载《图书馆学研究》2019 年第 23 期，第 9～16 页。

② Douglas A. Boyd, Janice W. Fernheimer, Rachel Dixon. Indexing as Engaging Oral History Research: Using OHMS to "Compose History" in the Writing Classroom [J]. The Oral History Review, 2015, 42（2）: 352－367.

口述历史项目策划、访谈技巧等业务培训。随后，中山大学图书馆、武汉大学图书馆、吉首大学图书馆在开展口述历史项目时都对口述历史工作人员进行了针对性的培训①。随着实践经验的增加以及专门讲座培训的开展，国内外口述历史不断走向专业化和规范化。

在当前强调加强现代信息技术的融入、增强综合性的跨学科学习的新文科教育改革背景下，加强高校口述历史研究人才队伍的培养成为必然。首先，要创新口述历史课程体系，联合有条件的高校，加强教育资源的整合，设立口述历史数字化培训课程，与相关领域专家共同编写数字技术口述历史课程教材，对口述历史数字化采集、保存与利用等各个环节进行系统化培训。其次，借助网络教育平台，加强国内外先进口述历史教育理念和做法的分享，加强远程课程培训，让更多的人能够接触到国内外的数字技术口述史研究。再次，加强企业、研究机构与高校的合作，利用多方资源加强对高校口述历史人才的培养。企业与研究机构能够为口述历史专业人才的培养提供更为广阔的理论学习与实践天地，能够弥补高校教育资源的不足，有利于高校根据社会需求及时调整人才培养方案，从而培养契合行业发展的优秀人才队伍。最后，进一步加强数字技能职业培训，要全面落实国务院《关于加强数字政府建设的指导意见》，搭建数字化学习教育平台，构建数字素养和技能培育体系，持续提升口述史人才队伍的数字思维、数字技能和数字素养②。

（三）与文旅融合的创新服务

人口较少民族口述历史文献作为一种特殊的口述历史资源，其鲜明的民族特色使其具有极大的开发利用潜力。人口较少民族通常居住在山川秀丽和人文历史优厚之地，而口述历史赋予了人口较少民族地区独特的文化历史魅力。当前，如何将口述历史与民族地区经济社会

---

① 高冕、卢祖丹：《我国图书馆口述历史人才培养现状及特点分析》，载《兰台内外》2022 年第 29 期，第 82～84 页。

② 陈俊岚：《数字技术提升口述史研究价值的实践策略》，载《绵阳师范学院学报》2022 年第 12 期，第 104～109 页。

结合起来已经成为挖掘人口较少民族地区口述历史文献价值的新途径。我国人口较少民族地区具有极大的旅游开发前景，如果能够将口述文献与经济建设充分结合起来，深入挖掘口述文献的经济价值，充分利用人口较少民族所在地区引人入胜的自然景观和人文景观，将口述文化嵌入优秀民族旅游项目，将有利于培育人口较少民族新的经济增长点，从而带动相关产业项目的建设与发展。例如，张家界土家族为了深入挖掘和利用本民族口述历史资源的经济价值，充分利用本民族丰富的口述历史资源，将土家建筑、土家民风民俗、土家传统文艺节目等民间艺术进行不断的开发利用，收到了良好的效益①。

（四）与心理疗愈融合的创新服务

地震、火山、洪水等自然灾害，社会暴力事件以及突发事件等，经常会给人们带来一些心理阴影，严重影响人们的正常生活和工作。这种由非同寻常的威胁或灾难性事件引起的心理应激反应被称为创伤后应激障碍（post-traumatic stress disorder，PTSD），通常表现为长期的焦虑，强烈的恐惧感、无助或厌恶。然而，灾难有时候能够激励口述历史学家奋战在"悲痛与历史十字路口"的第一线②。借助口述历史项目记录所发生的重大历史事件，通过目击者基于个人记忆的阐述，有利于目击者获取对这些创伤性事件的体验，为其提供一个宣泄和释放的通道，从而达到心理疗愈的目的。当前，图书馆界对经历过"卡特里娜"飓风、战争、种族屠杀、种族隔离等苦难的人们以及患有"战争综合征"的士兵、战争难民、移民、自闭症儿童、失忆症患者及其亲友等，均开展了丰富的口述历史项目③。2005 年 8 月，"卡特里娜"飓风使墨西哥湾受到重创，口述历史学家随即开始策划

---

① 彭燕：《关于图书馆加强民族口述历史文献开发利用的几点思考——以武陵山经济协作区为例》，载《情报杂志》2010 年第 9 期，第 192－194 页。

② ［美］唐纳德·里奇：《牛津口述史手册》，宋平明、左玉河译，人民出版社 2016 年版，第 13 页。

③ 胡立耘：《基于口述历史的图书馆延伸服务》，载《图书馆》2015 年第 12 期，第 15～22 页。

对这场风暴的目击者的记忆进行收集，不但采访从灾难中存活下来的人，而且对那些疏散在其他地方的难民也进行采访，还对救援医疗团队、宗教祈祷以及特定群体（如"卡特里娜飓风的犹太人声音"）记忆进行收集，以便呈现同一事件不同人群的多维度经历感受。2001年9月11日，美国纽约和华盛顿遭到恐怖袭击，为将这一重大事件完整记录下来，口述历史学家对各界人士进行了采访，收集了大量个人经历和观察资料，同时还对人们关于该事件的记忆进行持续性记录，发现"9·11"事件发生后不久展开的采访与事后多年开展的采访所记录的内容有所不同，从而为人们的选择性记忆研究提供了参考。波特兰州立大学于2009年开展的柬埔寨大屠杀的疗愈口述历史项目，通过老年人向青少年的口述使文化得到代际传播，并利用讲故事的方式帮助叙述者从战时创伤中恢复①。

20世纪60年代，美国老年学专家罗伯特·巴特勒（Robert Butler）提出了一个概念，即随着人的年龄增长，几乎每个人都会经历一个"人生回顾"的心理过程。此外，随着老龄化社会的到来，口述历史逐渐发展成为一种怀旧疗法，用于对老年人的心理关怀和精神慰藉，使老年人重新获得尊严与自信。缅怀过去已经成为老年人在变幻不定的世界里保持自我感受的一个重要方式，已成为老龄化研究者们所公认的观点。而怀旧可以重新唤起陷入极度孤独与抑郁的人的精神，甚至可以作为治疗老年人精神问题的重要手段②。我国现已将口述历史用于老年人疗愈领域，例如，北京诚和敬养老集团为关注老年人精神世界，记录老年人生活经历，传播老年人精神风貌，特别打造了"讲述者"口述历史文化品牌。通过音频、视频等记录手段对老年人生活故事进行记录，挖掘老年人的集体记忆，使老年人的记忆在

---

① OH Project：Healing from Cambodian Genocide Headnote ［EB/OL］.［2022 - 12 - 09］. https://pdxscholar. library. pdx. edu/caco_interviews/.

② ［英］保尔·汤普逊：《过去的声音：口述史》，覃方明等译，辽宁教育出版社2000年版，第20页。

新时代得到传播与留存①。唐山师范学院从 2016 年起对唐山大地震开展了系统的口述收集、整理与研究工作，系统性地抢救和保护唐山大地震集体记忆，传承和弘扬唐山抗震精神。在所采访的唐山大地震亲历者当中，其中一位老人讲述了自己的家庭故事。老人回忆了自己年轻时的情窦初开和成家之后的幸福生活，但这些都被突如其来的唐山大地震打破。但他没有倒下，靠着坚强、勇敢和乐观的精神重建家庭、奉献社会。老人向我们展示了一个普通百姓是如何从大地震灾难中走过来的。通过讲述，老人打开了不易触碰的内心角落，希望能够通过口述回忆，缅怀在地震中不幸逝去的亲人，为在地震中离去的家人留下印迹②。

（五）与"真人图书馆"融合的创新服务

口述历史与"真人图书馆"有相似之处，两者均是采用面对面交流的方式达到知识交流与分享的目的，从而使隐性知识得以挖掘并保存。将真人图书馆与口述历史有机融合，以口述方式再现真实生动的历史记忆，能够创新真人图书馆的服务模式。真人图书馆是通过一种将"人"当作图书"借"给读者的方式来使读者完成阅读行为的过程，而口述历史是对隐藏在个体脑海中的记忆进行记录和保存的过程，将两者进行有效融合，既有助于真人图书馆服务的拓展与创新，又有利于口述历史资源的推广与利用。图书馆可邀请某学科领域专家、重大历史事件亲历者、非物质文化遗产传承人等"口述者"作为"真人图书"，与读者分享其所知所学、所见所闻，交流所思所想、所感所悟，并辅以影像、图片、实物等，增强内容的表现力、感染力③。例如，西藏民族大学（以下简称"民大"）图书馆围绕红色

---

① 《探寻时代精神 诚和敬"讲述者"记录长者生平》，访问日期：2022 年 10 月 3 日，见搜狐网（https://www.sohu.com/a/363619947_123753）。
② 徐露：《唐山大地震口述史研究的实践与价值》，载《兰台内外》2022 年第 23 期，第 43～45 页。
③ 王雅丽：《图书馆口述历史用户服务研究》，载《图书馆工作与研究》2021 年第 8 期，第 90～95 页。

主题阅读推广策划了真人图书馆系列活动，将党史与校史相联结，邀请了学校建设与发展亲历者徐明书记口述学校建校历史，从校史视角再现了党领导下西藏高等教育事业所取得的辉煌成就，以及一代代民大人开拓进取的精神。还邀请了学校藏史研究专家、享受政府特殊津贴、80多岁高龄的顾祖成教授以口述方式讲述自己的成长、学习与工作的心路历程。此外，为了再现革命记忆，传承红色革命精神，学校专门邀请学校十八军老战士、离休干部朱庆春先生讲述十八军进藏与西藏和平解放的红色故事。朱先生以进藏路线为线索，讲述了当年十八军历尽艰辛进藏、团结藏族同胞建设西藏的经历，增强了民大青年学子对"老西藏精神""两路精神"红色革命精神的感悟与理解，促进了红色基因的传承与弘扬。

（六）重大社会历史事件记录

口述历史也可用于记录重大社会事件及其对人类社会所产生的作用和影响，将重要的历史记忆留存给后世。尤其是在重大灾难面前，口述历史无疑是记录灾难记忆的重要方式之一。口述历史不仅承担着社会记忆的保存职能，同时也在提醒人类要对生存方式进行反思与矫正。一方面，通过口述记录，大量真实的有关历史事件的口述资料得以保存，可供社会学家、历史学家和人类学家等进行研究与解读；另一方面，口述作品时刻警醒人类以更好的方式生存与生活。目前已经出版的许多灾难记录都以口述历史的方式呈现。白俄罗斯作家斯韦特兰娜·亚历山德罗夫娜·阿列克谢耶维奇所著的《切尔诺贝利的悲鸣》①，实质上是一部关于1986年4月26日发生在乌克兰境内的切尔诺贝利核灾难幸存者的口述实录。作者在撰写这部纪实作品时冒着核辐射的危险，深入切尔诺贝利，访问了上百位受到切尔诺贝利核灾难影响的人民，例如无辜的居民、消防员以及那些被征招去清理灾难现场的人员，通过记录他们的口述内容，真实还原了当时核灾难发生

183

---

① ［白俄罗斯］阿列克谢耶维奇：《切尔诺贝利的悲鸣》，方祖芳、郭成业译，花城出版社2015年版。

时各方的反应以及见证者的真情实感，引发人们对核灾难的深度思考。

2020 年，突如其来的一场新冠疫情席卷全世界，为了充分发挥口述历史在人类灾难记录中的作用，守护全民抗疫的历史记忆，国家图书馆、口述历史中心等机构纷纷发起了抗疫记忆的征集与保存活动。为了做好特殊时期国家记忆的保存，传递抗疫正能量，充分履行国家图书馆在"传承文明、服务社会"的使命，国家图书馆于 2020 年 4 月启动了中国战"疫"记忆库项目，广泛征集抗疫过程中形成的具有收藏、研究、展示、纪念价值的代表性主题资源。该项目计划对战"疫"亲历者和见证者进行口述采访，对广大人民群众在防疫控疫状态下的历史记忆进行真实记录与保存，真实记录各行各业全民抗疫的生动故事，全方位、多维度收集和展示疫情对人们生活、心理、社会关系的影响，形成立体鲜活的中国战"疫"记忆库[1]。中国传媒大学崔永元口述历史研究中心发起了"疫情下的灾难记录与呈现"口述历史征集项目，得到了全国各大教育文化机构以及海外留学生的积极响应。新冠疫情暴发后，深圳大学档案馆快速响应疫情档案采集号召，围绕深圳大学的战"疫"故事，加快疫情口述档案的采集工作。截至 2020 年 6 月，深圳大学档案馆共完成访谈 20 场，总计拍摄时长约 15 小时，并将采访视频剪辑成片——《"疫"战到底》。

（七）提供学术交流服务

为促进口述历史学术交流，一些口述历史中心还为访问学者提供学术交流的机会。例如，美国佛罗里达大学塞缪尔·普罗克托口述历史项目支持访问学者学术研究，为访问学者提供了罗伯特·齐格尔奖学基金（The Robert Zieger Scholarship Fund）和两年一度的朱利安快

---

① 《国家图书馆：永存全民抗疫国家记忆》，访问日期：2022 年 10 月 4 日，见中国政府网（https://www.gov.cn/xinwen/2020 - 04/23/content_ 5505431. htm）。

乐旅行奖（bi‐yearly Julian Pleasants Travel Award）①。中国传媒大学崔永元口述历史研究中心自 2015 年起，定期举办口述历史国际研讨会，吸引了美国、加拿大、德国、英国、澳大利亚、南非、伊朗、日本、韩国、印度、新加坡、蒙古等十余个国家和地区数千位口述历史同人的参与，线上线下累计逾百万人次的互动，已成为中国口述历史界的重要年度活动，现已成为口述历史领域专家、学者以及从业人员交流口述历史研究实践经验以及学术交流的重要平台与学术阵地②。

---

① 张亚宏：《美国佛罗里达大学 Samuel Proctor 口述历史项目研究与启示》，载《图书馆》2018 年第 3 期，第 89～94 页。

② 《第六届口述历史国际周举办》，访问日期：2022 年 11 月 18 日，见中国电影网（https://www.chinafilm.com/fwxx/8832.jhtml）。

第六章 人口较少民族口述文献的数字化与永久保存机制

数字技术的注入与革新为口述历史可持续发展带来了新的视野，并驱使口述历史不断前行。当前，通过数字技术将口述资源进行数字化，以构建数据库、资源库的方式将口述记忆资源进行永久保存，已经成为国内外口述文献保护、传承与共享的重要方式。美国民俗生活中心自主开发了专业在线采集平台——Oracle Application Express（A-PEX），用以收集世界范围内的组织及个人所提交的口述历史访谈记录。截至 2019 年 7 月 1 日，该中心已收藏来自世界各地超过 600 万件照片、手稿、录音与动态图像，其中包括 20 世纪 90 年代通过数字技术在蜡筒上制作的最早的现场录音。美国民俗生活中心现已成为美国第一个传统生活的国家档案库，也是世界上最古老和最大的生活记录档案库[①]。

一、数字时代口述历史的机遇与挑战

日新月异的数字技术不断推动口述历史实践走向新的发展，并不断重塑着口述历史的理论内核与社会价值，在使口述历史价值得以拓展和彰显的同时，也给口述历史的发展带来了新的问题。纵观口述历史的产生与发展，信息技术始终是口述历史发展的主要驱动因素。20世纪 40 年代，现代口述历史的兴起在很大程度上得益于便携式录音

---

① Collections & Research Services：The Archive of Folk Cultur［EB/OL］. ［2020 – 10 – 20］. https：//www. loc. gov/folklife/archive. html.

设备的产生，从而使得对受访者原始声音进行记录成为可能。20 世纪 90 年代的信息技术革命为口述历史发展提供了新的契机，其中最大的突破是 MARC 记录的出现，使用户能够通过公共联机目录（OPAC）实现对口述历史的在线访问①。21 世纪以来，随着计算机、互联网以及数字媒体技术的快速发展，口述历史迈入一个全新的数字时代。数字技术不仅转变了口述历史资源的收集、传递、呈现以及获取方式，而且激发了口述历史的民主化潜力，为我们呈现了另一幅景观。然而，日新月异的数字技术在给口述历史带来发展机遇的同时，也置口述历史于各种风险当中，使其面临来自伦理、版权以及学科范式转变等诸多方面的危机与挑战。随着口述历史生存环境的变化，如何以更加理性和辩证的眼光来审视口述历史与技术之间的关系，如何以更加理性和科学的眼光审视口述历史的发展，如何更好地应对数字技术变革所带来的冲击，皆是数字时代口述历史亟待解决的课题。

（一）研究回顾

随着互联网与信息技术的发展，国内外学者对网络及数字环境下口述历史的诸多问题进行了探讨。1999 年，美国口述历史协会杂志《口述历史评论》（*The Oral History Review*）就专门做了一期"新千禧年关于口述历史的思考：圆桌会议评论"专栏。围绕新技术对口述历史带来的影响，唐纳德·A. 里奇（Donald A. Ritchie）、谢娜·伯格·格鲁克（Sherna Berger Gluck）、布雷特·艾农（Bret Eyon）等诸位学者分别发表了自己的看法与观点。学者们普遍对新技术的介入持拥抱态度，认为新技术的兴起有利于降低口述历史制作成本，提高口述历史资源的可访问性、可用性和可转换性，有助于对一些叙事进行纠正，并提供了一种能够研究个人认知建构以及访谈者与受访者之间权利关系的新机会。但我们同时也应警惕，互联网不会改变口述历史的本质，而是会更好地保存口述资源，并在此基础上提供更多的延伸

① Caroline Daniels. Providing Online Access to Oral Histories：A Case Study ［J］. Oclc Systems & Services，2009，25（3）：175 – 185.

服务①。大多数研究者基于口述历史数字化实践，对口述历史数字化经验进行总结与介绍。澳大利亚国家图书馆的韦布·柯林（Webb Colin）与凯文·布莱德利（Kevin Bradley）介绍了澳大利亚国家图书馆声音保护与技术服务部（Sound Preservation and Technical Services unit，SPATS）运用现代信息技术对口述历史进行保存的状况，对口述资源数字化的原因、目标、原则、成本收益及影响等进行了详细的阐述②；特里沃·邦德（Trevor James Bond）介绍了华盛顿州立大学图书馆非洲裔美国人口述历史记录从磁带向数字流媒体转换的过程③；埃里克·威格（Eric Weig）、科帕纳·特里（Kopana Terry）等描述了肯塔基大学图书馆口述历史数字模拟重新格式化口述历史试点项目，涉及主文件创建、自定义界面搜索和检索 Web 安装音频片段等，对项目成本、目标和资助等问题进行了分析④；卡罗琳·丹尼尔斯（Caroline Daniels）根据路易斯维尔大学图书馆口述文献的网上访问的案例，介绍了网络口述文献资源的内容选择、数字化及在线传播的流程，并审视了模拟音频网络环境下口述历史访谈的法律、伦理和技术决策等问题，为图书馆口述文献资源的在线访问提供了参考⑤。在数字技术方面，研究最为突出的是肯塔基大学图书馆路易·B. 纳恩口述历史中心的道格·博伊德（Doug Boyd），他是口述历史元数据同步器（OHMS）的实践者，对数字时代口述历史的发展有诸多见解。2013 年，其在《口述历史评论》上发表了 *OHMS: Enhancing Ac-*

---

① Sherna Berger Gluck, Donald A. Ritchie, Bret Eynon. Reflections on Oral History in the New Millennium: Roundtable Comments [J]. Oral History Review, 1999, 26 (2): 1 – 27.

② Webb Colin, Kevin Bradley. Preserving Oral History Recordings [J]. Ariadne, 1997, 8 (3). http://www. ariadne. ac. uk/issue8/oral – history/.

③ Trevor James Bond. Streaming Audio from African-American Oral History Collections [J]. OCLC Systems and Services, 2004, 20 (1): 15 – 23.

④ Eric Weig, Kopana Terry, Kathryn Lybarger. Large Scale Digitization of Oral History: A Case Study [J]. D – Lib Magazine, 2007 (13): 5 – 6.

⑤ Caroline Daniels. Providing Online Access to Oral Histories: A Case Study [J]. OCLC Systems & Services: International Digital Library Perspectives, 2009, 25 (3): 175 – 185.

cess to Oral History for Free[①] 一文，阐述了肯塔基大学图书馆开发的 OHMS 为用户提供词级搜索并实现抄本、索引的实时同步，且文本搜索可以链接到在线口述历史访谈的记录，成为数字时代口述历史资源管理的重要创新。此外，道格·博伊德还负责密歇根州立大学的 IMLS 基金项目"数字时代的口述历史"，制定关于口述信息资源收集、组织、传播的最佳实践标准。

近年来，国内学者对数字时代的口述历史也进行了相关的研究。温州大学的杨祥银分析了数字化革命对美国口述历史的影响，认为美国口述史学的兴起与发展直接得益于现代技术的发明、创新与应用，其影响不仅在于可以进行更为广泛而深入的国际交流与合作，更在于改变了口述历史记录、保存、编目、索引、检索、解释、分享与呈现的方式与内容，对以书写抄本为基础的口述历史传统模式发起了挑战[②]。张诗阳以技术载体为切入点，将口述历史的发展变迁划分为录音时代、录像时代、网络时代，阐述了不同时代口述历史工作的演进历史、技术特征与时代特征，认为未来的口述历史将与新技术深度融合，技术载体将走向日趋多元化[③]。高建辉首次从数字人文的视角审视少数民族口述历史资料保护的现状与问题，提出数字人文视域下少数民族口述历史资料保护的宏观策略和现实路径[④]。

综上所述，数字时代口述历史已经成为国内外学者关注的焦点。然而，总体来讲，国外口述历史数字化实践开展得较早，众多口述历史数字化项目衍生了较为丰富的研究成果，且数字化实践逐渐成熟和丰富。相较国外，国内学者对数字时代口述历史的探讨较为欠缺，相关的数字化实践开展得较为滞后，尤其是对数字时代口述历史的发展

---

① Doug Boyd. OHMS：Enhancing Access to Oral History for Free ［J］. The Oral History Review，2013（1）：95 – 106.

② 杨祥银：《数字化革命与美国口述史学》，载《社会科学战线》2016 年第 3 期，第 106～120 页。

③ 张诗阳：《从录音机到万维网：口述历史技术载体的变迁及其影响》，载《高校图书馆工作》2018 年第 3 期，第 52～56 页。

④ 高建辉：《数字人文视域下少数民族口述历史资料的保护研究》，载《图书馆学研究》2019 年第 6 期，第 34～39 页。

缺乏自觉的反思与理性的思考。本书在借鉴国内外研究的基础上，尝试对数字时代口述历史的机遇与挑战进行考量与探讨，以期为当前的口述历史实践提供理论借鉴与指导。

（二）数字时代口述历史的机遇

数字革命改变了口述历史记录、保存与分享的方式，口述历史资源逐步走向数字化记录、管理、传播与共享。更为重要的是，它转变了口述历史资源获取的方式，进一步挖掘和发挥了口述历史的民主化潜力。

1. 增强记录历史的能力——回归更为真实的历史

相对于传统录音机等设备采录口述历史的方式，数字技术极大地提高了人们记录口述历史的能力，使历史的真实性得以回归。首先，数字技术革新了口述历史资源的生产方式。从最开始的手持麦克风，到今日的网络摄像机和网络视频系统，依托网络媒体终端就可以进行口述历史资源的实时采录，从"面对面访谈"到"跨空间访谈"，口述历史采录的地理空间被打破，口述历史以一种更加有效的方式得以创建与记录。例如，美国国会图书馆其下属的美国民俗生活中心通过开展在线口述访谈采集美国民俗记忆[1]，对传统口述文献进行数字化并在网络上进行发布，以利于美国民俗方面的研究[2]。作为信息资源生命周期的核心环节，有效的记录也为口述信息资源的后续开发与利用奠定了良好的基础。其次，数字技术打破了传统口述转录抄本的中心地位，使历史的真实性得以回归。口述历史的媒介是声音，而对声音的获取是现代口述历史实践的基础[3]。数字录音与摄像技术对声音、语气、神态等细节的精确记录，能够有效弥补传统历史记录的不

---

① Nancy Groce, Bertram Lyons. Designing a National Online Oral History Collecting Initiative: The Occupational Folklore Project at the American Folklife Center [J]. The Oral History Review, 2013, 40 (1): 54–66.

② 张义、张渝珩:《美国民俗生活中心口述文献的采集与利用》，载《图书情报工作》2019 年第 13 期，第 145～151 页。

③ Kevin Bradley, Anisa Puri. Creating an Oral History Archive: Digital Opportunities and Ethical Issues [J]. Australian Historical Studies, 2016, 47 (1): 75–91.

足。此外，将口述历史置于互联网中意味着与其他用户一起分享历史文化与观点，在这种情况下，口述历史记录的不只是个人记忆或经历的经验，而是经过更多证据和证词检验的历史，历史的真实性得到大大增强。最后，互联网的开放平台为分散的个体记忆存储创造了必要条件，尤其是云端汇集的空间，成为口述历史记忆汇聚与提取的重要场所[①]，从而使共享记忆成为可能。诚如舍恩伯格在《删除：大数据取舍之道》（*Delete：The Virtue of Forgetting in the Digital Age*）一书中的所说的："社会记忆不仅在规模上增加了，而且还成为了全球的共享记忆……数字化系统已经使一个更大、更为全球化的共享记忆成为可能。"[②]

2. "生于数字化"——口述历史资源组织与管理方式的转变

从最初的蜡筒式留声机到录音与录影技术，再到今日的网络信息技术以及数字化技术，口述历史的记录设备已经发生了显著的变化，也改变了口述资源的生成、存储、传播与获取方式。在某种意义上，数字工具使得口述历史资源"生于数字化"，引发了口述历史资源组织和管理方式的一系列变革。如果说传统口述文献只依靠图书馆、档案馆和博物馆等收藏机构来管理，那么数字环境下，网络数据库已成为口述历史资源组织和管理的重要载体。数字环境下口述历史的呈现方式从静态的转录抄本转化为能够进行保存、移动、检索、共享、编辑等处理过程的动态数字文件。随着各种数据库开发软件以及文本转换技术的开发与应用，传统口述历史录音带和抄本也以数字编码的形式放置于网络，成为可供获取的网络信息资源，几乎所有的口述历史资料都会以文档、pdf、图片、视频和数据库的方式被数字化，不同类型的数字文件平行且相互链接，甚至还可以转换为其他类型的数字信息。正如福斯特对数字环境下口述历史总结的那样："一个充满活

---

① 邵鹏：《媒介作为人类记忆的研究》（博士学位论文），浙江大学 2014 年。

② ［英］维克托·迈尔－舍恩伯格：《删除：大数据取舍之道》，袁杰译，浙江人民出版社 2013 年版，第 82 页。

力的声音是一幅美丽的风景，其中文字记录仅是最简单的地图。"①由此说明，数字技术使真实声音甚至表情的呈现成为可能，使口述历史的呈现方式更加立体与生动。

在资源管理方式上，纸质时代的口述历史主要以静态的录音带或是转录抄本保存于图书馆或档案馆当中，需要对其进行分类以便用户借阅。而在数字环境下，口述历史以数字资源的形式实现网络存储和传播，用户不仅可以更加方便快捷地获取所需的口述历史资源，还可以借助非文本依赖的数字索引和搜索机制在访谈中定位查找所需要的口述历史摘录，对口述历史进行检索、浏览与编辑。目前最受关注的口述历史数字化管理系统是美国肯塔基大学图书馆路易·B. 纳恩口述历史中心于 2008 年合作开发的口述历史元数据同步器（OHMS），其能够实现数字环境下用户对音频、视频、文本与元数据等不同类型口述信息资源的检索与访问，极大地提升了用户使用口述信息资源的体验②③。当议及数字技术对口述历史资源组织与管理的影响时，口述历史学家迈克尔·弗里施（Michael Frisch）用烹饪做了一个形象的比喻：口述历史访谈本身是"原始的"内容，而数字环境下的口述历史是经过了多重佐料加工的"熟食（美味）"④。因此，在数字环境下，传统的对转录抄本管理逐渐被口述历史资源的内容管理所取代。

3. 探索而非搜索——口述历史资源获取与利用方式的转变

口述文献收藏与利用模式数字化转型最具革命性的影响，是以创新的方式为口述信息资源的获取、出版与传播提供了多种可能性。首先，数字技术提升了用户获取口述历史的便捷性。在传统纸质抄本时

---

① Kevin Bradley, Anisa Puri. Creating an Oral History Archive: Digital Opportunities and Ethical Issues [J]. Australian Historical Studies, 2016, 47 (1): 75–91.

② Doug Boyd. Hoops and Horses: Innovative Approaches Oral History in a Digital Environment [J]. Against the Grain, 2009, 21 (4): 24–26.

③ Lisa K. Miller. Talk to me: Using the Oral History Metadata Synchronizer to index an Oral History project [J]. Kentucky Libraries, 2014, 78 (4): 17–20.

④ Michael Frisch. Oral History in the Digital Age: Beyond the Raw and the Cooked [J]. Australian Historical Studies, 2016, 47 (1): 92–107.

代，口述历史资料大多被收藏在图书馆或档案馆里，用户只能前往这些收藏机构获取所需的口述资料，大多数人很少有机会能够真正接触到原始的口述录音，口述历史的获取受到一定程度的限制。而在数字环境下，保存于不同地区、不同机构的口述历史资料被数字化，成为可检索、可共享利用的网络资源，口述资源变得可见可得，便捷的互联网能够使不同地区的用户足不出户就可以获取所需的口述资源。从20世纪90年代末开始，国外一大批口述历史项目开始将其口述历史资料上传到网络上，有些网站还提供免费下载或打印服务。其次，在利用方式上，传统纸质时代主要是基于转录抄本的检索利用，通常研究者还可能会采用旁注、便利贴、卡片等形式来摘录和存储所需的口述转录抄本，或者是通过录音机的倒带来查找所需要的录音片段，难以对照抄本对特定录音片段进行精确的检索与浏览。进入数字时代，数字技术能够将口述历史资料进行数字化，形成资源内容较为完备的口述历史数据库，使其成为可供用户检索与利用的数字资源。现在通过文本和媒体文件之间基于时间的代码链接，可以实现对口述历史采访特定位置进行访问，用户可以便捷地获取到口述历史特定关键信息。例如，纽约公共图书馆在社区口述历史项目中使用音频标签工具（audio tagging tools）对口述历史音频进行标记，强调突出重要人物、地点、活动或其他主题，以便提高用户进行文本语义检索的准确度[1]。

更为重要的是，在数字时代，用户对口述历史利用行为从单纯的"检索"转变为一种"探索"行为。为提高普通公众对口述历史资源的兴趣与关注度，一些口述历史项目对以原始形态存在的口述历史资料进行更为多元的利用与开发，如口述史书籍出版、纪录片制作以及展演等。其中，在线（数字）展览、语音导览、播客系列等新媒体成为近年来口述历史资源数字化传播的重要方式。通过各种类型口述历史项目的网上在线展览和推送，用户可以了解到更多的口述历史信

---

① 吴汉华、倪弘：《纽约公共图书馆口述史资源建设经验与启示》，载《图书情报工作》2019年第6期，第116～123页。

息。在线口述历史资源可供用户进行在线编辑与补充，相关链接使用户能够获取到更多丰富的历史细节，从而延伸对历史的理解和参与维度，而多媒体交互平台能够使用户之间分享评论与观点，将不同声音融入历史的公众视野中。

4. 多维度的历史——更好地履行口述历史的民主承诺

口述历史承诺，最终呈现给公众的是一种能为普通人理解的知识，自始至终秉持"到人民中间去"的理念，积极参与培养公众的地方认同和国家意识①。数字时代的到来，增强了口述历史的民主承诺，实现了多维度历史的话语权。数字技术使历史写作权利得到最大限度的开放，使"人人都成为他自己的历史学家"，充分有效地保障了公众个体对于历史阐述的权利。首先，数字技术为个体记录口述历史提供了可能。如果说在模拟电子时代，仅有一部分人能拥有公众形象，那么在数字时代，广泛发达的数字媒体使每个人都有机会参与历史，塑造和呈现公众人物形象。尤其是近年来自媒体技术的快速发展，使个人的生活史、生命史、心路历程与意识建构等都能得到记录与研究，每个人都可以成为口述历史的参与者，而不只限于历史英雄或是社会精英。2015 年 3 月，美国民间口述历史推动机构——故事团（StoryCorps）发布了免费移动应用程序"StoryCorps"，用于记录、保存与分享普通美国民众的故事，真正实现"自己动手做口述历史"②。其次，数字技术提升了多维度历史的话语权。20 世纪 70 年代，随着新史学的兴起，口述历史将普通民众的历史作为主要关注点，强调收集普通民众、社会底层不同群体的生活经历、感悟和经验等，挑战传统精英学院派历史的权威③。例如，美国马萨诸塞州莱克星顿族裔（多元文化）口述历史项目，通过记录不同文化背景的莱

---

① 王艳勤：《何种历史：公共史学视野下的口述历史》，载《武汉科技大学学报（社会科学版）》2018 年第 1 期，第 95～101 页。

② 黄霄羽、卢俊旭：《美国 StoryCorps 口述史项目的特色与启示》，载《北京档案》2016 年第 1 期，第 33～36 页。

③ 李娜：《公众史学与口述历史：跨学科的对话》，载《史林》2015 年第 2 期，第 195～203 页。

克星顿移民以及来自不同宗教信仰和少数族裔社区居民的个人口述历史，使以往被忽视的群体的社会记忆得到抢救与保存①。可以说，口述历史让历史真正回归大众。而随着数字技术的发展和大数据时代的到来，口述历史的公共性日益凸显。作为原来意义上的"沉默"群体，可以有机会平等地参与历史记录的实践，这种去中心化的方式使口述历史更加民主化。最后，数字技术多维度实现历史话语权。数字技术的方便快捷性使得口述历史采访对象日益增多，采访主题日益丰富和多样化。口述历史不仅关注个体生命史、家族史、社区发展史，而且在历史学、社会科学、教育学、区域史、人类学、护理学、文化研究等领域逐渐展现出强大的生命力②。美国北卡罗来纳大学教堂山分校启动了一项新拉丁美人口述历史计划，通过数字和网络技术建立了一个包容性的跨国遗产库以记录他们移民和定居的经历。为了达到这一目的，他们基于互联网建立了一个数字信息系统，并通过开源软件 Omeka 开发了双语网站，该系统的功能包括绘制移民旅程地图，从机构档案系统同步数据，以两种语言在线展示内容，以便移民更好地理解他们即将移民的国家的发展和变化，并为移民研究提供参考③。而在我国，近年来涌现了一批围绕特定街区、乡村、城市、历史遗迹、民俗等主题的口述历史项目，促进了我国口述历史的多维度发展，对提升公众的历史意识起到一定的作用④。

5. 参与的历史——激发更多的合作

在数字技术特别是开放源代码技术的支撑下，口述历史逐渐成为公共合作创造社区项目以及基于移动社交媒体进行社会参与、合作与互动的一种方式。例如，美国纽约布法罗公共图书馆开展的口述历史

① Lexington Jewish Community Oral History Project［EB/OL］.［2020 – 04 – 18］. https://kentuckyoralhistory. org/ark：/16417/xt7kh12v6z3r.

② 尹益民：《国外口述历史研究方法运用概貌、演化及热点透析——基于 2008—2019 年 WOS 论文的分析》，载《图书馆》2020 年第 4 期，第 98～105 页。

③ Hannah Gill, Jaycie Vos, Laura Villa-Torres, Maria Silvia Ramirez. Migration and Inclusive Transnational Heritage：Digital Innovation and the New Roots Latino Oral History Initiative［J］. The Oral History Review，2019，46（2）：277 –299.

④ 杨祥银：《充分发挥口述史学的跨学科应用价值》，载《人民日报》2019 年 8 月 26 日。

策展项目，除图书馆馆员外，专业人员、社区成员、口述资源用户也都积极参与其中。其中，小型的社区团队与专业人士紧密合作，确定社区口述历史主题，利用数码工具对口述历史进行制作、收集、整理等，由熟知馆藏的参考馆员带领读者在图书馆开展访谈，并将通俗语言和专业见解同时引入积极的对话中，从而使口述历史实践成为引导读者对口述历史收藏进行积极探索的一种开放的方式。这种建立在Omeka 开放源代码平台上的数字存储及发现援助被称为"数字化公域"，即一个可供专业知识和经验相互碰撞、尊重和共享的空间①。而前文所提到的美国肯塔基大学将开源软件口述历史元数据同步器（OHMS）嵌入本科教学中，用于修辞与写作课堂，使教授和本科生参与口述历史的编辑与索引，学生在老师的引导下获取历史知识，书写历史作品，这不仅让更多的学生接触到更为多元化的历史，加深了其对写作的理解，传播了历史意识，而且也有效提升了师生的信息和数字素养②。由此可见，数字技术在激发各方力量合作方面发挥了极大的作用。

（三）数字时代口述历史的挑战

数字技术改变了口述历史资源采集、加工与整理的过程，从根本上革新了民众创作和利用口述历史的方式。然而，技术是把双刃剑，在为口述历史带来全新发展机遇的同时，也面临伦理、版权、技术融合以及专业化等诸多方面的挑战，成为数字时代口述历史未来发展必须思考的议题。

1. 来自伦理的考量

人与人相处都会涉及相关的伦理问题，口述历史涉及访谈者、受访者如何在符合道德规范标准的界限范围内进行相处，同时也涉及口

---

① Michael Frisch. Oral History in the Digital Age: Beyond the Raw and the Cooked [J]. Australian Historical Studies, 2016, 47（1）: 92 – 107.

② Douglas A. Boyd, Janice W. Fernheimer, Rachel Dixon. Indexing as Engaging Oral History Research: Using OHMS to "Compose History" in the Writing Classroom [J]. The Oral History Review, 2015, 42（2）: 352 – 367.

述者、访谈者、口述历史资料保存机构（图书馆或档案馆）、口述历史利用者等不同群体的相关利益，这些关系和利益的正确处理都需要用伦理规范来进行协调。口述历史研究项目中的伦理行为包括访谈者、研究人员、档案工作者和使用者的行为和意图，通常以尊重与保护受访者权利为基础，这些权利通常确认于访谈结束之后。从哲学上理解，权利协议定义了一个人做选择的权利，其实施代表"拥有这些选择的基本道德权利得到尊重"①。在传统做法上，口述历史伦理与法律纠纷的解决在很大程度上得益于各国机构审查委员会的监督，依赖于受访者对法律授权协议书的签署。大多数图书馆通过授权协议书的形式使口述资料得以公开和利用。然而，数字环境已经改变了口述历史产生、采集、利用和传播的范式，版权问题已经成为口述历史伦理危机潜伏的重要地带，不受限制的公开访问会引起侵权和滥用等许多相关问题。1998 年，在纽约布法罗召开的口述历史协会年会上，与会者对未经受访者及其家属的同意就将口述访谈放在网上是一种赠予行为持质疑态度，提出将网络环境下口述访谈的使用期限定为一年，并且讨论了对受访者隐私的保护、滥用口述访谈以及对声音记录和转录抄本不当处理等问题②。在线访谈收集需要重新考虑对口述者声音和表达的控制，需要访谈者和口述者就网上公开的交流过程进行谨慎把握和协商。如何对口述资源进行有效控制以及如何保护用户隐私成为数字时代口述历史伦理问题的两个焦点。从法律和道德上讲，在数字时代进行采访的任何人都必须以不同于以往的方式讨论知情同意。目前，非营利性组织知识共享（Creative Commons，CC）许可协议逐渐成为数字时代口述历史伦理解决的重要策略。CC 以更灵活的格式提供了使用许可，其基本目标是允许受访者拥有对自己访谈内容的版权，同时又能通过数据库或网络在线公开的方式满足用户利用的需要。CC 为数字环境下网络资源的开放获取提供了知识共享许可协

---

　　① Kevin Bradley, Anisa Puri. Creating an Oral History Archive: Digital Opportunities and Ethical Issues [J]. Australian Historical Studies, 2016, 47 (1): 75 –91.

　　② Sherna Berger Gluck, Donald A. Ritchie, Bret Eynon. Reflections on Oral History in the New Millennium: Roundtable Comments [J]. Oral History Review, 1999, 26 (2): 1 –27.

议，该许可协议主要由署名、非商业性使用、禁止演绎、相同方式共享四个元素互相搭配，可以形成六套不同组合的许可协议，且每一种许可协议都包含基本权利和义务，同时能够满足普通文本、法律文本和元数据等不同表述方式的需要①。此外，一些口述历史网站在主页上发布明确的版权声明以及相应的使用策略，以规避版权纠纷的发生。伦理问题在不断发展的口述历史中持续浮现，个人和机构要意识到这些问题并对相关参数和指导方针有所了解，明确它们的要点，并将其作为解决伦理问题的重要参考②。

2. 口述资源利用评价方面的挑战

口述历史数字化的目的是让人们更好地利用口述历史资源，而对口述历史资源利用程度进行评价是提高口述历史建设水平的重要途径之一。在传统观念中，资源累计量和可获取量被认为是检验馆藏资源建设程度（价值）的重要指标，其以点击率和浏览时长来进行衡量。然而，当口述历史作为一种数字资源出现在数字环境下时，口述历史中最有价值的东西往往会被数字摘要所削弱，仅将流量、访问量、浏览时长等作为口述历史资源利用评价标准已难以真实有效地反映出口述历史资源的价值。就口述历史资源而言，最重要的是用户是否选择使用、如何使用，以及获取的信息资源如何改变他们的生活。目前大多口述历史网站只是简单提供口述历史项目和相关录音、视频等，其设计缺陷在于缺少能够满足全球用户需求的界面和互动策略。因为没有充分考虑到每个访问者的观点以及口述历史对用户的影响程度，从而限制了口述历史资源满足更广泛受众的新需求以及与多数用户产生历史共鸣的潜力。口述历史如何帮助用户了解文化遗产和人类状况，应是数字网络环境下口述历史重点考虑的内容③。针对传统以点击量作为口述历史信息资源评价的弊端，应构建面向用户多重需求的口述

---

① Creative Commons [EB/OL]. [2020 – 04 – 12]. http://creativecommons. org/.

② Mary Larson. Steering Clear of the Rocks: A Look at the Current State of Oral History Ethics in the Digital Age [J]. The Oral History Review, 2013, 40 (1): 36 – 49.

③ Steve Cohen. Shifting Questions: New Paradigms for Oral History in a Digital World [J]. The Oral History Review, 2013, 40 (1): 154 – 167.

历史资源利用策略以及新的资源评估标准，使其满足数字时代用户对口述历史的新期待。这就要求根据用户需求搭建口述历史用户使用的交互界面，充分考虑到访问者从所看到、听到的口述历史中提取的意义以及与叙述者产生的共鸣。要有效解决以上困境，可从三方面入手：一是了解用户选择某种口述历史记忆的原因，即对用户口述历史的信息行为进行有效分析。二是提供精准化的服务。通过潜在语义索引以及匹配技术来确定用户的潜在需求，推送与用户需求相关的口述历史链接，帮助用户更有效地了解口述历史相关细节。三是提供可供用户分享交流的媒介交互界面，满足用户分享交流与参与历史的需要。

3. 专业化挑战

新媒体技术的快速发展，不仅改变了口述访谈记录的方式，也对口述访谈实施者与参与者提出了更高的专业要求。如何通过网络平台开展在线访谈？如何对数字音频、视频进行编辑和剪辑？如何对口述资源进行标注和索引？这些都成为数字时代口述历史要解决的专业化问题。一个成功的口述历史项目的完成需要一个强大的专业化团队来支撑，从访谈主题的拟定到访谈提纲、访谈过程的把控以及访谈录音的转录等，都涉及专业化问题。在传统做法上，为了规范口述历史的实践，美国口述历史协会（Oral History Association，OHA）于 1968年首次颁布了《口述历史目标和指导方针》，并于 1979 年出台了《口述历史评估指南》，又先后于 1989 年和 2000 年对该指南不断进行修订与完善。2009 年 10 月，OHA 正式将《口述历史评估指南》修订为《口述历史的原则和最优实践》，用于指导口述历史项目的开展[①]。为了适应数字环境下口述历史资源采集的需要，国外许多口述历史网站向用户提供必要的操作指南，如数字时代的口述历史网站在主页为用户提供了在数字时代开展口述历史项目的"最佳实践"参照，专门提供了如何使用数字媒体开展口述历史项目的多方面指导，

---

① 冯云：《美国口述历史伦理审查机制研究》，载《图书馆建设》2015 年第 2 期，第88～91 页。

如采集、策划、知识产权、文件格式、设备等方面的指导①。美国佛蒙特民俗生活中心（Vermont Folklife）网站提供了《数字音频现场录音设备指南》（*Digital Audio Field Recording Equipment Guide*），包括对数字时代现场录音、音频数字编辑和多媒体素材保存等多方面的指导②。另有一些口述历史组织定期开展对用户的培训，如英国国家图书馆开展的"国家生活故事"工程（The National Life Stories Project，NLS）和口述历史学会共同组织，为用户提供口述历史访谈数字编辑原理和技术方面的培训，向用户介绍如何在网站上编辑口述历史访谈并提供使用数字编辑软件的相关实践经验③。

4. 学科危机与范式革命

"范式"是学科知识得以生产的重要条件，是特定时期学术研究共同体应遵守的理论基础、实践规范、基本坐标和方法准则，意味着学科成员达成的某种共识或共同持有的世界观④。从某种意义上说，范式标志着一种文化，这种文化规定了学者的治学原则和学科发展方向。信息与通信技术的快速发展，不仅革新了口述历史保存、传播和利用的方式，而且带来有关口述历史价值、伦理和认识论等方面的问题，引发了学者对口述历史学科发展的反思：口述历史到底是什么？应该如何发展？英国口述历史学家阿利斯泰尔·汤姆森（Alistair Thomson）在 2007 年的一篇文章中就数字革命导致的口述历史范式变革进行了探讨，他认为口述历史学科在理论和实践上经历了四次范式革命：①"二战"后作为"人民历史"来源的记忆复兴；②20 世纪 70 年代末"记忆主体性的后实证主义"研究方法（即通过后实证主义研究记忆及主观性）的发展；③20 世纪 80 年代末口述历史学家作为采访者和研究者角色所发生的转变；④20 世纪 90 年代末和 21 世

① Best Practices-Oral history in the Digital Age ［EB/OL］. ［2020 – 04 – 20］. http：//ohda. matrix. msu. edu/best-practices/.

② Fieldwork Guides ［EB/OL］. ［2020 – 04 – 20］. https：//www. vermontfolklifecenter. org/fieldwork-guides.

③ Digital editing ［EB/OL］. ［2020 – 04 – 20］. https：//www. ohs. org. uk/training/digital – editing/.

④ 张聪：《学科发展的"范式"演变》，载《中国社会科学报》2019 年 10 月 30 日。

纪初口述历史所经历的数字革命①。21 世纪以来，数字技术几乎渗透口述历史的各个方面，从根本上改变了人们记录和叙述历史的方式以及人们与口述历史之间的关系。随着口述历史实践在全球范围内如火如荼的开展，口述历史本身俨然成为一个跨学科的研究与实践领域，涉及历史学、社会学、传播学、图书情报学、计算机科学等诸多学科领域。新媒体技术、5G、大数据以及人工智能时代的到来，不仅会持续改变人们记忆以及记录自己生活的方式，而且也使记忆建构历史的方式得到新的洗礼，甚至有学者提出数字革命口述历史范式变革的可能性是自然科学和人文科学的首次融合②。总之，数字革命现在还处于不断发展中，它将继续重构口述历史的学术体系和话语体系。作为口述历史研究者，应摒弃对技术的盲目崇拜，以一种理性而批判性的眼光审视口述历史的发展与转向。

总之，在当今数字时代，信息与通信技术正普遍、深刻而又无情地创造和重塑着人类的实践和理论基础，改变了人类的自我认知，重组了人类与自身以及他人之间的关系，并升华了人类对这个世界的理解。尤其是在 2020 年，一场突如其来的新冠疫情导致全世界都倡导保持社交隔离，基于云技术的云会议、云阅读、云观赏等再次展现了互联网技术在社交融合中的强大生命力，也使人们的工作和生活模式发生了极大的改变。使用数字方法与工具被证明是解锁口述历史本质和需求的最佳钥匙，它创造了口述历史的奇迹，增强了口述历史过程和意义的复杂性，而且使口述历史更具有参与性、开放性、指导利用性以及趣味性，使数字时代的口述历史成为民众的共同实践，也不断推动口述历史向多维度发展。技术的革新和观念的转变在不断加快对口述历史的解读与展示，在未来，数字技术将继续与口述历史更加全面和无缝地融合在一起，共同描绘出另一幅人类认知与记忆图景。

---

① Alistair Thomson. Four Paradigm Transformations in Oral History [J]. Oral History Review, 2007, 34（1）: 49－70.

② Steve Cohen, Shifting Questions: New Paradigms for Oral History in a Digital World [J] The Oral History Review, 2013, 40（1）: 154－167.

二、人口较少民族口述历史数字化平台构建的必要性

数字化技术日益广泛和深入的应用，在一定程度上变革了口述历史采集、整理、管理、共享与传播的方式。当前，我国对人口较少民族口述文献已经展开了相关的收集与保护工作，并取得了初步成效。然而，人口较少民族口述文献的收集、分类、编目、利用及传播的整合问题亟待破解。随着数字时代的到来，下一步工作的关键是如何借助数字技术构建新型的保存与利用模式。针对当前对中国人口较少民族口述历史数字化保存与传承的需要，亟待借助先进的数字技术，构建中国人口较少民族口述资源库，加强中国人口较少民族口述历史数字典藏和数字研究，利用先进的数字技术手段，从根本上解决人口较少民族口述历史保护、传承和分类整合的难题。其必要性体现在如下三个方面。

（一）文化驱动

文化是一个国家、一个民族的灵魂。党的十九届五中全会审议通过的《中共中央关于制定国民经济和社会发展第十四个五年规划和二〇三五年远景目标的建议》明确提出："繁荣发展文化事业和文化产业，提高国家文化软实力。"这就要求必须加强文化建设，更好地满足人民日益增长的精神文化需求。人口较少民族口述历史是人口较少民族文化历史的主要传播方式，对其进行数字化保存，不仅是抢救人口较少民族历史记忆的紧迫要求，也是保存和传承人口较少民族文化、促进中华优秀传统文化繁荣发展的具体要求。

（二）技术驱动

在口述历史的发展过程中，口述历史与数字技术早已密不可分。从数字录音设备、数字音频存储到数字音频访问，技术始终是推动口述历史实践发展的重要力量。数字口述历史工作坊（Digital Oral History Workshop）的研究员认为，数字技术创建和收集口述历史与数字技术管理口述历史的距离已然消除。换言之，数字技术已经覆盖了口

述历史收集与管理的全过程。工作坊强调，数字技术专业知识在口述历史记录的各个阶段都是必需的。数字技术是采访录音，口述历史中间产品和最终产品的设计和制造，以及记录保存、记录访问管理都必须使用的技术①。数字技术的不断更迭与发展，成为用户获取信息、文化与知识的重要载体与工具，也在一定程度上革新了文化传递和传承的方式，更多的用户倾向于使用手机、iPad、电脑等进行文化共享与创作。为了满足现代用户的文化需求与体验感，亟须借用现代技术使口述历史产品和成果以人们喜闻乐见的形式产出与呈现。在以数字化技术为支撑的数字信息潮流到来之际，融合新数字技术，构建中国人口较少民族口述历史数字化平台，已经成为抢救与保存人口较少民族历史文化的必然选择。

（三）价值驱动

在某种意义上，通过数字化技术搭建数字化管理与共享平台，可进一步挖掘和拓展人口较少民族口述历史资源的文化价值、学术价值与社会价值。首先，数字化保存技术可以将人口较少民族口述历史资源进行数字化记录和永久性保存，不仅能够避免因物理保存条件有限造成口述历史文献的丢失和损坏，而且能够促进人口较少民族优秀传统文化的数字化传播，促进民族优秀传统文化在当代的保护与传承。其次，搭建人口较少民族口述历史数字化平台有利于形成人口较少民族口述数字典藏，可为历史学家、民族学家、人类学家等研究者提供丰富的学术资源，为人口较少民族口述文化遗产评估和实施非物质文化遗产保护工程提供学术咨询，并辅助建立人口较少民族文化遗产保护的评估标准。再次，数字化共享利用平台可拓展人口较少民族口述历史的在线采集与传播渠道，提升人口较少民族口述历史采集与利用效率，提供口述历史数字资源的在线共享，可使公众深度共享历史文化资源，进一步挖掘人口较少民族口述历史的社会价值。最后，数字化平台有利于人口较少民族口述资源互动整合，整合政府、学者、企

---

① 杨红：《非物质文化遗产数字化研究》，社会科学文献出版社 2014 年版。

业和民众等各方力量，形成数字资源集合，促进各方协作与合作，发挥人口较少民族口述历史收集与保护的整体功能与作用。

一言以蔽之，借助高效的数字化技术手段对人口较少民族口述历史资源重新整合，使其成为对社会公众普及口述历史资源保护与传承教育的平台，同时也为传统民俗文化在现代社会的持续生存与发展提供新的保护模式。

三、口述文献数字化的原则与标准

（一）数字化的原则

对中国人口较少民族口述文献进行数字化的根本目的是最大限度地挖掘和发挥口述资源的价值。为了确保中国人口较少民族口述文献数字化的质量，在数字化的过程中，应力求使口述资源准确、方便、快捷地提供利用，使数字化的口述历史资源能够与其他数字化平台的口述资源进行共享，以满足用户对口述资源获取和利用的需求。而在数字化的过程中，为了提升数字化的效率，促进口述数字资源的共建共享，应以以下五项原则为指导进行口述文献数字化的具体开展。

1. 规范性原则

规范性要求是开展中国人口较少民族口述文献数字化的基本要求，也是确保口述文献可用性的基本条件。只有在行业标准规范的框架下进行口述文献数字化，才能最大限度地挖掘口述资源的利用价值。当前，在数字化领域已经出台了基本的要求和规范，如在档案数字化方面，国家档案局于 2005 年 4 月 30 日发布了档案行业标准《纸质档案数字化技术规范》（DA/T 31—2005）[1]。随着口述历史实践在国内外的陆续开展，一些关于口述历史数字化方面的规范和参考也相继出台。例如，美国口述历史协会制定了旨在规范口述访谈的《口述历史的原则和最优实践》，我国国家图书馆所开展的中国记忆项目

---

[1] 赵明赫：《概论档案信息数字化的目的和要求》，载《黑龙江史志》2013 年第 9 期，第 56 页。

也制定了《口述史料采访规范》《影像资源采集规范》等标准规范。人口较少民族口述文献应该按照既定的技术模式、文件格式和标准进行数字化，并尽可能采用通用标准。

2. 真实性原则

口述历史之所以被历史研究重视，是因为其具有无可替代的真实性，能够如实反映社会意识与存在，为人们接近更可靠、更可信的历史提供了可能，为宏大的历史叙事提供微观视角。数字化是对原始口述文献信息的存在形式的转变，使其转换成能被数字设备解读的数字形式。这种转变依赖于对原始资料的忠诚度，而随意的数字化将导致数字化内容与原件内容出现不一致的情况，造成口述文献在某种程度上失真，从而大大降低口述资源的利用价值。因此，在对口述文献进行数字化过程中，必须严格坚守真实性原则。具体来讲，在采访的过程中，应如实记录口述者的叙述，在整理过程中，尤其是在对口述文献进行数字化转录过程中，必须遵照口述者的录音原文，不能随意删减和杜撰，应最大限度地还原口述者的原意。

3. 实用性原则

口述历史数字化的目的是让口述资源更好地为用户所利用，应从实用性出发，明确口述数字资源建设的目的以及受众目标，有效评估口述资源对历史研究和其他用户的价值，从而制定相应的数字化方案。用户对口述资源的利用方式通常有多种，如转录抄本、音频、视频、照片、索引或其他材料，因此，口述历史数字资源应尽可能以多种形式进行创建。

4. 效率性原则

口述文献数字化工作是一项耗费人力、物力和财力的工程，尤其对于图书馆、档案馆等口述历史保存机构来讲，往往面临数字化经费不足、专业人员紧缺的困境。因此，在口述文献的数字化上，应最大限度地物尽其用，充分提升数字化的效率。应在充分调研的基础上选择最优的数字化方案，包括最优的工作流程、最合理的文件格式、最有效的数字存储模式以及高效、经济的数字化系统①。在此基础上，促进口述文献数字化、专业化与社会化相结合。一般来讲，一些大型的口述历史保存机构通过自主研发或是购买的方式构建口述历史资源数字化管理应用的数字化平台，如美国肯塔基大学图书馆的路易·B. 纳恩口述历史中心自主研发了口述历史元数据同步器系统，并在多个图书馆推广应用②。然而，对于一些小型的口述历史保存机构来讲，由于经费有限，或是技术力量支撑不够，往往需要通过相互合作或通过外部的数字技术公司来完成口述文献的数字化任务，从而降低成本。

5. 安全性原则

对口述历史进行数字化的过程也涉及数据安全的问题。硬盘与服务器故障、软件更新、黑客攻击、数据损坏等问题，极易导致数据读取的失败或是丢失，而不加限制的访问也会产生数字版权纠纷等问题。因此，在数字化过程中，应充分考虑以上问题，做好数据库的兼容、软件更新、数据的备份和存储以及访问权限的管理等，同时，所有工作人员需签署保密协议，建设单位需与受访者、相关文献提供者签订相关授权书及法律协议，保护受访者的权益，保证所有口述历史数据资源处于安全的使用环境。

（二）数字化的标准

为了促进口述资源的共享与利用，人口较少民族口述文献必须在各项标准与规范的框架内开展数字化工作。随着口述历史实践的发展，为了规范口述数字资源的保存与发展，数字化领域陆续形成了一系列原则与标准。美国对数字资源描述的规范进行了有益探索，对静态图像、音频、视频等不同类型的资源描述制定了具有操作性的指南。例如，在静态图像规范方面，美国联邦政府数字化指南倡议

---

① 赵明赫：《概论档案信息数字化的目的和要求》，载《黑龙江史志》2013 年第 9 期，第 56 页。

② 冯云、张孝飞：《社区口述历史：高校图书馆创新发展的新领地》，载《图书馆工作与研究》2019 年第 5 期，第 14～18 页。

（Federal Agencies Digital Guidelines Initiative，FADGI）发布了《数字化文化遗产材料技术指南》（*Technical Guidelines for Digitizing Cultural Heritage Materials*）、《内容分类与数字化对象指南》（*Guidelines：Content Categories & Digitization Objectives*）、《数字化图像架构》（*Digital Imaging Framework*）、《文件格式比较》（*File Format Comparisons*）等用于规定数字化的具体方案；在音频规范方面，制定了《音频系统性能指南》（*Audio System Performance*）；在视频规范方面，出台了《保存和归档的 MXF 格式应用规范（AS—AP/AS—07）》［*MXF Application Specification for Archiving and Preservation（AS—AP/AS—07*）］等①。此外，美国佛蒙特州民俗生活中心（Vermont Folklife Center）发布的《音频领域录音设备指南》对口述史的数字录音机的选择进行了原则性的规定②。美国口述历史协会提供了一系列有关数字化的指南性文件，包括数字录音技术、较常用的便携式数字录音机、质量优良的录音设备信息来源以及相关的实例。例如，美国民俗生活中心口述历史项目规定所提交的口述访谈音频必须是 WAV 文件格式，而非其他音频格式，如 MP3、FLAC、OGG、AIFF 等，并要求访谈视频的分辨率达到 24 位/ 96 kHz 的国际档案数字音频文件标准③。美国肯塔基大学的数字时代的口述历史（Oral History in the Digital Age，OHDA）网站提供了数字化环境下口述历史最佳实践的所有材料，如文本、音频、数字视频等④。

四、口述资源数字化与永久保存的策略

口述资源数字化是一个完整的信息生命周期过程，口述数字资源

① Federal Agencies Digital Guidelines Initiative［EB/OL］.［2020 – 10 – 22］. http://www. digitizationguidelines. gov/guidelines/.

② 冯云：《西藏自治区非物质文化遗产传承人口述史数据库建设探讨》，载《西藏研究》2017 年第 6 期，第 99～ 104 页。

③ Nancy Groce，Bertram Lyons. Designing a National Online Oral History Collecting Initiative：The Occupational Folklore Project at the American Folklife Center［J］. Oral History Review，2013，40（1）：54 – 66.

④ Oral History in the Digital Age［EB/OL］.［2020 – 09 – 29］. http://ohda. matrix. msu. edu/.

的价值在生命周期每一阶段的过程中得到不断增值和叠加，最后成为充满创造性和交互式的数字资源。而对口述文献进行数字化，是为了永久保存文化历史以及记忆。正如道格·博伊德所言："无论创建什么样的'数字资产'，都必须将长期保存作为首要任务。"

（一）口述资源的特征

随着数字化记录与保存技术的发展，口述历史已成为一种常见的数字资源，广泛存在并流传于网络与各种数字媒介当中，成为数字化管理与利用的新对象。而要实现对口述历史数字资源的科学管理与利用，首先应具体鉴别口述历史数字资源的属性与特征。相较于一般的数字资源，口述历史数字资源具有如下特征。

一是资源异构性。在传统的纸质抄本时代，口述历史通常以录音带、录影带或静态的纸质抄本形式保存在图书馆、档案馆和博物馆等收藏机构中，而进入数字时代，数字技术使口述历史从静态的文献资料转化为能够进行保存、移动、检索、共享和编辑的动态数字文件，几乎所有的口述历史资料都会以文档、pdf、图片、音频和视频等方式进行展示。用户在数字环境下访问某个口述历史项目，既可获取相关的口述历史抄本文字文本，也可收听到口述采访录音，还可观看口述历史视频记录。

二是资源交互性。由于口述历史数字资源承载着丰富的历史文化信息，其所蕴含的历史文化信息彼此交织，因此其数字资源呈现出较为鲜明的异构性。具体来讲，口述历史数字资源涉及文本、音频、视频等多种数字格式，不同类型的数字资源共同阐释历史文化记忆，数字管理的对象是文本和非文本相互交织的数字对象。此外，口述历史的历史文化属性要求提供所对应事件的背景、含义与关联，需要根据其历史文化特点考虑和选择相应的存储和展示平台，并重视用户在访问和利用过程中的体验与参与，这对数字管理平台的交互性提出新的要求。

三是开放式构建。数字时代的口述历史资源已广泛存在于网络世界中，而网络最大的魅力在于其开放性。由于网络技术的加持，口述资源被置于一个开放的网络环境中，用户既可通过在线采集平台实现对口述资源的创建，用户之间还可以对口述历史观点与评论进行分享，共同创建口述历史记忆。

（二）口述资源数字化与永久保存的必要性

随着互联网、数字技术日新月异的发展，当前，口述历史已经迈入一个前所未有的数字时代①。在数字技术编织的口述历史"王国"里，数字技术改变了口述历史资源收集、保存、获取与利用的方式，使口述历史呈现为一幅全新的数字景观。数字环境下的口述历史已从纸质抄本、录音带逐渐走向数字化，传统口述历史保存机构的管理对象已经衍变为以数字化形态存在的口述历史文本、音频、视频、图像以及相关的数字信息②。作为一种集历史与文化于一体的且以文字、音频、视频多种类型交织呈现的资源，口述历史数字资源管理给图书馆、档案馆等口述历史保存机构带来了新的挑战。目前，世界范围内涌现了一大批口述历史数字化项目，并取得了显著成效。与此同时，我国图书馆领域在一定范围内通过构建数据库的方式初步展开了口述历史数字化的相关实践，通过构建资源库或数据库的方式对口述历史资源进行数字化保存与展示。例如，国家图书馆于 2012 年正式启动"中国记忆"项目，通过口述历史方法采集有关中国现代与当代重大事件、重要人物的口述文献与影像史料，建立专题文献资源库，丰富国家图书馆特色馆藏，以"为国存史，为民立传"③。湖南图书馆在"寻找城市记忆""寻找湖南抗战老兵""寻找湖南民间达人"等项目的基础上构建了湖南红色记忆多媒体资源库。吉首大学图书馆自建了武陵山民族口述数据库④。云南楚雄师范学院图书馆立足于西南彝

---

① 冯云：《数字时代口述历史的价值与问题》，载《图书馆建设》2021 年第 3 期，第 26～33 页。

② 杨祥银：《口述史学的数字化转型》，载《人民日报》2015 年 9 月 21 日。

③ 《中国记忆项目简介》，访问日期：2022 年 4 月 1 日，见中国记忆项目实验网（http://www.nlc.cn/cmptest/int/）。

④ 张一：《网络环境下我国图书馆口述文献资源库建设调研与分析》，载《图书馆工作与研究》2017 年第 12 期，第 54～61 页。

族文化的抢救与保存，依托所收集的有关西南彝族历史文化的口述资料，自建了西南彝族口述历史资料库①。但从总体上看，这些口述历史数据库或资源库普遍呈现出资源描述过于简单、检索功能较为单一、共享与利用程度不高等问题，难以满足更高的管理与利用需求。其原因主要在于保存机构对口述历史资源进行数字化管理的意识不强，且缺乏一整套科学合理的数字化管理策略与方案。通过文献调研发现，近年来，已有学者开展了有关口述历史数字化实践的研究，以介绍美国②③、澳大利亚④等国口述历史资源建设方面的经验为主，而专门针对口述历史资源数字化管理与利用的探讨并不多见。本书拟从信息生命周期理论视角出发，对口述历史资源的数字化管理与利用的具体方法与策略进行探讨，以期为我国当前口述历史数字化实践提供借鉴与参考。

（三）口述资源数字化与永久保存的策略

1. 口述数字资源的创建

口述数字资源的创建是口述数字资源永久保存的起点，也是口述资源进行后期开发、利用与保存的基础，最终会影响口述资源数字化保存的难易程度。

首先，从用户需求的角度出发，评估口述数字资源库创建的目的与价值，从而制定可行的数字化方案。建设人口较少民族口述历史资源库，一方面是为了将中国人口较少民族历史文化记忆进行采录与保存，以起到保存与传承人口较少民族历史文化的目的；另一方面，可为民族学、人类学、历史学以及社会学等研究学者提供研究资料。用

---

① 《西南彝族口述历史资料数据库》，访问日期：2022 年 4 月 2 日，见楚雄师范学院图书馆网（http://yzksls.cxtc.edu.cn：8081）。

② 季双琪：《美国图书馆口述历史资源库建设特色及启示》，载《图书馆工作与研究》2018 年第 11 期，第 40～45 页。

③ 张义、张渝珩：《美国民俗生活中心口述文献的采集与利用》，载《图书情报工作》2019 年第 13 期，第 145～151 页。

④ 张义：《澳大利亚国家图书馆口述历史资源采集和开发利用研究》，载《图书馆学研究》2020 年第 7 期，第 79～85 页。

户对口述资源的利用方式通常有多种，如转录抄本，使用音频、视频、照片、索引或其他材料，因此，口述数字资源应尽可能以多种形式进行创建。

其次，从口述资源后期的内容管理和共享需求出发，尽可能保持数字资源格式、规范以及元数据描述的一致性与标准化。中国人口较少民族口述资源库的创建，应在我国口述历史资源描述框架体系下进行，以便实现口述数字资源的共享与利用。2018 年，国家图书馆"中国记忆"项目启动了中国人口较少民族口头传统记录典藏工作，计划对我国 28 个人口较少民族的口头传统进行原生人文环境的影像记录，并邀请相关传唱人或讲述人到北京进行完整录制，目前已基本完成对普米族口头传统的拍摄及文献资料搜集工作[①]。国家图书馆已经在人口较少民族口述文献收集方面积累了初步的经验，其他口述文献保存机构可以通过与国家图书馆合作的方式，在国家图书馆专家队伍的指导下对人口较少民族口述文献进行搜集与整理，尽量减少口述资源数字化的重复建设，并保证后期资源数字化能够按照国家统一的规范和标准进行，达到资源共享的目的。

再次，选择合适的数字内容管理系统（Digital Content Management Systems，DCMS）进行口述数字资源的创建[②]。DCMS 是在线管理数字内容（文本、转录抄本、图像、音频和视频等）并提供在线展示的一种方式，以数据库的形式方便用户对数字对象进行添加、更改或做其他的在线处理[③]。选择合适的数字内容管理系统给人们使用人口较少民族口述资源库带来了极大的便捷性。目前，常用的口述历史内容管理系统主要有 WordPress、Drupal、Omeka、CONTENTdm 等，

---

① 田苗、韩尉等：《口述史学科发展背景下的中国图书馆界口述文献建设概述》，载《图书情报知识》2020 年第 5 期，第 34～41 页。

② 陈鹤杰、乔东亮等：《构建具有"数字内容管理"特色的信息管理与信息系统专业》，见《着力提高高等教育质量，努力增强高校创新与服务能力——北京市高等教育学会 2007 年学术年会论文集（上册）》，北京市高等教育学会 2008 年版，第 6 页。

③ Dean Rehberger. Getting Oral History Online：Collections Management Applications ［J］. Oral History Review，2013，40（1）：83－94.

不同内容管理系统的数字资源管理功能的侧重点有所不同。①Word-Press①。WordPress 创建始于 2003 年，最初作为博客管理工具而应用于网页博客内容管理，现已发展成为创建网站便于使用的工具。其特点在于拥有一个非常强大的开源社区，有超过 5.5 万个插件能够满足用户的各种扩展需求。作为一个能够创建前端网站和展示口述收藏样本的平台，WordPress 现已受到口述历史数字化项目的广泛关注，美国肯塔基大学的数字时代的口述历史（OHDA）② 网站就是应用 WordPress 所创建，该网站为口述历史数字化提供了丰富的理论和实践指导。②Drupal。Drupal 是基于 Web 开源的内容管理系统，具有强大的网站开发功能，最显著的特征是拥有近 2 万个插件，呈现出高度灵活性和可扩展性，拥有处理大量数字对象集合的能力，因此主要应用于大型的口述历史项目，成为图书馆、档案馆、博物馆等机构开展口述历史项目的首选③。美国伊利诺伊州博物馆"音像谷仓"口述历史项目（Illinois State Museum Oral History Project，Audio-Video Barn）就是基于 Drupal 平台创建的，主要用于记录和保存伊利诺伊州农业和农村生活的口述历史。为了提供灵活的导航和便于用户使用，该项目使用数字索引软件剪辑器，将每个口述访谈音频或视频按照主题剪辑成长度在 30 秒到 12 分钟不等的片段，并按照受控词表对每个片段进行主题索引，最后将数据导入 Drupal 平台，通过该平台所支持的插件模块进行口述访谈的显示、组织、搜索等④。③Omeka。Omeka建设始于 2006 年，是一个能够进行数字收藏共享和开展丰富数字收藏在线展览的开源网络出版平台，其主要特点在于免费、易于安装、界面好且拥有灵活多变的元数据功能，能够快速有效地将口述历史收藏在网上进行发布，并允许用户自由开发和使用插件以满足个性化定

---

① WordPress［EB/OL］.［2022 – 06 – 25］. https://wordpress. org/.

② Oral History in the Digital Age［EB/OL］.［2022 – 06 – 25］. http://ohda. matrix. msu. edu/.

③ Drupal［EB/OL］.［2022 – 06 – 25］. https://www. drupal. org/.

④ Erich Schroeder. Sharing Stories：Putting the Illinois State Museum Audio – Video Barn On – Line［EB/OL］.［2022 – 06 – 25］. http://www. archimuse. com/mw2010/papers/schroe-der/schroeder. html.

制的需要①。对于图书馆、博物馆、档案馆以及个人用户来说，Omeka 是管理和展示口述历史数字集合的极好选择。例如，由美国佛罗里达州政府、图书馆和信息部门联合开展的佛罗里达记忆项目就是应用 Omeka 所创建的，如今该口述项目已经成为目前 Omeka 最大的公共项目之一②。总之，不同的内容管理系统应用范围不同，有的适用于大型口述历史数字资源的收藏，而有的适用于构建小型的口述历史数据库和展示音频文件。因此，选择何种口述数字资源内容管理系统取决于所拥有的资源数量以及建立数据库的目的。

目前我国尚未开发设计出统一的口述历史数字内容管理系统，大部分还是延用传统的图书馆数据管理系统，因此，存在功能单一、利用效率不高等问题，难以满足较高的管理需求和较复杂的使用需要。如果要提升人口较少民族口述历史资源库建设水平，可考虑与软件公司联合开发专业的平台和系统，也可以在对相关专业的平台和系统进行调研的基础上，结合保存与利用需求购买引进适合自身资源特点的专业化平台和系统。

2. 口述数字资源的采集

口述数字资源的采集是根据特定需求和目的将分散的信息采集和积聚起来的过程，是数字资源得以开发和利用的基础和起点③。我国陆续出台了口述文献采集标准，可以为人口较少民族口述文献采集提供理论指导。2017 年国家档案馆颁布了行业标准《口述史料采集与管理规范》（DA/T 59—2017）④，该标准对采集规划（包括采集范围、采集主题、采集方案）、采集流程（包括确定口述者、采集准备、采集实施、采集整理）、口述史料的收集方式、口述史料的保存与管理以及利用等方面做了较为明确和详尽的要求，并在文后附有规

① Omeka［EB/OL］.［2022 – 06 – 25］. https://omeka. org/.

② 邱建华：《Omeka 系统在数字人文研究中的应用剖析》，载《情报探索》2019 年第 10 期，第 104～109 页。

③ 粟湘、郑建明等：《信息生命周期管理研究》，载《情报科学》2006 年第 5 期，第 691～696 页。

④ 《口述史料采集与管理规范》（DA/T 59—2017），访问日期：2022 年 9 月 20 日，见 http://www. saacedu. org. cn/war/webfile/upload/2017/12 – 27/16 – 01 – 030268 – 166115682. pdf.

范性附录《口述史料采集协议书》《采集信息表》以及《口述史料机读目录数据库机构及字段一览表》，为人口较少民族口述文献整理与编目提供了有益的参考①。

纵观国内外口述历史项目的开展，当前口述历史资源的采集主要有自采、捐赠、委托、合作四种方式。自采模式是指口述历史项目主体自主独立采集口述历史资源，以获取一手的口述文献。通常有两种采集方式：一是将原有口述资料进行数字化，即将图书馆、档案馆、博物馆等收藏机构的访谈录音带、转录抄本等利用数字技术转换为数字形式进行存储。二是口述历史的在线采集。国外口述历史领域已经涌现了一大批专业的口述文献采集软件和平台，如 Oracle APEX、StoryCorps、Historymaker 等，这些软件和平台在各个口述历史项目中被广泛采用，并受到用户的一致好评。随着数字化工具的运用，美国民俗生活中心的职业民俗项目自主开发了 Oracle Application Express（APEX）在线资源采集平台。Oracle APEX 提供了一个面向对象的强大的数据化平台，能够为用户提供开发工作的空间和定制数据库表单和报告，实现全国各个机构和用户口述资源的分布式采集，同时提供用户身份验证和访问控制，现已成为一个易于使用的、安全的在线应用程序②。截至 2019 年 7 月，该平台已收藏来自世界各地超过 600 万件照片、手稿、录音和动态图像，并将所采集的资源提交给美国国会图书馆保存，在其官方网站上进行发布并供给用户使用③。

近年来，网络应用程序（App）的开发与应用极大地提高了个人制作口述历史的便捷性和易用性。美国民间口述历史推动机构——故事团（StoryCorps）于 2015 年发布的免费手机应用程序 "Story-Corps"，其宗旨是保存和分享个人故事，建立人与人之间的联系，创

---

① 丁钰镥：《〈口述史料采集与管理规范〉解读》，载《中国档案》2018 年第 10 期，第 22～23 页。

② Nancy Groce, Bertram Lyons. Designing a National Online Oral History Collecting Initiative：The Occupational Folklore Project at the American Folklife Center [J]. Oral History Review，2013，40（1）：54－66.

③ Collections & Research Services：The Archive of Folk Culture [EB/OL]. [2020－10－05]. https://www.loc.gov/folklife/archive.html.

造一个更加公正和富有同情心的世界①。用户通过下载安装 Story-
Corps 程序就可以实现个人口述历史的制作和分享，分步实现口述
历史的在线采集、编辑、保存与分享。口述访谈结束后，还可以添
加标题、关键词和相关的描述信息，最后形成的访谈既可以选择上
传至美国国会图书馆进行存档，也可以选择保存在自己的移动设备
中与家人或朋友进行分享，实现了真正意义上的"自己动手做口述
历史"。而 Historymakers 则提供了另外一种采集口述历史的视角和
方式，除了系统收集了 9000 余小时的非裔美国人口述访谈，它还
采用了先进的归档方式将口述访谈进行数字化，对音频片段（而不
是整个采访）创建档案含义以及常识性索引，并链接了其他口述历
史访谈②。在当前科技飞速发展的现代社会，可充分开发可供录制我
国人口较少民族口述历史的自媒体软件，这样就能在更广范围内对口
述历史进行采集。

3. 口述数字资源的组织

口述资源一旦转换为数字资源，就需要对其进行编目与标识，以
便用户更好地获取与利用。编目是对口述资源进行分类，以满足用户
的特定检索需求；标识则是为了查找对象，将该对象链接到其他相关
数字对象所提供的唯一关键件，以满足用户通过上下文语境更好地理
解和利用口述访谈的需求。口述资源通常采用元数据的形式进行编目
与标识。

4. 口述数字资源的存储

存储通常被视为信息生命周期中的被动阶段，其出发点在于规避
以数字形式创建的记录和文献遗产因面临硬件、软件、相关标准和协
议的过时以及数字媒体固有的脆弱性而导致丢失的风险。正如道格·
博伊德（Doug Boyd）所言："无论创建什么样的'数字资产'，都必

215

须将长期可持续性保存作为首要任务。"① 积极主动的数字保存方案，既可以减少数据创建方面的重复工作，而且有助于进一步提高现有数字资源的质量和利用价值。作为一种文化记忆资源，从保护的角度出发，口述数字资源的获取与保存更需要计划性。口述数字资源保存主要有以下几种策略。

（1）异地存储。一般建议相同的口述访谈实例备份 3 个，并且至少在 2 个不同的地方进行保存，为口述资源创建足够的副本来规避潜在的丢失风险。异地存储可通过与长期保存机构合作或自建长期保存系统来实现。

（2）物理介质存储。将口述数字资源保存在硬盘驱动器或是数据磁带上，但应考虑媒介寿命问题，定期对其进行保养，并检查存储情况。

（3）镜像存储。镜像是指将一个存储介质的数据在另一个存储介质上保存完全相同的副本。这种保存方法，一般要求每个文件在不同的驱动器上存储两次。例如，一个 2 TeraBytes 外部硬盘驱动器实际上包含 4 TeraBytes 的存储，同时将副本数据写入两个驱动器中。

（4）云存储。对于个人和机构来说，云存储方案正变得越来越容易获得。云服务提供商和网站，如 Google、Facebook、Flickr、You-Tube 和 SoundCloud 等，均有大型"服务器在线口述历史仓谷"（仓谷中装满了服务器）。通过云平台可以使位于世界上任何地方的任何人与特定网络用户共享文档、图像、音频和视频。此外，社交媒体网站不仅提供了一个免费的存储空间，而且能够增强口述数字资源的共享性与互动性。常见的社交媒体网站是 YouTube，它以强大的内置多媒体功能和易于分发的特点成为小型口述历史项目展示的最佳选择。许多大型图书馆和博物馆，如美国国会图书馆和史密森学会博物馆均已转向使用 YouTube 保存和分享口述历史音频和视频②。

---

① Douglas A. Boyd. The Digital Mortgage：Digital Preservation of Oral History ［EB/OL］.［2021－04－03］. http：//ohda. matrix. msu. edu/2012/06/the－digital－mortgage/.

② Dean Rehberger. Getting Oral History Online：Collections Management Applications ［J］. Oral History Review, 2013, 40（1）：83－94.

需要注意的是，口述数字资源的长期保存需要大量资金支持，对于经费短缺的口述历史项目而言，也可通过争取政府拨款或基金赞助的方式来获取支持。国外已开展了有关政府拨款、各种基金会和协会对口述数字资源保存的资助计划。例如，美国肯塔基口述历史委员会（Kentucky Oral History Commission，KOHC）专门针对口述历史数字化保存需求制订了两种支持计划：数字保护协助计划和数字保护项目计划。第一种计划允许借助数字工作站将模拟盒带的口述历史进行数字迁移；第二种计划是现金赠款，主要用于支持因缺少播放设备或文件的特殊性而将口述历史收藏送往媒体保存商业机构[①]。通过以上两种支持计划，不仅可以改变保存机构对口述历史单一的保存方式，而且可以为口述历史收藏寻求更为合适的永久保存计划。

5. 口述数字资源的获取

迈克尔·弗里希（Michael Frisch）等人声称："虽然不同口述历史数字化项目之间存在着较大的差异，但是口述历史实践的主要目标是有意义地组织口述历史，使其能够以有趣的方式供广泛的潜在用户所获取与利用。"[②] 可以说，获取是口述数字资源管理的最终归宿。相较于过去用户通过实地访问图书馆或档案馆等口述历史资料保存机构查找或复制口述访谈纸质抄本的方式，数字时代给口述历史资源的在线访问与获取带来了新的挑战，其中两个主要挑战是如何实现用户对特定口述历史内容的查找，以及如何实现对不同形式口述资源的实时访问。

网络的开放性使得口述历史以数字集合的方式大量存在，用户需要在海量的数字资源中查找所需要的口述历史信息，这是口述资源访问的一个挑战。为破解用户对特定口述数字资源的查找难题，基于内

---

① Sarah Milligan. Case Study: The Kentucky Oral History Commission——The Digital Shift [EB/OL]. [2021 - 04 - 04]. http://ohda. matrix. msu. edu/2012/06/the-kentucky-oral-history-commission/.

② Douglas Lambert, Michael H. Frisch. Digital Curation Through Information Cartography: A Commentary on Oral History in the Digital Age from a Content Management Point of View [J]. Oral History Review, 2013, 40 (1): 135 - 153.

容的检索技术成为口述历史利用的重要发展方向。

口述数字资源访问的另一个挑战是音视频和文本文件如何实现同步显示和获取。由于数字环境下口述历史数字资源的异构性，用户不仅有检索或阅读口述历史文字的需求，还有听音频或看视频的需求，甚至需要同时获取有关某个口述历史访谈的文本与音视频，因此，将口述历史音视频和文本进行整合与同步显示，有助于用户更方便地搜索和浏览，并提高对口述历史数字资源的可访问性。目前，口述历史元数据同步器（OHMS）是口述历史音视频与文本资源实现同步检索利用的典范。OHMS 是由美国肯塔基大学图书馆路易·B. 纳恩口述历史中心于 2008 年设计与研发，旨在为用户提供文字搜索以及与时间相关的口述抄本或索引，将文本搜索词语与在线口述采访记录中的相应时刻进行关联，实现对口述历史文本、图片、音频、视频等资源的同步管理与利用，满足用户浏览、检索、编辑等多种需求①。OHMS 在同步口述历史资源方面发挥了巨大的潜力，并在多个口述历史项目实践中取得成功，如美国布鲁克林历史学会（Brooklyn Historical Society）的"跨越边界，跨越世代"（Crossing Borders，Bridging Generations）口述项目以及美国爱达荷大学图书馆数字计划部的拉塔县口述历史项目（Latah County Oral History Collection）② 等。

此外，口述历史数字资源同步方面的解决方案还有使用文本编码协议（Text Encoding Initiative，TEI）。TEI 是一种描述性标记性语言，可实现对口述历史记录的编码，编码的最终结果是机器可读的 XML 文件，通过定制的 Web 发布系统来实现口述访谈录音和文本的同步显示和利用③。将 TEI 用于口述历史数字资源同步的成功案例是美国

---

① Doug Boyd. OHMS：Enhancing Access to Oral History for Free ［J］. Oral History Review，2013（1）：99 – 103.

② Devin Becker，Erin Passehl-Stoddart. Connecting Historical and Digital Frontiers：Enhancing Access to the Latah County Oral History Collection Utilizing OHMS（Oral History Metadata Synchronizer）and Isotope ［J］. Code4Lib Journal，2015（29）. https://journal. code4lib. org/articles/10643.

③ Robin Camille Davisa. Synchronizing Oral History Text and Speech：A Tools Overview ［J］. Behavioral & Social Sciences Librarian，2015，4（4）：234 –238.

伊利诺伊理工学院的"大屠杀之声"口述项目。该项目使用 TEI 数据驱动模型，将每个口述历史访谈的音频、转录抄本、英文抄本翻译、地理信息、项目级元数据以及相关学术评论等通过 Flash 媒体播放器进行同步显示①。

此外，为了满足用户对口述数字资源的多元化利用需求，提升用户对口述历史的兴趣与关注度，一些口述历史数字化项目借助在线（数字）展览、语音导览、"播客系列"等对口述数字资源进行数字化传播与展示。通过各种类型的网上在线展览和推送，用户可以了解到更多的口述历史信息。在线口述资源可供用户进行在线编辑与补充，相关链接使用户能够获取更丰富的历史细节，从而加深对历史的理解和拓宽参与维度，多媒体交互平台能够使用户之间互相分享评论与观点，传递不同的声音，让历史更全面地呈现于当代人的视野之中。

近年来，随着数字人文技术的发展，一些口述历史项目利用数字人文技术进一步增强了数字资源的呈现能力，使口述历史的展现更加丰富和生动。例如，美国特拉华州哈格利（Hagley）博物馆与图书馆构建了一个名为"布兰德温谷口述历史项目"（The Brandywine Valley Oral History Project，BVOHP）的数字展览，以创建充满活力的数字快照的方式展现特拉华州威尔明顿郊外布拉迪温河流沿岸人们的工作和生活。BVOHP 数字展览探索了口述历史与数字人文结合的可能性，口述历史数字收藏不仅可以链接到音频剪辑，而且还添加了文本、视觉等相关资源。最为重要的是，该口述历史数字展览通过内容管理系统 Islandora 对哈格利数字档案中的图像进行了整合，并将其与口述历史收藏中的人名或地点进行配对，在口述和视觉集合之间建立联系，使口述历史变得更加立体和生动。题为"布兰德温地方"的子页面还提供了一张简单的地图，在地图上可以找到口述历史中提到的

---

① Eben English. Bringing It All Together：Integrating Text，Audio，Metadata，GIS，and Scholarly Criticism in a Holocaust Oral History Archive［J］. Journal of the Chicago Colloquium on Digital Humanities and Computer Science，2010，1（2）.

任何地方，比如磨坊、工厂、小巷等，同时地图还与数字收藏中的照片和文件进行链接。口述历史的位置空间渲染有助于听众进行定位，不仅可以定位到工作场所，而且也可以定位到当地的其他地方，例如玩具店、酒馆、社区教堂、学校等，使用户体验到身临其境的感觉①。这种将地理信息系统分析工具、时空数据库的查询功能和带有全球定位系统的移动设备综合起来，极大地挖掘了口述历史利用领域的潜力，拓展了口述历史的范围。

6. 口述数字资源的安全管理

口述数字资源的安全管理至关重要。中华女子学院的"中国女性图书馆"收录了妇女口述历史成果。2013 年，该图书馆建成中英文网站，免费对外开放，有较可观的浏览量。但由于该数据库屡遭黑客攻击，于 2018 年被迫关闭，实属可惜。因此，防范数据库遭遇危险侵入和攻击等，是口述历史数字资源建设中要充分重视的问题。特别是对于人口较少民族口述资源而言，其涉及一些较为敏感的民族问题，以及国家边境安全等问题，对数据库进行安全管理尤为重要。

口述数字资源安全管理最困难的问题是权限管理问题，通常涉及管理者的权限、不同用户组的权限以及版本控制等。权限管理包括酌情提供或限制访问权限，并随着版权和安全级别的变化而需要及时调整访问权限。特别是在涉及保护问题的情况下，通常利用元数据来进行数字资源管理加密、水印以及数字签名等。同时，还应关注到其他问题，如版权、伦理、安全与隐私等。例如，美国民俗生活中心在使用 Oracle APEX 采集职业民俗口述文献过程中非常注重安全管理。美国民俗生活中心在设计 Oracle APEX 在线采集平台时，为了确保该平台免遭非法访问，添加了用户身份验证和访问控制功能。同时，为了提高职业民俗口述文献的安全性，该平台由美国国会图书馆服务器托管，平台软件和通过软件所采集的所有口述文献资源将根据美国国会图书馆的 IT 协议进行备份，即使数据遭遇非法攻击和自然灾难，也

---

① Karen Sieber. The Brandywine Valley Oral History Project (review) [J]. Oral History Review, 2019, 46 (1): 201 – 203.

能够通过美国国会图书馆服务器上的备份文件进行快速恢复，从而确保了口述资源的安全性[①]。

为了加强用户对口述资源的合理访问与利用，可通过设立用户身份验证或访问限制来保护访问口述历史各权益方的合法权益。此外，为了应对质量控制或其他异常情况，还需要对口述历史访谈记录及其相关材料做必要的处置或销毁，如抄本、摘要以及与其相关的元数据。特别是在涉及保护问题的情况下，通常用数字加密、数字水印、数字签名等方式来保护安全与隐私。元数据不仅对于记录口述历史访谈材料非常重要，而且对口述历史访谈材料的去除和处置也至关重要。

综上所述，口述历史数字化与永久保存是一个完整的数字生命周期，口述资源在生命周期的每一阶段，其价值得到不断增值和叠加，最后成为充满创造性和交互式的数字资源。从用户的利用需求出发，口述历史资源数字化将是一个长远的征途。正如 Lambert 和 Frisch 所言："等待'完美的软件'或单一的方法来解决数字时代口述历史实践的复杂挑战是不可取的，也是不可能的，而且可以说是不负责任的。我们发现自己对标准、特定的计算平台，甚至'最佳实践'的思考较少，对可以灵活地适应当前需求的即兴创作的思考较多。"[②] 虽然当前我国在人口较少民族口述文献数字化进程中仍有许多问题有待解决，但口述历史数字化的进程是一个需要不断探索、继承和发展的过程，必将推动对中华优秀传统文化的数字化传承与保护，增强国家文化软实力，助力社会主义文化强国目标的实现。

---

① 张义、张渝珩：《基于在线平台的美国民俗中心职业民俗口述文献采集研究》，载《图书馆杂志》2020 年第 2 期，第 98～104 页。

② Douglas Lambert, Michael H. Frisch. Digital Curation Through Information Cartography: A Commentary on Oral History in the Digital Age from a Content Management Point of View [J]. Oral History Review, 2013, 40 (1): 135–153.

第七章 人口较少民族口述文献收集与保护的法律与伦理考量

美国历史学家唐纳德·里奇认为："将口述历史狭隘地界定为只适用于大型档案收藏是不对的，但是访谈者做口述历史必须按照口述历史的标准，并且应该承担法律、伦理和方法上的责任，包括将其访谈提供给其他研究者验证或进一步运用的责任。"①诚然，人口较少民族口述文献收集、整理与保护的各个环节都涉及著作权、隐私权、名誉权等法律与伦理问题，为了保证口述文献收集与整理的规范性以及公开、共享与利用的合法性，必须对口述文献所涉及的法律与伦理问题进行考量。

一、口述文献收集与保护法律伦理关照的必要性

由于口述历史是一种历史研究的特定方法，同时是一种特殊的文献资料，因此，口述历史实践始终贯穿着来自法律与伦理的考量。一方面，作为一种历史研究方法，口述历史将具体的个人视为研究对象，口述者一般被称为"人类受试者"，这种涉及人类主体的研究通常需要研究者融入口述者的生活情境（生活经验和情感历程）当中，探寻隐藏在个体行为背后的历史意义，由此会产生因复杂人际关系带来的伦理问题。另一方面，口述历史作品通常涉及口述者、访谈者、

---

① ［美］唐纳德·里奇：《大家来做口述历史：实务指南》（第2版），王芝芝、姚力译，当代中国出版社2006年版，第111页。

口述历史资料保存机构（如图书馆或档案馆等）、口述资料利用者以及一般社会公众等群体，由于这些群体利益不同，在利益的相互协调中会产生各种法律与伦理问题①。法律主要用于处理口述历史工作中潜在发生的著作权、知识产权、保密、诽谤等问题，伦理主要处理口述历史工作中的人际关系、道德规范与职业操守等问题②。

美国口述历史协会发出道德声明："口述历史学家负有道德义务，这些义务不仅局限于口述历史业内，同时也是其他相关领域（从人类学到档案学）的共同准则。伦理道德包含多重原则，这些原则应指导构建口述历史的多重关系。从访谈者、受访者到档案管理员和研究人员，所有参与口述历史工作的人都会肩负起共同的责任，以确保叙述者的观点、尊严、隐私和安全得到尊重。"③我国学者李向平、魏扬波在《口述史研究方法》中认为，对于口述史来说，"正因为口述史研究是本着研究者运用局内人的观点，与被研究对象产生密切的互动关系，而不是以局外人的观点，冷静、客观地分析行为的因果关系，从而使口述史研究会比其他量化研究更重视伦理的专题"④。大致来讲，口述历史中的法律与伦理问题主要涉及著作权、隐私与诽谤问题。其中，著作权法律风险涉及复制权、信息网络传播权、汇编权、广播权、摄制权、翻译权、展览权以及衍生作品的增值权等⑤。尽管大多数口述历史项目并不面临诉讼威胁，但实现法律与伦理程序上的双重安全则是确保该情况不会发生的最佳解决途径⑥。

人口较少民族口述文献是一种特殊的文献资料，在采集、整理、

_____

① 冯云：《美国口述历史伦理审查机制研究》，载《图书馆建设》2015 年第 2 期，第 88～91 页。

② 王玉龙：《口述档案的著作权保护：基于英美口述史法律伦理指南的分析》，载《浙江档案》2015 年第 2 期，第 12～15 页。

③ 《美国口述历史协会通用原则与最佳实践》，访问日期：2022 年 10 月 29 日，见 https://www. oralhistory. org/wp-content/uploads/2020/11/OHA-Principles-and-Best-Practices-Chinese-revised. pdf.

④ 李向平、魏扬波：《口述史研究方法》，上海人民出版社 2010 年版，第 220 页。

⑤ 周晓燕：《基于著作权法视角的图书馆口述文献工作探析》，载《图书馆建设》2013 年第 4 期，第 4～8 页。

⑥ 张钰：《口述历史项目中的法律伦理问题研究》（硕士学位论文），南京大学 2018 年。

开发与利用中会涉及一系列的法律与伦理问题，亟须进行全面的考量并提出具体的防范与应对措施，建立完善的法律与伦理危机规避机制，以避免伦理危机或法律纠纷的发生。

二、国外口述历史法律与伦理规避方案的经验与启示

英国、美国以及新加坡等国家的口述历史实践起步较早，在法律与伦理问题的规避与解决方面形成了一套措施体系，能够为我国人口较少民族口述文献规避法律与伦理风险提供重要借鉴。

美国和英国通常通过制定严格的行业规范来规避口述历史的伦理与法律问题。例如，英国口述历史协会制定了《你的口述历史符合法律伦理吗》（又称《英语口述历史法律伦理指南》）①。总体来说，美国口述历史法律与伦理问题的规避有以下几种途径：一是遵守版权法等法律法规。如美国版权法规定口述作品"合理使用"的范围为合理复制和展览收藏等，但尚未出台专门的口述文献著作权保护法律条规②。二是遵守行业规范。例如，美国口述历史协会所制定的《口述历史通用准则与最佳实践》（*Principles and Best Practices*）中所涉及的关于法律与伦理的规定。2018 年，新修订的《口述历史通用准则与最佳实践》专门提供了有关口述历史伦理考量的《口述历史协会伦理声明》（*OHA Statement on Ethics*）③，对口述历史工作中所涉及的法律与伦理问题进行了详细的规定。其中包括对受访者应尽的责任、对专业本身应尽的责任、对社会团体和公众应尽的责任，以及如何确保受访者的权利与责任四个部分，共计 26 个条款，主要涉及著作权、信息自由权、个人隐私权、知情权等问题。④ 三是接受伦理审查委员

---

① Oral History Socrety ［EB/OL］. ［2022 - 04 - 30］. https://www.ohs.org.uk/legal-and-ethical-advicel.

② 王玉龙：《口述档案的著作权保护：基于英美口述史法律伦理指南的分析》，载《浙江档案》2015 年第 2 期，第 12～15 页。

③ OHA Statement on Ethics ［EB/OL］. ［2022 - 10 - 09］. https://www.oralhistory.org/oha-statement-on-ethics/.

④ 王玉龙：《口述档案的著作权保护：基于英美口述史法律伦理指南的分析》，载《浙江档案》2015 年第 2 期，第 12～15 页。

会（Institutional Review Board，IRB）的审查和评估。IRB 由美国联邦政府管理，基本上附属于高校、科研院所及研究机构，旨在保护"人类受试者"（living human subjects）的权利、利益及尊严①。在美国伦理审查委员会话语体系中，人类受试者是指向研究项目提供个人信息的在世个人；该人也可被调查者或研究人员（即采访者或项目主管）视为研究参与者。对人类受试者进行数据（故事）收集有助于在某个主题领域开展广泛的研究②。在一般情况下，IRB 对口述历史项目审查的主要内容有：①在口述访谈对受访者造成潜在的心理伤害方面，IRB 要求访谈者提交访谈问题列表并对其进行审核，对其中潜在的敏感性话题进行告诫。如果确实已经有敏感性话题被提及，则要求图书馆访谈者在做访谈总结时必须向口述者咨询转介服务的使用。②在保护口述访谈参与者隐私方面，IRB 的主要依据是联邦人体受试者保护（Health & Human Services，HHS）的共同规则（Common Rule，CR），其中规定了不能豁免于审查的口述历史，即"公开披露研究之外的人体受试者反应，使受试者承担刑事或民事责任的风险，或者使受试者的经济地位、就业能力或声誉受到损害"。为了帮助口述者避免潜在的风险或伤害，伦理审查机构通常会要求适当采取"匿名"制③。

在我国，口述历史项目大多处于自发开展的状态，尚未有专门的伦理准则与法律标准，导致出现一些伦理与法律纠纷等问题。然而，当前我国口述历史学者已经逐渐意识到项目开展中存在着各种法律与伦理问题，并且形成了初步的经验，为进一步构建我国人口较少民族科学有效的口述历史伦理与法律框架打下了良好的基础。

---

① 冯云：《美国口述历史伦理审查机制研究》，载《图书馆建设》2015 年第 2 期，第 88～91 页。

② 《美国口述历史协会通用原则与最佳实践》，访问日期：2022 年 10 月 29 日，见 https://www. oralhistory. org/wp-content/uploads/2020/11/OHA-Principles-and-Best-Practices-Chinese-revised. pdf.

③ 冯云：《美国口述历史伦理审查机制研究》，载《图书馆建设》2015 年第 2 期，第 88～91 页。

三、我国人口较少民族口述文献收集与保护的法律与伦理

法律与伦理问题始终贯穿于人口较少民族口述文献采集、整理、保存与访问利用实践的各个阶段，本书将对每个环节有可能出现的法律与伦理问题予以考虑，并提出切实可行的规避措施与解决办法。

（一）采集阶段的法律与伦理

在采集流程中，口述访谈资料产生的直接主体是采集者与受访者（口述者），从而构成法律与伦理的权利主体，对其关系的处理将决定着法律与伦理问题能否得到有效规避。在口述访谈开始之前，采访者应对口述历史理论、方法论和伦理道德进行全面的学习和了解，在理论指导下开展相关实践。采访阶段的伦理包括确保受访者的知情同意、确保受访者和访谈者之间的平等、关心和尊重各方利益等。美国口述历史协会所制定的《口述历史协会伦理声明》认为采访流程中的伦理应基于以下四点考虑：第一，在正式开始口述访谈之前，访谈者应确保受访者知情同意，这将最大限度地让口述者参与口述访谈的整个过程；第二，访谈者向受访者清楚传达该项目的目标、参与项目的潜在风险以及附带条件，即一旦口述历史被公开访问，就可以供任何签字用户访问与利用；第三，在对口述访谈（录音或转录抄本）提供公开利用之前，访谈者应请受访者再次确认访谈的内容，并向受访者征求是否同意公开利用的授权意见，并将相关说明材料存入档案，或以其他方式使公众可以查阅；第四，在口述历史的发展过程中，访谈者应对他们所要研究的话题进行初步的调查并熟练掌握他们将要使用的录制技术。①

在访谈过程中，访谈者应努力减少对受访者的潜在伤害，告知受访者他拥有拒绝回答问题的权利，并如实告知他与项目相关的机构、

---

① OHA Statement on Ethics［EB/OL］.［2022 - 09 - 30］. https://www.oralhistory.org/oha - statement - on - ethics/.

专业、政治和其他附属机构，以及相应的义务和要求。访谈者要确保在整个口述历史过程中与受访者建立充分的信任关系。访谈者应考虑研究目的，并尽可能地寻找具有代表性的、能够呈现多元视角的叙述者样本。选择受访者时，应尽可能多样化，确保达到一定的覆盖面。与受访者联系时，访谈者应清晰、明确地解释口述历史项目的目的，解释访问过程并叙述访问后续事宜。访谈者不应将受访者视为孤立的个体，因为受访者本身属于某群体，而有些群体可能会与研究人员有着复杂的历史关系。在口述历史项目筹备阶段，建议访谈者采取正式且有组织的方式与受访者所属的社区进行互动，可选择制订能让项目和群体双赢的社区参与计划，使社区参与到口述历史过程中，包括创建社区咨询委员会、举办研究成果共享活动以及提供口述历史培训等回馈社区的活动。

我国人口较少民族具有独特的宗教信仰和民俗习惯等文化背景，应充分尊重受访者的文化身份和文化敏感性。所谓文化身份，指的是受访人的民族、种族、文化归属和历史经历等；所谓文化敏感性，指的是受访人对其特殊经历或对其所属文化群体特殊经历的敏锐感受[1]。是否使受访者在整个口述访谈过程中充分感受到被尊重，是决定访谈能否成功开展的关键，而且也关系到所获得口述文献的可信度问题。因此，在对人口较少民族进行口述访谈时，应认真研究其历史文化特点和生活习俗，精心准备采访策略。例如，珞巴族若有人生病，就会在门前横放一根树枝，暗示外人不得入内[2]。

为了规避口述采集过程中容易出现的知识产权纠纷，应在口述文献采集过程中与口述访谈的所有参与者签署著作权保护协议，从源头上保护著作权。采访应根据与口述者事先达成的所有协议进行，访谈者必须尊重受访者拒绝讨论某些主题、限制访问和在某些情况下选择用化名的权利。此外，采集通常也是一种"合作的过程"，受访者与

---

① 李剑：《澳大利亚国家图书馆"带他们回家"口述史项目研究》，载《图书馆建设》2020年第2期，第48～55页。

② 陈立明：《珞巴族的丧葬与禁忌》，载《西藏民族学院学报（社会科学版）》1990年第1期，第40～46页。

访谈者被视为"共享著作权"。因此，在采集阶段，应与受访者签订协议，明确权利的归属与内容，如编辑和使用限制、著作权、优先使用权、版税以及口述文献预期处置方式和各种传播方式等，这些都应以契约合同的形式固定下来①。访谈者应在访前阶段清楚地向所有受访者说明这些权利，告知他们如何行使这些权利，对合适的主题进行充分的探索，同时对受访者表示尊敬，不要止步于浅显的回答。同时，引导受访者以自己的谈话风格和措辞回答问题，受访者也要回应访谈者关切的问题②。

（二）整理阶段的法律与伦理

口述文献整理是指将口述采访所形成的录音、录像等记录转变为文字抄本，并对其进行必要的著录、索引、编目等。整理工作直接决定着口述历史资源的质量与可供利用的程度。采访者在对口述历史访谈进行文稿整理时，既要尊重受访者，又要对口述文献进行甄别，对口述内容进行必要的把关与核准。口述文稿整理要始终遵从受访者本人意愿，尽量保持口述内容的原真性。采访者在进行口述文献整理工作时，要确保受访者始终是第一主体，尽可能保证口述内容的原始性，不能擅自将自己的观点与解释强加其中。在将口述访谈音频转录成文字时，应按照访谈的原始录音内容逐句对应，不做过多的更改或修饰，如果有必要，则需要请受访者检查核对，以体现对受访者的尊重，防止对修改权、保护作品完整权等著作权以及名誉权、隐私权等人身权利的侵犯，同时给以后的使用者提供可被"继续阐释"的空间③。此外，如若发生著作权纠纷，则要明确口述文件是否具有作品性质。根据《中华人民共和国著作权法实施条例》（2013）第二条的

---

① 王玉龙：《口述档案的著作权保护：基于英美口述史法律伦理指南的分析》，载《浙江档案》2015 年第 2 期，第 12～15 页。

② 《美国口述历史协会通用原则与最佳实践》，访问日期：2022 年 10 月 29 日，见 https://www. oralhistory. org/wp-content/uploads/2020/11/OHA-Principles-and-Best-Practices-Chinese-revised. pdf.

③ 琚青春：《图书馆口述文献工作中的著作权管理问题探讨》，载《图书馆工作与研究》2013 年第 8 期，第 4～7 页。

诠释，作品是指"文学、艺术和科学领域内具有独创性并能以某种有形形式复制的智力成果"[1]。根据该定义，若口述历史访谈大部分是实用性语言，其对话或应答只是起到沟通交流的作用，或是对已发表内容的复述，无独创性的体现，则不能构成"作品"。反之，若口述访谈信息具备特定的访谈主题、清晰的逻辑结构、创新的表现形式等构成要素，且能够体现独创性，则该口述访谈属于"作品"，即可成为著作权保护的对象[2]。

（三）保存阶段的法律与伦理

口述文献收集在计划开始时就应构思制定文献妥善保管与存储的方案。一般来讲，口述历史有专门的保存机构，如图书馆、档案馆、博物馆和其他具有长期保存条件的机构和单位。保存机构在口述历史项目管理中具有重要的作用，为了更好地对口述文献进行保管与研究，一些国家建立了专门的口述历史保存机构。例如，2013 年 11 月，为增强口述历史的保存与研究功能，美国哥伦比亚大学在原有基础上成立了哥伦比亚大学口述历史档案中心（Columbia Center for Oral History Archives）和哥伦比亚大学口述历史研究中心（Columbia Center for Oral History Research）[3]。

将口述资源存储在图书馆、档案馆等机构中，必须保证按照著作权、隐私权等法律伦理要求进行。英美口述历史部门等在访谈协议的签订中就对口述文献保管场所、内容、方式与期限等做了详细的规定。例如，《英国口述历史法律伦理指南》规定："访谈者应强烈建议寻求一个永久保存的场所来保存访谈记录，确保录音文件安全存储和备份，同时要签署一份《口述历史记录联合声明》来保存音频文

---

[1]　《中华人民共和国著作权法实施条例》（2013 年修订），访问日期：2022 年 9 月 29 日，见中国政府网（http://www.gov.cn/zhengce/2020 – 12/26/content_5573623.htm? trs = 1）。

[2]　张钰：《口述历史项目中的法律伦理问题研究》（硕士学位论文），南京大学 2018 年。

[3]　Oral History Archives [EB/OL]. [2022 – 10 – 22]. https://library.columbia.edu/libraries/ccoh.html.

件。如果受访者要对访谈记录的访问进行任何限制，这一要求应该得到重视。"①

在口述资料进行保存之前，应认真核查其授权文件，明确其权利归属。所保存的口述资料必须在我国法律框架下，经过正式授权才能公开和提供使用。例如，《中华人民共和国档案法》（2020 年修订版）第三十一条规定："向档案馆移交、捐献、寄存档案的单位和个人，可以优先利用该档案，并可以对档案中不宜向社会开放的部分提出限制利用的意见，档案馆应当予以支持，提供便利。"② 宜春市档案局明确在公告中说明，对于收集或捐赠的口述历史档案，国家享有全部权利，而捐赠者可以提出限制使用意见或享有有限制条件的使用权。对于寄存的口述历史档案，在征得知情同意的情况下，档案馆才能提供利用服务，并且承担寄存档案的安全和保密工作的责任③。

（四） 开发利用阶段的法律与伦理

口述资源开发利用阶段的法律主体主要包括用户、受访者和口述历史保存机构等。当口述文献进行数字化，成为可在网络环境下进行访问和利用的数字资源时，则会加剧受访者、保存管理机构和用户在原有法律与伦理问题上所面临的困境与挑战。尤其是当口述历史作为一种数字资源存在时，其是否享有著作权的保护，在业界一度引起争议。目前，是否具有"独创性"成为判断数字口述历史资源是否享有著作权保护的通用标准。如果只是将纸本等材料按照原有内容进行数字化，不改变原有内容，则属于"复制"行为，不享有数字版权保护。反之，如果在数字化的过程中加入了额外的智力劳动，使原件的内容发生改变而成为新的作品，应受到著作权的保护。一般来讲，口述历史文献的所有参与者（包括采访者与受访者）对资料拥有版

① 转引自王玉龙《口述档案的著作权保护：基于英美口述史法律伦理指南的分析》，载《浙江档案》2015 年第 2 期，第 13 页。

② 《中华人民共和国档案法》，访问日期：2022 年 6 月 22 日，见人民网（http：//npc. people. com. cn//GB/n1/2020/0620/c14576 - 31754016. html）。

③ 张钰：《口述历史项目中的法律伦理问题研究》（硕士学位论文），南京大学 2018 年。

权，第三方在出版和传播之前需要获得他们的许可。

在很长一段时间内，一些口述历史数据库机构出于法律和道德因素的考虑，曾经极其反对将口述采访内容公布于网络。直到 20 世纪 90 年代中期，惠顿大学（Wheaton College）的比利·格雷汉姆中心档案馆（the Billy Graham Center Archives）成为首个将馆藏口述文献上传至互联网的先驱，自此以后，口述历史文本资料、录音访谈和视频的网络获取与利用变得司空见惯。为了加强用户对口述资源的合理访问与利用，可通过设立访问限制保护访问口述历史阶段的各权益方的合法权益。为保证研究人员对口述文献的利用符合著作权人的意愿，需要对相关资源进行访问限制，以保护知识产权。例如，香港大学图书馆为口述文献的使用设置了"公开"（open）、"不公开"（closed）、"保密一定期限后公开"（restricted for a period of time）。其中，公开的口述文献，一般只能在指定的阅览室阅览，任何人不能随意借阅和复制，并对其中涉及个人隐私的部分进行匿名化处理[1]。对于口述历史资源库的建设和访问，美国图书馆非常注重通过各项措施来保护口述历史的著作权。例如，美国国会图书馆对口述历史资源的网络获取做出如下规定："口述历史资源的所有参与者享有该资源的著作权，口述历史资源一般只限于个人研究使用，如果用户需要用于出版或者展览，必须征得所有参与者的许可。"[2] 美国哥伦比亚大学巴特勒图书馆在口述历史资源库的明显位置标明：库中口述资源的著作权属于项目方，利用者在查阅前需要取得其书面许可[3]。美国民俗生活中心非常注重保护著作权，该中心明文规定：退伍军人和采访者出于学术和教育目的向图书馆提供这些资源，他们是口述资源著作权的拥有者，因此，用户在利用资源之前必须获得他们的许可。同时，出于著作权保护的目的，退伍军人口述文献并没有被全部放到数据库

---

[1]　张钰：《口述历史项目中的法律伦理问题研究》（硕士学位论文），南京大学 2018 年。

[2]　转引自陈方锐《美国图书馆口述历史服务特点及启示》，载《图书馆工作与研究》2018 年第 4 期，第 5～10 页。

[3]　季双琪：《美国图书馆口述历史资源库建设特色及启示》，载《图书馆工作与研究》2018 年第 11 期，第 40～45 页。

中，部分涉及隐私或者访谈者不愿公开的口述录音是不能被访问的，用户需要到美国国会图书馆的阅览室去借阅①。哥伦比亚口述历史中心通过签订法律授权协议书规定了权责，即受访者将所有形式的访谈资料捐献给相关机构，并且说明使用的相关限制条件。通常情况下，哥伦比亚口述历史中心会获得完整的著作权，并提供有关访谈资料的不同使用方式，如立即开放、规定的（合理的）时间内开放、特定时间内获得来自受访者的许可开放。此外，协议也会补充受访者的其他额外请求，如将访谈权限传给他们的子女、配偶或遗嘱执行人，要求使用者支付版税等②。

美国加利福尼亚大学伯克利分校班克罗夫特图书馆口述历史中心提供了关于口述历史合理利用的权利与限制。为了口述资料得到更广泛的应用，该中心提供某些口述访谈完整转录抄本的 pdf 文本格式下载，并声明：研究者应全权负责确定他们希望使用的任何材料的版权状态，对其进行合理使用，必要时取得版权所有者对其预期用途的许可，并对此做出以下具体的要求。第一，关于抄本的引用。根据图书馆许可政策，研究人员要引用自己的出版物或其他公开的抄本时，根据版权法默认为"合理使用"，不需要做出版权许可。在大多数情况下，口述访谈的版权属于加州大学董事会。每一份转录抄本的开头都有版权声明，如果有缺失或是遗漏，可以找图书馆工作人员进行确认，并声明"图书馆对其馆藏版权所有者信息的准确性及完整性不做任何保证"。如果研究人员打算使用的口述历史记录抄本超过了合理使用的范围，研究人员必须通过填写和签署图书馆的出版请求和协议的许可来申请版权许可。第二，关于视听访谈的引用。传统上，所有的口述访谈文献都是从其原始录音（通常是在卷轴到卷轴磁带或磁带上）转录来的，只要受访者愿意，就有权对其进行审查、编辑和密封访谈。许多受访者在审阅完整的转录抄本时进行了编辑、删除

---

① 张义、张渝珩：《美国民俗生活中心口述文献的采集与利用》，载《图书情报工作》2019 年第 13 期，第 145～151 页。

② 张宏涛：《美国哥伦比亚大学口述历史工作研究及启示》，载《图书情报工作》2019 年第 3 期，第 123～128 页。

和密封。当在最后转录稿中进行编辑时，该文件成为记录文件，这意味着最终用户必须引用抄本中的内容而不是未经编辑的原始记录。若要查阅视听口述资料，必须采取以下步骤：①浏览抄本。大多数口述历史以抄本形式呈现，可以是在线 pdf 文件格式或是阅览室内的装订卷。用户可以就需求进行咨询，通过图书馆主页搜索引擎进行查找。②听录音。读者也可以在阅览室收听或浏览访谈录音，提交关于获取访谈媒介（磁带、CD、DVD 等）抄本的请求，就会获取关于如何在线查找的指南。③将音频与抄本相匹配。如果用户想获取音频或视频口述访谈的数字文件，则需要发布相应的文献获取请求并获得相关协议许可，在发布文献获取请求时应提供如下信息：抄本的确切引文（包括抄本页码以及一段文字）、所请求的媒体同步时间代码以及音频记录的抄本。第三，口述历史中心信誉。无论何时使用、引用和出版由口述历史中心制作的任何材料，按照学术惯例，都需要注明完整的来源。图书馆建议采用以下格式，或符合特定学科引文标准的格式："［受访者姓名］，［采访标题］，［采访者姓名］，［采访日期］，口述历史中心，加利福尼亚大学伯克利分校的班克罗夫特图书馆。"此外，在引用时还需要注意标明口述历史中心的正确名称，若要在数字媒体上发布口述资源，还需要一个能转到口述历史中心主页的链接①。

　　因此，笔者认为我国人口较少民族口述资源访问与利用可借鉴国外关于口述历史资源版权保护的做法，从以下几个方面做好著作权保护工作。第一，保证所有可访问和利用的口述资源都与受访者或是创作者签署著作权保护协议，以免发生侵权行为；第二，加大对口述资源库合理使用的保护，在建立我国人口较少民族口述资源库时，可在使用界面标明版权所有以及资源合理利用的相关条件与限制，声明侵权的法律责任，提醒用户在利用的过程中保护著作权；第三，借助必要的技术手段对口述资源库设置访问权限，并针对不同身份的用户设

---

①　Search the Oral History Center ［EB/OL］. ［2022 - 10 - 23］. https://www. lib. berkeley. edu/libraries/bancroft-library/oral-history-center.

定不同的利用权限等，或者是通过加密技术对不宜公开的口述访谈内容进行加密，以确保资源库中的口述资源不被非法访问，保护受访者的隐私，保证口述文献资源在著作权保护的环境下进行合理的利用，保护创作者的隐私，以规避侵权风险①；第四，在网站的资源利用界面提供口述文献引用的标准格式，并要求研究者引用时按照标准格式进行，否则可能带来著作权问题。

综上所述，我国人口较少民族口述文献是人口较少民族历史文化传承的主要载体，对其进行收集、保护与数字化研究，不仅有助于抢救与保存人口较少民族文化记忆，而且有助于形成一套针对我国人口较少民族口述文献的采集、整理、开发利用及数字化方案，为相关文献收藏部门提供参考，为其他少数民族口述文献收集、整理及数字化提供借鉴。本章通过对人口较少民族口述文献收藏、整理情况进行实地调研，对人口较少民族口述文献抢救、开发利用的基本情况和存在的问题及取得的经验进行综合分析和评价，在此基础上探讨了人口较少民族口述文献收集工作的意义、原则、基本途径、流程与方法，探索了人口较少民族口述文献的科学分类体系，提出"民族—通用学科主题—特色主题—数据格式"的分类体系；探讨了人口较少民族口述文献编目的内涵、特点、原则与依据，提出为人口较少民族口述文献描述与编目的元数据方案；探讨了人口较少民族口述文献的利用与服务，将其分为基础服务、延伸服务与创新型服务，详细介绍了三种类型服务所包含的服务内容与案例。本章重点探讨了人口较少民族口述文献的数字化与永久保存机制，讨论了数字化平台构建的必要性、数字化的原则与标准、数字化与永久保存策略，最后对口述文献收集与整理所涉及的法律和伦理问题进行探讨，分别论述了采集、整理、保存、访问等阶段所涉及的相关法律与伦理问题。本章首次提出人口较少民族口述文献收集与整理的分类与编目的具体方法，并对数字化的原则、标准进行探讨，为开展我国人口较少民族口述文献收

---

① 张义、张渝珩：《美国民俗生活中心口述文献的采集与利用》，载《图书情报工作》2019年第13期，第145～151页。

集、整理及数字化提供了可供借鉴的解决方案。

　　本章仅提供关于我国人口较少民族口述文献收集、整理及数字化的一套方案，关于我国人口较少民族口述历史资源库的具体实践还有待在相关文化部门的统一指导下，由图书馆、档案馆、博物馆以及科研机构等通力合作完成。此外，数字人文时代的到来，丰富了口述历史的呈现形式，并赋予了口述历史更深层次的内涵，为口述历史实践与研究提供了新的维度与视角。如何在数字人文视域下对人口较少民族口述历史资源进行抢救与保护，是值得当下及未来进一步探讨的问题。

参考文献

一、著作

［1］ Nancy Mackay. Curating Oral Histories：From Interview to Archive ［M］. Walnut Creek，California：Left Coast Press，2007.

［2］ Marion Matters. Oral History Cataloging Manual ［M］. Chicago：Society of America Archivists，1995.

［3］ Alan M. Meckler，Ruth McMullin. Oral History Collections ［M］. New Providence：R. R. Bowker LLC，1975.

［4］ Patsy A. Cook. Directory of Oral History Programs in the United States ［M］. Sanford：Microfilming Corporation of America，1982.

［5］ Doris Cruger Dale. A Directory of Oral History Tapes of Librarians in the United States and Canada ［M］. Chicago：American Library Association，1986.

［6］ Allen Smith. Directory of Oral History Collections ［M］. Phoenix，New York：Oryx Press，1988.

［7］ Ellen S. Wasserman. Oral History Index：An International Directory of Oral History Interviews ［M］. Westport，CT：Meckler Corporation，1990.

［8］ Lali Weerasinghe，Jeremy Silver. Directory of Recorded Sound Resources in the United Kingdom ［M］. London：The British Library，1989.

［9］ 科瓦略夫. 古代罗马史：上 ［M］. 王以铸，译. 上海：上海书店出版社，2011：25.

［10］修昔底德.伯罗奔尼撒战争史：上［M］.徐松岩，译注.上海：
上海人民出版社，2017：32.

［11］里奇.大家来做口述历史：实务指南：第2版［M］.王芝芝，
姚力，译.北京：当代中国出版社，2006：3－13，111.

［12］舍恩伯格.删除：大数据取舍之道［M］.袁杰，译，杭州：浙
江人民出版社，2013：82.

［13］汤普逊.过去的声音：口述史［M］.覃方明，等译，沈阳：辽
宁教育出版社，2000：7，327.

［14］《保安族简史》编写组.保安族简史［M］.北京：民族出版社，
2009：1，68.

［15］《德昂族简史》编写组.德昂族简史［M］.北京：民族出版社，
2008：165－166.

［16］《俄罗斯族简史》编写组.俄罗斯族简史［M］.北京：民族出版
社，2008：96－98.

［17］《基诺族民间故事》编辑组.基诺族民间故事［M］.昆明：云南
人民出版社，1990：1.

［18］《民族问题五种丛书》云南省编辑委员会.怒族社会历史调查
［M］.昆明：云南人民出版社，1981：1.

［19］《中国人口较少民族发展研究丛书》编委会.中国人口较少民族
经济和社会发展调查报告［M］.北京：民族出版社，2007：
7，12.

［20］阿列克谢耶维奇.切尔诺贝利的悲鸣［M］.方祖芳，郭成业，
译.广州：花城出版社，2015.

［21］巴图宝音.鄂伦春族民间故事集［M］.北京：中国民间文艺出
版社，1984：58.

［22］白玛朗杰，孙勇，仲布·次仁多杰.口述当代西藏第一［M］.
北京：中国藏学出版社，2012：134.

［23］陈墨.口述历史门径实务手册［M］.北京：人民出版社，
2013：296－300.

［24］陈子丹.少数民族口述历史档案研究［M］.昆明：云南大学出

237

版社，2015.

［25］当代上海研究所.口述历史的理论与实务：来自海峡两岸的探讨［M］.上海：上海人民出版社，2007：24.

［26］党秀云，周晓丽.达木村调查：珞巴族［M］.北京：中国经济出版社，2012.

［27］邓波.俄罗斯族［M］.北京：民族出版社，1995：5.

［28］豆晓荣.珞巴族［M］.乌鲁木齐：新疆美术摄影出版社，新疆电子音像出版社，2010：105.

［29］盖克，陈飞.音乐小史［M］.郑州：中原农民出版社，2017：197.

［30］高放.新兴科学百科知识［M］.北京：华夏出版社，1988：596－597.

［31］龚锐，晋美.珞巴族：西藏米林县琼林村调查［M］.昆明：云南大学出版社，2004：8.

［32］郭泽德，白洪谭.质化研究理论与方法：中国质化研究论文精选集［M］.武汉：武汉大学出版社，2015：124.

［33］国家民族事务委员会，国务院扶贫开发领导小组办公室，新华通讯社中国图片社.中国人口较少民族：上［M］.北京：新华出版社，2007：1－2.

［34］韦尔策.社会记忆：历史、回忆、传承［M］.季斌，王立君，白锡堃，译.北京：北京大学出版社，2007：4.

［35］韩肇明.京族［M］.北京：民族出版社，1993：67－72.

［36］贺卫光，钟福祖.裕固族民俗文化研究［M］.北京：民族出版社，2000：165－167.

［37］黄任远.赫哲族［M］.沈阳：辽宁民族出版社，2014：12.

［38］蓝东兴.西南少数民族口述传播史研究［M］.重庆：重庆大学出版社，2013：2.

［39］李德洙，丹珠昂奔.中国民族百科全书：6［M］.西安：世界图书出版西安有限公司，2015：717，738，777.

［40］李坚尚，刘芳贤.珞巴族门巴族民间故事选［M］.上海：上海文艺出版社，1993：9－14.

［41］ 李向平，魏扬波.口述史研究方法［M］.上海：上海人民出版社，2010：92.

［42］ 梁启超.中国历史研究法［M］.上海：上海科学技术文献出版社，2015：70.

［43］ 刘江.阿昌族文化史［M］.昆明：云南民族出版社，2001：306.

［44］ 刘忠波.赫哲族［M］.北京：民族出版社，1996：2.

［45］ 卢小飞.西藏的女儿：60 年 60 人口述实录［M］.北京：中国藏学出版社，2011：157－164.

［46］ 麻新纯，徐辛酉.基于理性思维的电子文件管理［M］.北京：北京理工大学出版社，2013：174.

［47］ 马成俊，马伟.百年撒拉族研究文集［M］.西宁：青海人民出版社，2004：679.

［48］ 马京，李菊梅.中国民族村寨调查纪实［M］.昆明：云南大学出版社，2004.

［49］ 满晓燕.鄂温克族［M］.长春：吉林出版集团有限责任公司，2010，3.

［50］ 毛巧晖.20 世纪下半叶中国民间文艺学思想史论［M］.上海：上海文化出版社，2010：65.

［51］ 米娜瓦尔.中国乌孜别克族［M］.银川：宁夏人民出版社，2012：2－12.

［52］ 莫家仁.毛南族［M］.北京：民族出版社，1988：1，35.

［53］ 哈布瓦赫.论集体记忆［M］.毕然，郭金华，译.上海：上海人民出版社，2002：80.

［54］ 祁惠君，唐戈，时春丽.额尔古纳俄罗斯族现状与发展研究［M］.北京：中国社会科学出版社，2008.

［55］ 施翠峰.台湾民间故事［M］.连湘，译.石家庄：河北少年儿童出版社，1987：8，209－219.

［56］ 隋书金.鄂伦春族民间故事选［M］.上海：上海文艺出版社，1988：9－10，385－389.

239

［57］陶玉明.布朗族［M］.沈阳：辽宁民族出版社，2014：3.

［58］汪受宽.中国少数民族史学史：下［M］.北京：华夏出版社，2020：612，836.

［59］王丽平.墨脱村调查：门巴族［M］.北京：中国经济出版社，2012：1.

［60］王士媛，马名超，黄任远.赫哲族民间故事选［M］.上海：上海文艺出版社，1986：6 - 13.

［61］王震亚.普米族民间故事［M］.昆明：云南人民出版社，1990：5.

［62］哈维兰，普林斯，麦克布莱德，等.文化人类学：人类的挑战［M］.陈相超，冯然，等译.北京：机械工业出版社，2014：132.

［63］吴慰慈，董焱.图书馆学概论［M］.北京：北京图书馆出版社，2002：185.

［64］西藏民族学院珞巴族民间文学调查组.珞巴族民间文学资料［M］.西藏民族学院科研处，1980：3 - 5.

［65］西仁·库尔班，阿布都许库尔·肉孜，高雪.中华民族全书·中国塔吉克族［M］.银川：宁夏人民出版社，2012：100 - 101.

［66］循化撒拉族自治地方志编纂委员会.循化撒拉族自治县志：1991—2010［M］.西安：三秦出版社，2017：539.

［67］杨红.非物质文化遗产数字化研究［M］.北京：社会科学文献出版社，2014.

［68］杨将领.中国独龙族［M］.银川：宁夏人民出版社，2012：104.

［69］杨祥银.美国现代口述史学研究［M］.北京：中国社会科学出版社，2016：63.

［70］杨照辉.普米族文学简史［M］.昆明：云南大学出版社，2016：3 - 6.

［71］杨竹芬.布朗族文化研究［M］.武汉：武汉大学出版社，2014：85，90，96，115.

［72］尹培丽.图书馆口述资料收藏研究［M］.北京：国家图书馆出版社，2017：132，148，167，173.

［73］攸延春.怒族文学简史［M］.昆明：云南民族出版社，2003：4，122，145－153，200.

［74］攸延春.阿昌族文学简史［M］.昆明：云南民族出版社，2014：3－4，62，85－87.

［75］于乃昌.西藏民间故事：第5集［M］.拉萨：西藏人民出版社，1989：26－48.

［76］于希谦.基诺族文化史［M］.昆明：云南民族出版社，2014：15，255.

［77］俞君立，陈树年.文献分类学［M］.武汉：武汉大学出版社，2015：2－3.

［78］袁琳瑛.塔塔尔族［M］.乌鲁木齐：新疆美术摄影出版社，新疆电子音像出版社，2010：1.

［79］苑利，顾军.非物质文化遗产学［M］.北京：高等教育出版社，2009：67－68.

［80］云南省民族事务委员会.怒族文化大观［M］.昆明：云南民族出版社，2013：112.

［81］张伯瑜.环喜马拉雅山音乐文化研究［M］.北京：中央音乐学院出版社，2015：177.

［82］张江华，揣振宇，陈景源.雅鲁藏布江大峡谷生态环境与民族文化考察记［M］.北京：中国藏学出版社，2007.

［83］张云中.基于形式概念分析的 Folksonomy 知识发现研究［M］.上海：世界图书出版有限公司，2016：1.

［84］赵纯善，杨毓骧.德昂族概览［M］.昆明：云南大学出版社，2006：3.

［85］中国少数民族民俗大辞典编写组.中国少数民族民俗大辞典［M］.呼和浩特：内蒙古人民出版社，1995：451.

［86］钟进文.中国人口较少民族书面文学研究［M］.北京：民族出版社，2012：14－18.

二、期刊论文

［1］ Doug Boyd. Hoops and Horses：Innovative Approaches to Oral History in a Digital Environment ［J］. Against the Grain，2009，21（4）：24 – 26.

［2］ Kevin Bradley，Anisa Puri. Creating an Oral History Archive：Digital Opportunities and Ethical Issues ［J］. Australian Historical Studies，2016，47（1）：75 – 91.

［3］ Bruce H. Bruemmer. Access to Oral History：A National Agenda ［J］. The American Archivist，1991（4）：494 – 501.

［4］ Caroline Daniels. Providing Online Access to Oral Histories：A Case Study ［J］. OCLC Systems & Services：International Digital Library Perspectives，2009（3）：175 – 185.

［5］ Cho，Alan. Bringing History to the Library：University – Community Engagement in the Academic Library ［J］. Computers in Libraries，2011，31：15 – 18.

［6］ Devin Becker，Erin Passehl-Stoddart. Connecting Historical and Digital Frontiers：Enhancing Access to the Latah County Oral History Collection Utilizing OHMS（Oral History Metadata Synchronizer）and Isotope ［J］. Code4Lib Journal，2015，（29）. https：//journal. code4lib. org/articles/10643.

［7］ Sherna Berger Gluck，Donald A. Ritchie，Bret Eynon. Reflections on Oral History in the New Millennium：Roundtable Comments ［J］. Oral History Review，1999，26（2）：1 – 27.

［8］ Doug Boyd. OHMS：Enhancing Access to Oral History for Free ［J］. Oral History Review，2013（1）：99 – 103.

［9］ Douglas A. Boyd，Janice W. Fernheimer & Rachel Dixon. Indexing as Engaging Oral History Research：Using OHMS to "Compose History" in the Writing Classroom ［J］. The Oral History Review，2015，42（2）：352 – 367.

[10] Eben English. Bringing It All Together: Integrating Text, Audio, Metadata, GIS, and Scholarly Criticism in a Holocaust Oral History Archive [J]. Journal of the Chicago Colloquium on Digital Humanities and Computer Science, 2010, 1 (2).

[11] Ellen D. Swain. Oral History in the Archives: Its Documentary Role in the Twenty-First Century [J]. The American Archivist, 2003 (1): 139 − 158.

[12] Eric Weig, Kopana Terry, Kathryn Lybarger. Large Scale Digitization of Oral History: A Case Study [J]. D-Lib Magazine, 2007 (13): 5 − 6.

[13] Francis R. Michigan Oral History Database [J]. MAC Newsletter 2007, 35 (2): 27 − 36.

[14] Michael Frisch. Oral History in the Digital Age: Beyond the Raw and the Cooked [J]. Australian Historical Studies, 2016, 47 (1): 92 − 107.

[15] Nancy Groce, Bertram Lyons. Designing a National Online Oral History Collecting Initiative: The Occupational Folklore Project at the American Folklife Center [J]. Oral History Review, 2013, 40 (1): 54 − 66.

[16] Hannah Gill, Jaycie Vos, Laura Villa-Torres, Maria Silvia Ramirez. Migration and Inclusive Transnational Heritage: Digital Innovation and the New Roots Latino Oral History Initiative [J]. The Oral History Review, 2019, 46 (2): 277 − 299.

[17] Denise Hattwig, Nia Lam, Jill Freidberg. Student Participation in Scholarly Communication and Library Digital Collections: A Case Study from the University of Washington Bothell Library. College & Undergraduate Libraries [serial online]. April 2015 (2): 188 − 208.

[18] Amanda Hurford, Maren Read. Bring the Voices of Communities Together: The Middletown Digital Oral History Project [J]. Indiana

Libraries, 2008, 27 (2): 26 – 29.

[19] John Pedini. In Their Own Words: Videotaping Oral History [J]. Trends in Law Library Management and Technology, 1998 (3): 1 – 5.

[20] John R. Clark. Oral History Resources on the Web [J]. Behavioral and Social Sciences Librarian, 2005, 24 (1): 109 – 112.

[21] Karen Sieber. The Brandywine Valley Oral History Project (review) [J]. Oral History Review, 2019, 46 (1): 201 – 203.

[22] Kimberly Weatherford Stevens, Bethany Latham. Giving Voice to the Past: Digitizing Oral History [J]. OCLC Systems & Services: International digital library perspectives, 2009, 25 (3): 212 – 220.

[23] LaGuardia, Cheryl. Oral History Online [J]. Library Journal, 2004 (10): 39 – 40.

[24] Douglas Lambert, Michael H. Frisch. Digital Curation Through Information Cartography: A Commentary on Oral History in the Digital Age from a Content Management Point of View [J]. Oral History Review, 2013, 40 (1): 135 – 153.

[25] Martha Jane K. Zachert. The Implications of Oral History for Librarians [J]. College and Research Libraries, 1968 (2): 101 – 103.

[26] Mary Larson. Steering Clear of the Rocks: A Look at the Current State of Oral History Ethics in the Digital Age [J]. Oral History Review, 2013, 40 (1): 36 – 49.

[27] Lisa K. Miller. Talk to me: Using the Oral History Metadata Synchronizer to index an Oral History project [J]. Kentucky Libraries, 2014, 78 (4): 17 – 20.

[28] Nancy Groce, Bertram Lyons. Designing a National Online Oral History Collecting Initiative: The Occupational Folklore Project at the American Folklife Center [J]. The Oral History Review, 2013, 40 (1): 54 – 66.

[29] Yann Nicolas. Folklore Requirements for Bibliographic Records: O-

ral Traditions and FRBR [J]. Cataloging & Classification Quarterly, 2005 (3/4): 179 – 195.

[30] Orphan, Stephanie. Columbia launches Carnegie Corporation oral history Website [J]. College & Research Libraries News, 2007, 68 (2): 72 – 73.

[31] Pillsbury G. Behind the Brubeck Oral History Project [J]. Society for American Music Bulletin, 2008, 34 (1): 12 – 13.

[32] Dean Rehberger. Getting Oral History Online: Collections Management Applications [J]. Oral History Review, 2013, 40 (1): 83 – 94.

[33] Robin Camille Davisa. Synchronizing Oral History Text and Speech: A Tools Overview [J]. Behavioral & Social Sciences Librarian, 2015, 4 (4): 234 – 238.

[34] Sherna Berger Gluck, Donald A. Ritchie, Bret Eynon. Reflections on Oral History in the New Millennium: Roundtable Comments [J]. Oral History Review, 1999 (2): 1 – 27.

[35] Steve Cohen. Shifting Questions: New Paradigms for Oral History in a Digital World [J]. The Oral History Review, 2013, 40 (1) 154 – 167.

[36] Beth J. Thompson, Rebecca A. Baugnon. A Collaborative Digital Oral History Collection: Building a Digital Collection of Student Scholarship Documenting Latino Americans in Southeast North Carolina [J]. Alexandra, 2017 (1): 30 – 40.

[37] Trevor James Bond. Streaming audio from African-American oral history collections [J]. OCLC Systems and Services, 2004, 20 (1): 15 – 23.

[38] Sarah K. Vann. Directory of Oral History Tapes of Librarians in the United States and Canada [J]. Journal of Library History, 1987, 22 (3): 361 – 362.

[39] Webb Colin, Bradley, Kevin. Preserving Oral History Recordings

[J]. Ariadne, 1997, 8 (3). http://www.ariadne.ac.uk/issue8/o-ral-history/.

[40] Eric Weig, Kopana Terry, Kathryn Lybarger. Large Scale Digitiza-tion of Oral History: A Case Study [J]. D-Lib Magazine, 2007 (13): 5 – 6.

[41] Willa Klug Baum. Oral History: A Revived Tradition at the Bancroft Library [J]. The Pacific Northwest Quarterly, 1967 (2): 57 – 64.

[42] Steve Cohen. Shifting Questions: New Paradigms for Oral History in a Digital World [J] The Oral History Review, 2013, 40 (1): 154 – 167.

[43] Thomson, Alistair. Four Paradigm Transformations in Oral History [J]. Oral History Review, 2007, 34 (1): 49 – 70.

[44] 福克斯, 黄育馥. 面向过去之窗: 口述历史入门 [J]. 国外社会科学, 1981 (1): 41 – 42.

[45] 海德, 朱小红. 哲学诠释学和经历的交流: 口述历史的范型 [J]. 国外社会科学, 1981 (1): 42 – 43.

[46] Nancy Mackay, 尹培丽. 口述历史编目 [J]. 图书馆研究与工作, 2018 (1): 5 – 12.

[47] 陈方锐. 美国图书馆口述历史服务特点及启示 [J]. 图书馆工作与研究, 2018 (4): 5 – 10.

[48] 陈俊华. "创造史料" 的图书馆: 口述历史在地方文献工作中的应用 [J]. 图书情报工作, 2007 (5): 130 – 133.

[49] 陈俊岚. 数字技术提升口述史研究价值的实践策略 [J]. 绵阳师范学院学报, 2022 (12): 104 – 109.

[50] 陈立明. 门巴族民间戏剧考察: 兼论藏戏与门巴戏的异与同 [J]. 民族文学研究, 2005 (4): 54 – 59.

[51] 陈立明. 我国门巴族、珞巴族研究的历史回顾 [J]. 西藏民族学院学报 (哲学社会科学版), 2008 (6): 27 – 32.

[52] 陈立明. 《仓央嘉措情歌》与门巴族藏族的文学交流 [J]. 民族文学研究, 2003 (1): 54 – 58.

［53］陈立明.珞巴族的丧葬与禁忌［J］.西藏民族学院学报（社会科学版），1990（1）：40－46.

［54］陈水湘.美国高校口述历史工作调查与启示［J］.图书馆建设，2018（5）：34－41.

［55］陈涛.高校图书馆口述文献整理与利用实证研究［J］.图书馆研究与工作，2019（7）：20－22，37.

［56］代宏丽，吴钧，肖进.中国共产党"扶持人口较少民族发展"重大举措研究［J］.贵州民族研究，2022，43（4）：178－185.

［57］丁海英.口述文献及其价值［J］.群文天地，2012（19）：122－125.

［58］丁钰镔.《口述史料采集与管理规范》解读［J］.中国档案，2018（10）：22－23.

［59］董永梅.非物质文化遗产资源分类探析［J］.图书馆建设，2012（9）：35－38.

［60］段睿辉，段华梅.云南民间散存无文字少数民族口述档案集中保护研究［J］.山西档案，2015（3）：100－103.

［61］费孝通.关于我国民族的识别问题［J］.中国社会科学，1980（1）：147－162.

［62］冯云，张孝飞.社区口述历史：高校图书馆创新发展的新领地［J］.图书馆工作与研究，2019（5）：14－18，24.

［63］冯云.口述历史对图书馆史研究的意义探讨［J］.图书馆建设，2015（10）：99－102.

［64］冯云.美国口述历史伦理审查机制研究［J］.图书馆建设，2015（2）：88－91，95.

［65］冯云.西藏非物质文化遗产传承人口述史的价值与方法研究［J］.西藏民族大学学报（哲学社会科学版），2017（6）：47－52，154.

［66］冯云.西藏自治区非物质文化遗产传承人口述史数据库建设探讨［J］.西藏研究，2017（6）：99－104.

［67］冯云.藏族口述文献述略［J］.图书馆研究与工作，2018（1）：19－25.

[68] 冯云. 珞巴族口述文献收集与保护策略研究 [J]. 西藏研究, 2020 (3)：114 - 120.

[69] 冯云. 数字时代口述历史的价值与问题 [J]. 图书馆建设, 2021 (3)：26 - 33.

[70] 冯云. 我国图书馆口述历史研究综述 [J]. 图书馆工作与研究, 2015 (2)：21 - 24.

[71] 高建辉, 邱志鹏. 少数民族口述历史资料的来源、特点和分类方法研究 [J]. 图书馆理论与实践, 2019 (10)：20 - 24.

[72] 高建辉. 数字人文视域下少数民族口述历史资料抢救性采集方法研究 [J]. 图书馆, 2020 (3)：55 - 60.

[73] 高建辉. 彝族口述历史资料数据库的资源体系构建研究 [J]. 西昌学院学报 (社会科学版), 2019 (2)：1 - 4.

[74] 高建辉. 数字人文视域下少数民族口述历史资料的保护研究 [J]. 图书馆学研究, 2019 (6)：34 - 39.

[75] 高冕, 卢祖丹. 我国图书馆口述历史人才培养现状及特点分析 [J]. 兰台内外, 2022 (29)：82 - 84.

[76] 高冕. "澳大利亚这一代" 口述历史资源的数字管理与利用 [J]. 图书馆建设, 2020 (5)：131 - 138.

[77] 高中建, 何晓丽. 文化传承的社会记忆探析 [J]. 河南师范大学学报 (哲学社会科学版), 2013 (6)：31 - 35.

[78] 郭迪迪, 杜秀丽. 新疆塔吉克族语言使用现状分析 [J]. 淮北职业技术学院学报, 2019, 18 (3)：83 - 85.

[79] 郭家骥. 云南民族文化发展报告 [J]. 贵州民族研究, 2004 (3)：78 - 89.

[80] 郭晓蓉. 论口述历史对民族服饰文化的传承保护作用 [J]. 文化产业, 2018 (19)：15 - 18.

[81] 韩卫红. 藏族口述文献资源的开发与永久保存研究 [J]. 图书馆理论与实践, 2012 (7)：96 - 98.

[82] 何雅云. 阿昌族 "蹬窝罗" 舞蹈文化及其现代演变研究 [J]. 北京舞蹈学院学报, 2014 (2)：58 - 63.

［83］ 贺艳菊.美国佐治亚大学罗素图书馆口述历史计划调查分析
　　　［J］.图书馆工作与研究，2018（1）：29－34.

［84］ 胡立耘.基于口述历史的图书馆延伸服务［J］.图书馆，2015
　　　（12）：15－22.

［85］ 胡立耘.加拿大《本土民族档案指南》简介及其启示［J］.档案
　　　学研究，2017（4）：114－119.

［86］ 华汝国.国外口述历史研究概述：以28家外国口述历史机构为
　　　考察对象［J］.上海档案，2014（5）：19－22.

［87］ 黄娜，谭亮.我国图书馆开展口述史项目的研究［J］.新世纪图
　　　书馆，2019（4）：45－49.

［88］ 黄琴，华林，侯明昌.论亟待保护抢救的云南民间少数民族口
　　　述历史档案［J］.档案学通讯，2009（1）：91－93.

［89］ 黄霄羽，卢俊旭.美国StoryCorps口述史项目的特色与启示
　　　［J］.北京档案，2016（1）：33－36.

［90］ 霍志刚.阿昌族史诗《遮帕麻和遮米麻》的历史记忆［J］.中央民
　　　族大学学报（哲学社会科学版），2015，42（S1）：169－176.

［91］ 季双琪.美国图书馆口述历史资源库建设特色及启示［J］.图书
　　　馆工作与研究，2018（11）：40－45.

［92］ 琚青春.图书馆口述文献工作中的著作权管理问题探讨［J］.图
　　　书馆工作与研究，2013（8）：4－7.

［93］ 鞠福琴，徐至明，胡仲谋.从自由分类法看网络信息的分类组
　　　织［J］.情报探索，2008（5）：6－7.

［94］ 李财富，张顺涛.口述档案与历史研究［J］.档案，1998（2）：
　　　17－20.

［95］ 李建宗.多民族文学史观中人口较少民族的口头文本：以裕固
　　　族民间故事为研究个案［J］.民族文学研究，2009，
　　　（4）：5－9.

［96］ 李剑.澳大利亚国家图书馆"带他们回家"口述史项目研究
　　　［J］.图书馆建设，2020（2）：48－55.

［97］ 李竟彤.中美高校图书馆口述资源建设比较分析［J］.图书馆学

研究，2019（23）：9－16.

［98］李娜.公众史学与口述历史：跨学科的对话［J］.史林，2015（2）：195－203.

［99］林申清.文献概念的发展与演变［J］.图书情报工作，1989（5）：22－25.

［100］刘佳，过伟敏.门巴族珞巴族传统文化研究综述［J］.贵州民族研究，2015（11）：108－112.

［101］刘晓春.人口较少民族的特殊性与发展对策［J］.黑龙江民族丛刊，2017（2）：8－13.

［102］刘雪芹.高校图书馆口述历史文献的创建［J］.大学图书情报学刊，2018，36（3）：93－96.

［103］刘艳珂，丁静.企业口述历史档案工作的探索与实践：以"浙电记忆"为例［J］.兰台世界，2020（7）：71－75.

［104］龙梆企，陈立明.珞巴族服饰：一个国家级"非遗"项目的当代重生［J］.今日民族，2019（3）：39－43.

［105］吕豪杰，王英玮.口述档案收集抢救规范化流程研究［J］.档案学研究，2015（4）：49－53.

［106］马丽.公共图书馆口述史料采集工作探析：以沈阳市图书馆为例［J］.四川图书馆学报，2017（5）：55－58.

［107］马宁.门巴族、珞巴族大学生对非物质文化遗产的认知情况调查［J］.西藏大学学报（社会科学版），2012（3）：39－44.

［108］马宁.门巴族非物质文化遗产及其保护［J］.西藏研究，2008（3）：56－63.

［109］马小燕.50年来我国门巴族、珞巴族研究综述［J］.西藏研究，2015（5）：111－120.

［110］马晓晖.口述历史与图书馆特色馆藏建设［J］.大学图书情报学刊，2007（4）：26－29.

［111］彭燕.关于图书馆加强民族口述历史文献开发利用的几点思考:以武陵山经济协作区为例［J］.情报杂志，2010（9）：191，192－194.

［112］彭燕.文化传承视角下土家族口述史料编目研究［J］.图书馆学研究，2019（3）：68-77.

［113］邱建华.Omeka系统在数字人文研究中的应用剖析［J］.情报探索，2019（10）：104-109.

［114］全根先.口述历史后期成果的评价问题［J］.图书馆理论与实践，2019（1）：5-9，20.

［115］全根先.口述史采访需要注意的几个问题［J］.图书馆理论与实践，2019（1）：10-15.

［116］全根先.口述史采访中的文献收集工作［J］.高校图书馆工作，2019（6）：27-32.

［117］全根先.口述史学与图书馆文献开发［J］.图书馆理论与实践，2021（1）：109-116.

［118］任智英.高校口述史教学中常见问题与解决：以家族史为例［J］.广西民族师范学院学报，2018（4）：158-160.

［119］苏日娜，林毅鸿.《口述历史编目手册》书评［J］.高校图书馆工作，2017（1）：55-59.

［120］粟湘，郑建明，吴沛.信息生命周期管理研究［J］.情报科学，2006（5）：691-696.

［121］田苗，韩尉，戴晓晔.口述史学科发展背景下的中国图书馆界口述文献建设概述［J］.图书情报知识，2020（5）：34-41.

［122］宛志亮."口述档案"若干问题辨析［J］.档案，1999（5）：23-24.

［123］王丙珍.从鄂伦春族史诗《英雄格帕欠》看狩猎民族的生态审美意识［J］.黑龙江民族丛刊，2021（1）：155-161.

［124］王静雯.现代化背景下珞巴族社会文化的变迁：西藏林芝地区米林县南伊乡琼林村的调查［J］.四川民族学院学报，2015（3）：36-40.

［125］王磊.浅析非物质文化遗产传承人口述档案访谈提纲的设计原则［J］.档案与建设，2019（10）：47-49.

［126］王玫.浅论青海撒拉族民歌的多元文化特征［J］.青海师范大

学学报（哲学社会科学版），2008（5）：108－110.

[127] 王鹏，范智新. 美国口述历史工作的特点及启示 [J]. 中国档案，2019（6）：76－77.

[128] 王希华（云聪·索朗次仁）. 初探门巴戏和藏戏艺术之特点 [J]. 西藏艺术研究，2003（4）：53－55.

[129] 王雅丽. 图书馆口述历史用户服务研究 [J]. 图书馆工作与研究，2021（8）：90－95.

[130] 王玉龙. 基于案例分析的美国口述历史档案资源网络开发与利用 [J]. 档案与建设，2017（2）：21－24.

[131] 王玉龙. 口述档案的著作权保护：基于英美口述史法律伦理指南的分析 [J]. 浙江档案，2015（2）：12－15.

[132] 王治能. 论收集无文字少数民族口述档案 [J]. 档案学研究，1997（2）：56－57.

[133] 王子舟，尹培丽. 口述资料采集与收藏的先行者：美国班克罗夫特图书馆 [J]. 中国图书馆学报，2013（1）：13－21.

[134] 魏泉鸣. 论保安族花儿的格律 [J]. 西北民族大学学报（哲学社会科学版），1990（1）：85－94.

[135] 吴汉华，倪弘. 纽约公共图书馆口述史资源建设经验与启示 [J]. 图书情报工作，2019（6）：116－123.

[136] 吴振寰，韩玲，钟源. 美国路易斯安纳州立大学图书馆口述历史工作研究 [J]. 图书馆工作与研究，2019（8）：41－45.

[137] 武文. 宇宙建构的奇妙幻想：裕固族创世神话漫议 [J]. 民族文学研究，1996（1）：15－19.

[138] 夏雨雨. 口述历史人物访谈工作实践：以湖南图书馆抗战老兵口述历史工作为例 [J]. 图书馆，2018（3）：95－98.

[139] 熊卫民. 中华口述历史研究会成立 [J]. 中国科技史杂志，2005（1）：93.

[140] 徐露. 唐山大地震口述史研究的实践与价值 [J]. 兰台内外，2022（23）：43－45.

[141] 王艳勤. 何种历史：公共史学视野下的口述历史 [J]. 武汉科

技大学学报（社会科学版），2018（1）：95-101.

[142] 杨祥银. 当代中国口述史学透视 [J]. 当代中国史研究，2000
（3）：47-58.

[143] 杨祥银. 数字化革命与美国口述史学 [J]. 社会科学战线，
2016（3）：106-120.

[144] 尹培丽. 口述档案编目问题初探 [J]. 高校图书馆工作，2018
（1）：26-31.

[145] 尹培丽. 口述资料及其著作权问题探究 [J]. 图书与情报，
2011（3）：53-56，84.

[146] 尹益民. 国外口述历史研究方法运用概貌、演化及热点透析：
基于 2008—2019 年 WOS 论文的分析 [J]. 图书馆，2020
（4）：98-105.

[147] 张宏涛. 美国哥伦比亚大学口述历史工作研究及启示 [J]. 图
书情报工作，2019，63（3）：123-128.

[148] 张锦. 口述档案，口述传统与口述历史：概念区分及其档案意
义 [J]. 山西档案，2019（3）：5-17.

[149] 张蕾梅. 阿昌族口传文学传承发展的危机及对策：以梁河阿昌
族地区"活袍调"为个案 [J]. 云南师范大学学报（哲学社会
科学版），2010（3）：117-124.

[150] 张诗阳. 从录音机到万维网：口述历史技术载体的变迁及其影
响 [J]. 高校图书馆工作，2018（3）：52-56.

[151] 张仕君，昌晶，邓继均. "口述档案"概念质疑 [J]. 档案学
研究，2009（1）：10-12.

[152] 张亚宏. 美国佛罗里达大学 Samuel Proctor 口述历史项目研究与
启示 [J]. 图书馆，2018（3）：89-94.

[153] 张一. 网络环境下我国图书馆口述文献资源库建设调研与分析
[J]. 图书馆工作与研究，2017（12）：54-61.

[154] 张义，张渝珩. 基于在线平台的美国民俗中心职业民俗口述文
献采集研究 [J]. 图书馆杂志，2020（2）：98-104.

[155] 张义，张渝珩. 美国民俗生活中心口述文献的采集与利用

［J］.图书情报工作，2019（13）：145 – 151.

［156］张义.澳大利亚国家图书馆口述历史资源采集和开发利用研究［J］.图书馆学研究，2020（7）：79 – 85.

［157］章小燕.门巴族萨玛民歌初探［J］.北方音乐，2015（13）：18 – 19.

［158］赵明赫.概论档案信息数字化的目的和要求［J］.黑龙江史志，2013（9）：56.

［159］赵宪元.文献分类法与网络信息分类法比较分析［J］.国家图书馆学刊，2004（3）：86 – 88.

［160］赵瑜."请留住我们的根"：全国政协少数民族界委员热议人口较少民族文化传承与保护［J］.中国政协，2018（10）：29 – 31.

［161］郑松辉，陈俊华.图书馆口述历史工作的伦理问题初探［J］.四川图书馆学报，2009（4）：67 – 72.

［162］钟源，吴振寰.美国10校图书馆口述历史工作调查分析［J］.图书馆杂志，2019（6）：83 – 91.

［163］周锦章.数字化平台与传统民俗文化的保护［J］.红旗文稿，2011（5）：31 – 33.

［164］周晓燕.基于著作权法视角的图书馆口述文献工作探析［J］.图书馆建设，2013（4）：4 – 8.

［165］朱卫国，杨万寿.裕固族民间文学（故事）搜集、整理及研究综述［J］.河西学院学报，2004（3）：32 – 34.

［166］朱晓霞.美国加利福尼亚大学班克罗夫特图书馆口述历史工作研究［J］.国家图书馆学刊，2018（3）：56 – 62.

三、学位论文

［1］张英姿.额尔古纳市俄罗斯族村落语言现状调查分析［D］.北京：中央民族大学，2010.

［2］雷鲁嘉.我国少数民族口述档案的采集及其保障研究［D］.南京：南京大学，2018.

［3］ 马云娜.口述档案对于社会记忆建构的价值及实现过程［D］.长春：东北师范大学，2014.

［4］ 邵鹏.媒介作为人类记忆的研究［D］.杭州：浙江大学，2014.

［5］ 张钰.口述历史项目中的法律伦理问题研究［D］.南京：南京大学，2018.

四、报纸文章

［1］ 左玉河.口述历史视域中的真实性［N］.人民日报，2015 − 09 −21（020）.

［2］ 杨祥银.口述史学的数字化转型［N］.人民日报，2015 − 09 − 21（020）.

［3］ 杨祥银.充分发挥口述史学的跨学科应用价值［N］.人民日报，2019 − 08 − 26（8）.

［4］ 张聪.学科发展的"范式"演变［N］.中国社会科学报，2019 −10 − 30（001）.

五、电子文献

［1］ About the American Folklife Center［EB/OL］.［2022 − 08 − 26］. https：//www. loc. gov/folklife/aboutafc. html.

［2］ Berkeley Library［EB/OL］.［2022 − 09 − 30］. https：//www. lib. berkeley. edu/libraries/bancroft − library/oral − history − center/education.

［3］ Best Practices-Oral history in the Digital Age［EB/OL］.［2022 −04 − 20］. http：//ohda. matrix. msu. edu/best − practices/.

［4］ Douglas A. Boyd. The Digital Mortgage：Digital Preservation of Oral History［EB/OL］.［2022 − 04 − 03］. http：//ohda. matrix. msu. edu/2012/06/the-digital-mortgage/.

［5］ Chines Canada Stories［EB/OL］.［2022 − 04 − 15］. http：//ccs. library. ubc. ca/ch/about. html.

［6］ Collections & Research Services：The Archive of Folk Cultur［EB/

OL]. [2022 – 10 – 20]. https://www. loc. gov/folklife/archive. html.

[7] Columbia Center for Oral History：Collections by Project：All Projects [EB/OL]. [2022 – 08 – 26]. https://oralhistoryportal. library. columbia. edu/project. php.

[8] Creative Commons [EB/OL]. [2020 – 04 – 12]. http://creativecommons. org/.

[9] 口述史料采集与管理规范：DA/T 59—2017 [EB/OL]. [2022 – 09 – 20]. http://www. saacedu. org. cn/war/webfile/upload/2017/12 – 27/16 – 01 – 030268 – 166115682. pdf.

[10] Digital editing [EB/OL]. [2022 – 04 – 20]. https://www. ohs. org. uk/training/digital – editing/.

[11] Drupal [EB/OL]. [2022 – 06 – 25]. https://www. drupal. org/.

[12] Dublin Core Metadata Initiative [EB/OL]. [2022 – 07 – 15]. https://www. dublincore. org/specifications/dublin-core/dcmi-terms/#section – 1.

[13] Education and 4 + 1 BA/MA [EB/OL]. [2022 – 09 – 20]. https://oral. history. ufl. edu/research/education/.

[14] Elinor A. Mazé. Metadata：Best Practices for Oral History Access and Preservation [EB/OL]. [2022 – 07 – 09]. http://ohda. matrix. msu. edu/2012/06/metadata/#_ftn5.

[15] Erich Schroeder. Sharing Stories：Putting the Illinois State Museum Audio-Video Barn On-Line [EB/OL]. [2022 – 06 – 25]. http://www. archimuse. com/mw2010/papers/schroeder/schroeder. html.

[16] Federal Agencies Digital Guidelines Initiative [EB/OL]. [2022 – 10 – 22]. http://www. digitizationguidelines. gov/guidelines/.

[17] Fieldwork Guides [EB/OL]. [2020 – 04 – 20]. https://www. vermontfolklifecenter. org/fieldwork – guides.

[18] Internships [EB/OL]. [2022 – 09 – 19]. https://www. lib. berkeley. edu/libraries/bancroft – library/oral – history – center/in-

ternships.

［19］ Joint Steering Committee for Development of RDA ［EB/OL］. ［2022 - 07 - 15］. http：//www. rda-jsc. org/rda. html.

［20］ Lexington Jewish Community Oral History Project ［EB/OL］. ［2022 - 04 - 18］. https：//kentuckyoralhistory. org/ark：/16417/ xt7kh12 v6z3r.

［21］ Mark Tebeau. Case Study："Visualizing Oral History"［EB/OL］. ［2022 - 07 - 12］. http：//ohda. matrix. msu. edu/2012/06/visuali- zing - oral - history/.

［22］ Metadata Encoding and Transmission Standard（METS）［EB/OL］. ［2022 - 04 - 03］. https：//www. loc. gov/standards/mets/.

［23］ Milligan S. Case study：the kentucky oral history commission—the digital shift ［EB/OL］. ［2022 - 04 - 04］. http：//ohda. matrix. msu. edu/2012/06/the - kentucky - oral - history - commission/.

［24］ OH Project：Healing from Cambodian Genocide Headnote ［EB/ OL］. ［2022 - 12 - 09］. https：//pdxscholar. library. pdx. edu/caco_ interviews/.

［25］ OHA Principles and Best Practices ［EB/OL］. ［2022 - 10 - 22］. ht- tps：//www. oralhistory. org/principles-and-best-practices-revised - 2018/.

［26］ OHA Statement on Ethics ［EB/OL］. ［2022 - 09 - 30］. https：// www. oralhistory. org/oha - statement - on - ethics/.

［27］ Omekal ［EB/OL］. ［2022 - 06 - 25］. https：//omeka. org/.

［28］ Online Collections and Presentations ［EB/OL］. ［2022 - 08 - 26］. https：//www. loc. gov/folklife/onlinecollections. html.

［29］ Oral History Archives ［EB/OL］. ［2022 - 1 - 22］. https：//librar- y. columbia. edu/libraries/ccoh. html.

［30］ Oral History Center. The Bancroft Library University of California Berkeley ［EB/OL］. ［2022 - 08 - 26］. https：//www. lib. berke- ley. edu/libraries/bancroft - library/oral - history - center/projects.

［31］ Oral History in the Digital Age ［EB/OL］. ［2022 - 09 - 29］. http：//ohda. matrix. msu. edu/.

［32］ Samuel Proctor Oral History Program ［EB/OL］. ［2022 – 08 – 26］. https：//oral. history. ufl. edu/collections/.

［33］ Search the Oral History Center ［EB/OL］. ［2020 – 10 – 23］. https：//www. lib. berkeley. edu/libraries/bancroft-library/oral-history-center.

［34］ About StoryCorps ［EB/OL］. ［2022 – 06 – 30］. https：//storycorps. org/about/.

［35］ The American Folklife Center. Finding Aids to Collections in the Archive of Folk Culture ［EB/OL］. ［2022 – 08 – 26］. https：//www. loc. gov/folklife/guides/findaid. html.

［36］ The Columbia Center for Oral History ［EB/OL］. ［2022 – 08 – 26］. https：//library. columbia. edu/libraries/ccoh. html.

［37］ Tutorials：Beginning an Oral History Project ［EB/OL］. ［2022 – 10 – 20］. http：//oral. history. ufl. edu/research/tutorials/.

［38］ WordPress ［EB/OL］. ［2020 – 06 – 25］. https：//wordpress. org/.

［39］ "西藏江南" 人口较少民族文化在挖掘中焕发生机 ［EB/OL］. ［2022 – 08 – 14］. http：//www. gov. cn/jrzg/2009 – 06/29/content_1353057. htm.

［40］ 楚雄师范学院图书馆. 西南彝族口述历史资料数据库 ［EB/OL］. ［2022 – 08 – 27］. http：//yzksls. cxtc. edu. cn：8081/node/307_2. jspx.

［41］ 第六次全国人口普查汇总数据 ［EB/OL］. ［2023 – 02 – 15］. http：//www. stats. gov. cn/tjsj/pcsj/rkpc/6rp/indexch. htm.

［42］ 第六届口述历史国际周举办，首次全流程 "云端" 展示精彩内容 ［EB/OL］. ［2022 – 11 – 18］. https：//www. chinafilm. com/fwxx/8832. jhtml.

［43］ 鄂温克族情况简介 ［EB/OL］. ［2022 – 07 – 08］. https：//www. hlj. gov. cn/n200/2015/0807/c54 – 10734637. html.

［44］ 扶持人口较少民族发展规划 （2011—2015 年） ［EB/OL］.

［2022 - 05 - 28］. https：//www. neac. gov. cn/seac/xxgk/201508/
1066230. shtml.

［45］ 公众史学、口述历史与数字人文：第三届中国公众史学高校师
资论坛［EB/OL］.［2022 - 08 - 18］. http：//www. ch. zju. edu.
cn/2019/0911/c22566a1658937/page. htm.

［46］ 关于印发《扶持人口较少民族发展规划（2005—2010 年）》的
通知［EB/OL］.［2022 - 05 - 28］. https：//www. neac. gov. cn/
seac/xxgk/200804/1066240. shtml.

［47］ 普米族［EB/OL］.［2022 - 06 - 01］. http：//www. gov. cn/guo-
qing/2015 - 07/29/content_2904897. htm.

［48］ 国家图书馆：永存全民抗疫国家记忆［EB/OL］.［2021 - 10 - 04］.
https：//baijiahao. baidu. com/s? id = 166475560770 3622211&wfr =
spider&for = pc.

［49］ 国图启动中国战疫记忆库［EB/OL］.［2020 - 11 - 01］. http：//
m. haiwainet. cn/middle/3543156/2020/0423/content_31774847 _
1. html.

［50］ 国务院关于印发"十三五"促进民族地区和人口较少民族发展
规划的通知［EB/OL］.［2022 - 05 - 28］. http：//www. gov. cn/
zhengce/content/2017 - 01/24/content_5162950. htm.

［51］ 土家族口述史料数据库［EB/OL］.［2022 - 08 - 26］. http：//
39. 108. 108. 132：8080/tujiadb/physicalTable.

［52］ 口述历史，与时间"赛跑"［EB/OL］.［2022 - 05 - 28］. ht-
tps：//www. sohu. com/a/438570_100556.

［53］ 美国口述历史协会通用原则与最佳实践［EB/OL］.［2022 - 10 -
29］. https：//www. oralhistory. org/wp-content/uploads/2020/11/
OHA-Principles-and-Best-Practices-Chinese-revised. pdf.

［54］ 让口述史更加真实更有价值［EB/OL］.［2022 - 03 - 12］. ht-
tp：//www. cssn. cn/zf/zf_zh/201605/t20160516_3010903. shtml.

［55］ 汕头大学图书馆口述资料库［EB/OL］.［2022 - 08 - 26］. ht-
tp：//cstc. lib. stu. edu. cn/.

［56］十八军老战士冀文正：无怨无悔的"珞渝情" ［EB/OL］．
［2022 - 08 - 14］．http：//xz. people. com. cn/n/2015/0605/
c138901 - 25133606. html.

［57］探寻时代精神 诚和敬"讲述者"记录长者生平 ［EB/OL］．
［2022 - 10 - 05］．https：//www. sohu. com/a/363619947_123753.

［58］俗学文献与温州地域文化特色资源数据库 ［EB/OL］．［2022 -
08 - 26］．http：//lib. wzu. edu. cn/info/1148/3516. htm.

［59］西藏非遗保护工作迈向法制化规范化轨道 ［EB/OL］．［2021 -
08 - 26］．http：//www. tibet. cn/cn/culture/wx/201810/t20181015 _
6322005. html.

［60］西藏加强保护人口较少民族非物质文化遗产 ［EB/OL］．［2022 -
09 - 30］．http：//www. ihchina. cn/project_details/17418.

［61］西藏珞巴族的禁忌 ［EB/OL］．［2022 - 10 - 22］．https：//www.
57tibet. com/tibet/html/200441155954 - 1. html.

［62］西南彝族口述历史资料数据库 ［EB/OL］．［2022 - 04 - 02］．
http：//yzksls. cxtc. edu. cn：8081.

［63］中国传媒大学崔永元口述历史研究中心 ［EB/OL］．［2022 - 09 -
29］．http：//oral. cuc. edu. cn/3759/list. htm.

［64］中国记忆项目简介 ［EB/OL］．［2022 - 04 - 01］．http：//www.
nlc. cn/cmptest/int/.

［65］国务院实施《中华人民共和国民族区域自治法》若干规定
［EB/OL］．［2022 - 08 - 08］．http：//www. npc. gov. cn/npc/
c34491/202009/f65133a2be864c56845aff849c2eebf6. shtml.

［66］赫哲族 ［EB/OL］．［2022 - 07 - 09］．http：//www. gov. cn/guo-
qing/2015 - 09/24/content_2938147. htm.

［67］中华人民共和国档案法 ［EB/OL］．［2022 - 10 - 22］．https：//baiji-
ahao. baidu. com/s？id = 1672319340554475558&wfr = spider&for = pc.

［68］中华人民共和国民族区域自治法（修正） ［EB/OL］．［2022 - 08 -
08］．http：//www. npc. gov. cn/npc/c34491/202009/06c933a23ec24e5c
8dd76066efd97fb1. shtml.

［69］ 中华人民共和国著作权法实施条例（2013 年修订）［EB/OL］.
　　　［2022－09－29］. http://amr. sz. gov. cn/zscq/zcfg_55679/con-
　　　tent/post_2283338. html.

［70］ 做个"田野调查派"：戴庆厦先生与民族语言学［EB/OL］.
　　　［2022－02－12］. https://m. gmw. cn/baijia/2022－08/01/35922474.
　　　html.

六、年鉴及其他

［1］ Juliet Ludbrook. Planning and Managing an Oral History Collection
　　　［C］. The 2nd National Alia Local Studies Conference，Guildford
　　　WA，1999－11－12.

［2］ Susan C. Wynne. Cataloging Individual Oral History Interviews［C］.
　　　OLAC Conference，Macon，Georgia，2010－10－16.

［3］ 徐川. 记忆即生命［C］//夏中义. 大学人文读本：人与国家.
　　　桂林：广西师范大学出版社，2002：7.

［4］ 玛乔丽·肖斯塔克. "什么不会随风而逝"：《尼萨》创作谈
　　　［M］//定宜庄，汪润. 口述史读本. 北京：北京大学出版社，
　　　2011：224.

［5］ 陈鹤杰，乔东亮，秦必瑜.构建具有"数字内容管理"特色的信
　　　息管理与信息系统专业［C］//北京市高等教育学会.着力提高
　　　高等教育质量，努力增强高校创新与服务能力：北京市高等教
　　　育学会 2007 年学术年会论文集：上册.北京：北京市高等教育
　　　学会，2008：6.

附　　录

口述史料采集协议书

口述史料采集协议书

采集编号：

采集者：

地　址：

口述者：

地　址：

为了有效地发掘保护和丰富史料资源，使之广泛地为我国各项建设服务，根据国家档案、保密工作的相关法律法规和 DA/T 59—2017《口述史料采集与管理规范》的相关规定，采集者和口述者经协商达成如下协议：

第一条　口述者同意接受采集者对其口述过程的拍摄录制。

第二条　口述者的权利和义务。

（1）口述者保证所讲述的内容是真实的。

（2）录制内容凡涉及第三方权利义务则由口述者负责。因口述者口述内容不真实或是口述者没有取得第三方的许可和同意而产生的纠纷由口述者负责处理，产生的法律责任由口述者承担。

（3）口述者有权对口述史料录制内容不宜向社会公开的部分提出限制利用的意见。采集者原则上应采纳口述者限制利用的意见，如有不同意见，可依据国家档案、保密工作相关法律法规进行处理。

（4）口述者对所录制的口述史料享有使用权，但如果用于商业目的应征得采集者书面同意。未经采集者书面同意擅自将所录制的口述史料用于商业目的造成采集者损失的，口述者应承担赔偿责任。

第三条　采集者的权利和义务。

（1）采集者应将经口述者确认的口述史料，按照档案馆管理规定安全妥善保管。

（2）口述史料拍摄录制成果的知识产权属于采集者所有，口述者可以行使使用权，但如果用于商业目的应征得采集者书面同意，收益分配由双方另行协商确定。

（3）采集者应确保所录制的口述史料用于社会公益活动。

（4）口述者已经知悉并同意，采集者可以将该口述史料用于以下宣传：① 出版、刊登以口述文字内容为主的书籍或文章；② 在网络、电视等多媒体播出公益宣传片；③ 举办多种形式的公益展览，如口述史料专题展或档案馆馆藏展；④ 采集者确认为公益宣传目的的转载、转播等行为。

第四条　本协议于双方签字并盖章之日起生效，授权代表签字的应提交授权委托书。文本一式二份，双方各执一份，具有同等法律效力。

第五条　其他未尽事宜，经双方协商进行。

口述者：（签章）　　　　　　　　　　采集者：（签章）

签　名：　　　　　　　　　　　　　　签　名：

日　期：　　　　　　　　　　　　　　日　期：

后　记

　　人口较少民族口述文献是中华民族优秀传统文化的重要组成部分，镌刻了我国人口较少民族在中华大地上繁衍生息的记忆密码，是中华民族记忆宝库的重要组成因子，因此，口述历史文献收集与整理是笔者近年来热衷的研究领域之一。

　　本书是在笔者主持完成的国家民委民族研究青年项目"西藏人口较少民族口述文献收集、整理及数字化研究"（批准号：2019 - GMC -053）的研究成果基础上补充与完善形成的。该成果经国家民委科研项目管理办公室、国家民委政策法规研究司审核，于2021年8月6日准予结项，成果评审鉴定等级为"优秀"。

　　至今还记得2019年的暑假，笔者在西藏米林县南伊珞巴民族乡工作人员的陪同下，开车去采访居住在半山腰上的珞巴族始祖传说传承人林东老人。虽然听不懂当地语言，但在随行工作人员的翻译下，笔者得知林东老人家对本民族文化传承非常担忧："现在会说珞巴语的年轻人越来越少了，会讲珞巴族始祖传说的人也越来越少了。我的年纪越来越大了，最大的心愿就是培养出新的珞巴族始祖传说传承人。"透过潮湿阴暗的小木屋里冉冉升起的炉火之光，看看林东老人明亮又充满希望的眼神，笔者更加感受到人口较少民族口述文献记录、收集与保护的紧迫性。临走的时候，林东老人起身相送，从身边的箩筐里挑选了一个他在山上采到的药材天麻送给我。这是老家人表达热情和谢意的一种朴素的方式。接过天麻，笔者感受到了来自老人家的淳朴和热情。遗憾的是，数年之后，老人家因病逝世，这成为人口较少民族文化传承的一大遗憾。本书的完成与出版，希望能够聊表对逝去老者的诚挚谢意。

  本书在完成过程中得到了许多热心人士和朋友的支持与帮助。首先，特别感谢西藏民族大学民族研究院朱玉福教授对本书课题研究上的悉心指导，感谢西藏民族大学学校和图书馆领导对本人开展学术研究的大力支持。其次，感谢在调研过程中，来自西藏米林县南伊珞巴民族乡政府工作人员以及当地驻村工作队人员提供的热心帮助，感谢人口较少民族热情好客群众的接待与支持。最后，本书得以出版，要感谢西藏民族大学的出版资助，感谢中山大学出版社嵇春霞副总编辑的大力支持，感谢为本书出版所付出辛勤努力的所有工作人员。

  本书是在作者数年研究理论的基础上汇聚、提炼而成，但在人口较少民族口述文献收集与保护方面的实践经验较为欠缺，加之人口较少民族资料较为繁杂，成书过程中存在诸多困难，难免会有讹误、缺漏与不当之处，敬请各位读者批评指正。

  谨记。

冯 云
2023 年 5 月于秦都咸阳